Special Thanks to

엑셀이 파이썬을 품었다

엑셀 × 파이썬

정성일 지음

길벗

엑셀×파이썬

Excel×Python

초판 발행 2024년 7월 30일

지은이 정성일
발행인 이종원
발행처 ㈜도서출판 길벗
출판사 등록일 1990년 12월 24일
주소 서울시 마포구 월드컵로 10길 56(서교동)
대표 전화 02)332-0931 | **팩스** 02)322-0586
홈페이지 www.gilbut.co.kr | **이메일** gilbut@gilbut.co.kr

기획 및 편집 최동원(cdw8282@gilbut.co.kr) | **디자인** 박상희
제작 이준호, 손일순, 이진혁 | **영업마케팅** 전선하, 차명환, 박민영
유통혁신 한준희 | **영업관리** 김명자 | **독자지원** 윤정아

교정교열 이슬 | **전산편집** 김정미 | **CTP 출력 및 인쇄** 교보피앤비 | **제본** 경문제책

ISBN 979-11-407-1019-5 03000
(길벗 도서코드 007194)

정가 25,000원

이 책은 'Microsoft 365 버전 2407' 베타 채널을 기준으로 집필하였습니다. 이후 정기적인 업데이트로 일부 화면과 메뉴 구성이 달라질 수 있지만 책을 내용을 따라하는데 큰 문제가 없습니다.

독자의 1초를 아껴주는 정성 길벗출판사

㈜도서출판 길벗 · IT교육서, IT단행본, 경제경영서, 어학&실용서, 인문교양서, 자녀교육서 ▸ www.gilbut.co.kr
길벗스쿨 · 국어학습, 수학학습, 어린이교양, 주니어 어학학습, 학습단행본 ▸ www.gilbutschool.co.kr

페이스북 ▸ www.facebook.com/gilbutzigy
네이버 포스트 ▸ post.naver.com/gilbutzigy

THANKS TO

이 책이 완성되기까지 지식과 경험을 아낌없이 나누어 주신 직장 동료와 선배님들께 깊은 감사의 말씀을 드립니다. 책에 수록된 예제와 알고리즘은 모두 실제 업무에서 겪은 사례를 바탕으로 구성했습니다. 엑셀만으로는 구현하기 어려운 복잡한 차트, 시간을 절약해 주는 데이터 정리 방법, 그리고 직관적이면서도 실용적인 알고리즘은 엑셀 파이썬을 사용하면서 마주하는 다양한 문제를 해결하는 데 큰 도움이 될 것입니다. 이러한 내용을 담을 수 있었던 것은 동료와 선배님들의 지속적인 조언과 격려가 있었기에 가능했습니다. 특히 동료들과 함께 실무 프로젝트를 진행하면서 겪은 난관과 이를 해결하는 과정에서 축적한 노하우가 책의 중요한 부분을 이루고 있습니다. 독자분들께서도 이 책을 통해 엑셀 파이썬을 배우고, 실습한 내용을 실제 업무에 바로 적용할 수 있기를 바라겠습니다. 함께 성장해 나갈 수 있도록 도와주신 모든 분들께 다시 한번 감사의 말씀을 드립니다.

사무자동화 기술이 발전하며 다양한 도구가 등장했지만 여전히 엑셀이 기업에서 중요한 역할을 하는 이유는 구성원 모두가 데이터를 쉽게 활용하고 공유하는 데 탁월하기 때문입니다. 엑셀은 누구나 쉽게 데이터를 분석하고 시각화할 수 있으므로 의사결정에 큰 도움을 주며, 데이터 생산/가공에 널리 사용되고 있습니다.

파이썬은 AI 분야에서 엑셀처럼 데이터를 쉽게 분석하고 공유하며 소통할 수 있는 프로그래밍 언어입니다. 다른 언어와 달리 한두 줄의 간단한 코드만으로도 실행되는 유연한 구조와 쉬운 문법을 가지고 있어 다양한 기술을 가진 전문가를 하나로 연결하는 데 큰 역할을 하고 있죠. 이러한 장점 덕분에 급속도로 발전하고 있는 AI와 알고리즘이 모두 파이썬으로 만들어지고 있습니다.

엑셀과 파이썬의 장점이 결합된 **엑셀 파이썬**은 개인과 기업의 경쟁력을 높여 줄 강력한 수단이 될 것입니다. 개인은 자주 사용하는 엑셀에 파이썬을 접목하여 데이터 분석과 시각화에서 경쟁력을 갖출 수 있고, 학생이라면 엑셀과 파이썬을 함께 익혀 확장성 있는 능력을 갖추고 다양한 분야에서 활약할 수 있는 기회를 얻을 수 있습니다. 기업은 구성원 모두가 데이터를 쉽게 다루고 소통하면서 객관적인 근거를 기반으로 의사결정을 하므로 경쟁력을 높일 수 있습니다.

이 책은 **엑셀 파이썬**의 사용법을 쉽게 설명하고, 각 도구의 장점을 극대화하여 엑셀에서 수집하고 가공한 데이터를 파이썬에서 분석하고 활용하는 데 초점을 맞추었습니다. 새로운 차트와 통계 함수를 통해 엑셀의 부족한 부분을 보완하고, 더 나아가 엑셀에서는 할 수 없었던 데이터 분석 알고리즘을 마치 함수를 사용하는 것처럼 파이썬 코드로 쉽게 구현하여 데이터 사이언티스트의 전유물이었던 고급 분석 기술을 누구나 활용할 수 있도록 도와줍니다. 이 과정에서 Chat GPT는 훌륭한 지원 도구이며 책에서는 Chat GPT를 활용하는 방법을 적재적소에 배치했습니다.

1마당 엑셀과 파이썬의 기본 사용법에서는 **엑셀 파이썬**을 사용하기 위한 기본적인 환경 설정과 메뉴 이용 방법을 살펴봅니다. 그리고 엑셀 시트에 있는 데이터를 활용하여 파이썬으로 간단한 차트를 만드는 실습을 진행합니다. 이 마당을 통해 독자들은 **엑셀 파이썬**에서 파이썬 코드를 엑셀의 함수를 사용하듯이 자연스럽게 체험할 수 있습니다.

2마당 파이썬 맛보기에서는 파이썬을 이용하여 엑셀의 부족한 부분을 보완하고 업무 효율을 높이는 방법을 다룹니다. 엑셀 데이터를 손쉽게 정리하고 파이썬의 다양한 라이브러리를 활용하여 엑셀에서 그릴 수 없는 차트를 생성해 봅니다. 또한 ChatGPT를 이용하여 **엑셀 파이썬**에서 데이터를 분석하는데 필요한 프롬프트 작성법을 살펴보고, ChatGPT가 제시한 코드를 **엑셀 파이썬**에서 직접 실행해 봅니다.

3마당 실전 엑셀 파이썬부터는 본격적으로 엑셀 파이썬에 익숙해질 수 있도록 간단한 주식 가상 매매 프로그램을 만들어 보고, 차트와 알고리즘을 활용하여 주식 시세 데이터를 분석합니다. 이 과정에서 독자가 실습에 재미있게 참여할 수 있도록 주식 데이터로 산업을 진단하고 종목을 발굴하며, 수익을 극대화할 수 있는 방법도 알아봅니다. 3마당을 통해 실생활과 밀접하게 관련된 통계치와 알고리즘을 배우고, 단계별로 필요한 라이브러리를 활용하면서 엑셀 파이썬을 유용하게 활용하는 방법을 익히게 될 것입니다.

4마당 엑셀과 파이썬 제대로 활용하기에서는 실무에서 자주 사용하는 고급 데이터 분석 알고리즘을 다룹니다. 각 알고리즘은 간단하지만 활용도가 높고, 분석 결과를 쉽게 설명할 수 있어 데이터 분석에 관심이 없는 동료에게도 엑셀 파이썬의 결과물을 공유하며 모델의 활용도를 높일 수 있습니다. 엑셀 파이썬은 데이터 전처리, 분석, 시각화 등 다양한 작업을 효율적으로 수행할 수 있어 파이썬을 사용해 본 독자라면 엑셀 파이썬의 장점을 만끽할 수 있으며, 파이썬을 처음 접하는 독자라도 간단한 코드 몇 줄로 예측 모델을 만들어 보며 AI 학습 과정을 체험할 수 있습니다. 그리고 마지막 장에서는 ChatGPT로 오픈소스를 활용하는 방법을 설명하여 스스로가 필요한 알고리즘을 직접 찾고 활용하도록 돕습니다.

이 책은 실무에서 데이터를 분석하고 전략을 수립하면서 축적한 지식과 노하우를 바탕으로 불필요한 내용을 줄이고 꼭 필요한 핵심을 눌러 담아, 실무에서 엑셀을 사용하면서 자연스럽게 파이썬과 데이터 분석을 익힐 수 있도록 구성했습니다. 다양한 사례와 함께 ChatGPT를 활용하는 방법을 안내하므로 어려운 부분이 있더라도 각 장에서 제공하는 실습 파일과 프롬프트를 통해 쉽게 극복할 수 있습니다. 이 책을 통해 독자들이 엑셀 파이썬을 손쉽게 배우고 강력한 업무 경쟁력을 통해 다양한 분야에서 활약할 기회를 얻을 수 있기를 희망합니다.

정성일

① 메뉴에서 [파일]-[계정]을 선택한 후 [Microsoft 365 참가자]를 클릭합니다.

② [Microsoft 365 참가자 조인] 창에서 [베타 채널]을 선택하고 체크박스를 모두 선택한 후 [확인]을 클릭합니다.

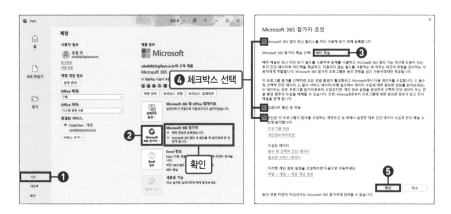

③ [베타 채널]에 가입하면 최신 버전으로 자동 업데이트가 시작됩니다. 엑셀 파이썬은 버전 2406(빌드 17726.20016)부터 제공됩니다. 만약 자동으로 업데이트가 시작되지 않는다면, 업데이트 옵션에서 [지금 업데이트]를 선택합니다.

④ 베타 채널 가입과 업데이트가 완료되면 Microsoft 365 참가자 정보 및 Excel 정보가 그림과 같이 변경됩니다.

⑤ 업데이트가 완료되면 [수식] 메뉴에 [Python(미리 보기)]가 표시됩니다.

TIP 업데이트 이후 [Python(미리 보기)]가 표시되기까지 일정 시간이 소요될 수 있습니다. 오랜 시간이 지나도 나타나지 않는다면 메뉴의 [파일]-[옵션]에서 수동으로 추가하거나 다른 컴퓨터에서 다시 시도해 보세요.

엑셀 파이썬으로 이런 걸 할 수 있어요!

함수처럼 파이썬 이용하기

이제 엑셀에서 함수처럼 파이썬 코드를 사용해 보세요. 셀에 파이썬 코드를 입력하고 실행하면 바로 결과를 확인할 수 있습니다.

데이터 가공과 고급 차트 생성

라이브러리를 추가로 설치하거나 충돌을 걱정할 필요가 없습니다. 파이썬의 시각화 라이브러리로 방대한 데이터를 가공하고 이제까지 구현할 수 없던 고급 차트로 분석해 보세요.

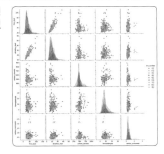

주식 데이터 분석

주식시세 데이터를 시각화하거나 가상 매매 프로그램을 만들어 수익률을 검증하고 전략을 보완할 수 있습니다. 또한 데이터 분석 알고리즘을 활용하여 추세와 패턴을 분석할 수 있습니다.

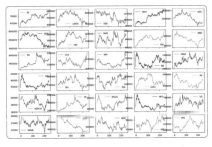
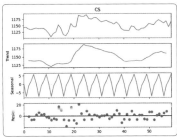

알고리즘을 활용한 모델 개발

데이터와 예측 과정을 시각화할 수 있는 의사결정나무, 이상치를 분류하여 시스템 장애나 부정 거래를 방지할 수 있는 이상 탐지 알고리즘 등 다양한 알고리즘을 검증된 라이브러리로 간단하게 구현할 수 있습니다.

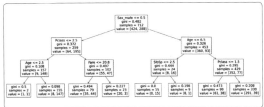
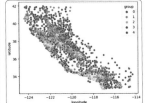

CASE 엑셀 파이썬의 주요 함수와 알고리즘을 CASE별로 구성했습니다.

여러 변수 간 산점도 차트로 상관관계 분석하기

파이썬에는 데이터 분석을 도와주는 강력한 차트 라이브러리가 있습니다. 특히 엑셀 파이썬 초기화 설정에도 포함된 seaborn(씨본) 라이브러리는 시각적으로도 훌륭해서 분석뿐 아니라 보고서를 꾸미기 위해 사용할 정도로 인기 있는 라이브러리입니다. 여기서부터는 seaborn 라이브러리에서 자주 사용되는 기능을 알아보겠습니다.

이론 파이썬이 처음인가요? 파이썬의 기본 이론, 라이브러리, 함수부터 알고리즘의 구현 방법과 활용 방법을 설명합니다.

✔ 상관관계에 대한 상식과 활용 방법

상관관계는 데이터의 연관성을 나타내는 개념입니다. 예를 들어, 한 데이터의 값이 증가할 때 다른 데이터의 값도 함께 증가하거나 감소한다면, 이 두 데이터는 상관관계가 있다고 말할 수 있습니다. 상관관계는 데이터를 이해하고 의사결정을 돕는 데 유용할 뿐만 아니라, 관측하기 어려운 값이나 미래를 예측하는 모델 개발에도 매우 중요합니다. 예컨대 수면, 휴식, 키, 몸무게 등의 데이터와 스트레스 수치 데이터의 상관관계를 분석한 후 상관관계가 높은 수면 데이터나 휴식 데이터로 스트레스 수준을 예측하는 모델을 만들 수 있습니다.

실습 여러 변수 간 산점도 차트 생성하기   🔗 CASE_03_01

여러 개의 항목으로 구성된 데이터에서 항목 사이의 상관관계를 확인하려면 서로 관련 있는 데이터를 1:1로 연결하는 작업을 반복해야 합니다. 이럴 때 seaborn 라이브러리의 pairplot 함수를 사용하면 간단한 코드로 항목 사이의 상관관계를 한눈에 파악할 수 있는 여러 변수 간 산점도(Pair Plot) 차트를 생성할 수 있습니다.

여기서는 엑셀의 '찾기 및 바꾸기' 기능을 활용하여 서울교통공사 지하역사 공기질 측정 정보의 항목명을 다음과 같이 영어로 변경한 예제를 사용하겠습니다.

실습 엑셀에서 파이썬 코드를 함수처럼 사용할 수 있어요! 파이썬이 낯설어도 차근차근 따라 하다 보면 어느새 엑셀에서는 구현할 수 없었던 차트는 물론이고 데이터 분석을 위한 알고리즘까지 구현할 수 있습니다.

단계별 실습 실습의 단계를 세분하여 설명합니다. 프로그래밍을 몰라도, 파이썬이 처음이라도 단계별로 따라 하다 보면 파이썬에 익숙해질 거예요.

1 | 세로 막대 차트 그리기

① [H41] 셀의 파이썬 코드 입력 창에 다음 코드를 입력하고 실행합니다.

```
[H41]
=PY(    df["평균 : 미세먼지"].plot.bar()
```

② [H41] 셀에 생성된 image 개체를 마우스 오른쪽 버튼으로 클릭한 다음 [셀 위에 플롯 표시]를 선택합니다.

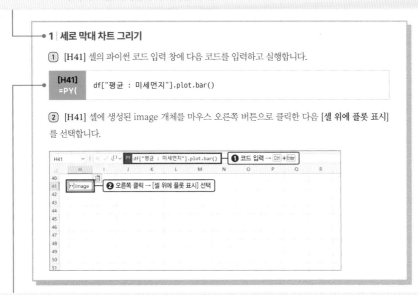

파이썬 코드 입력 창 엑셀에서 파이썬을! 파이썬 코드를 함수처럼! 무작정 따라 하다 보면 어느새 멋진 차트와 알고리즘을 완성할 수 있습니다!

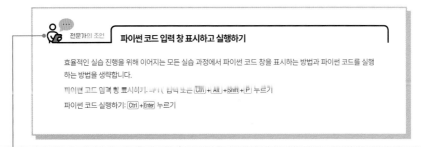

전문가의 조언

파이썬 코드 입력 창 표시하고 실행하기

효율적인 실습 진행을 위해 이어지는 모든 실습 과정에서 파이썬 코드 창을 표시하는 방법과 파이썬 코드를 실행하는 방법을 생략합니다.

파이썬 코드 입력 행 표시하기: =PY(입력 또는 Ctrl + Alt + Shift + P 누르기

파이썬 코드 실행하기: Ctrl + Enter 누르기

전문가의 조언 파이썬 고수로 거듭날 수 있는 비법과 알아 두면 도움이 되는 다양한 정보를 일목요연하게 정리했습니다.

TIP [A1] 셀을 선택하고 Shift 를 누른 상태에서 Ctrl + →, Ctrl + ↓ 를 차례대로 누르면 전체 데이터 영역([A1:I264])을 한 번에 선택할 수 있습니다.

TIP 조금 어렵거나, 다른 방법이 궁금하다면 친절하게 다시 한번 설명해 줄게요.

목차

첫째마당 | 엑셀 파이썬 기본 사용법

1장 | 엑셀 파이썬 살펴보기
EXCEL × PYTHON

(CASE 01) 엑셀 파이썬 소개

파이썬을 선호하는 이유   21
엑셀과 파이썬의 결합   22

(CASE 02) 엑셀의 파이썬 이용 환경 살펴보기

엑셀의 파이썬 이용 환경   23
[Python] 메뉴   24

2장 | 엑셀 파이썬과 친해지기
EXCEL × PYTHON

(CASE 01) Hello, world! 출력하기

엑셀 파이썬 첫 번째 실습   29
Hello, world! 출력하기   29

(CASE 02) 엑셀 파이썬이 실행되는 환경

엑셀 파이썬 실행 환경   35
엑셀 파이썬, 주피터 노트북, 구글 코랩의 차이   37

(CASE 03) 엑셀 파이썬 데이터 분석 라이브러리

라이브러리란?   39
엑셀 파이썬 기본 라이브러리(초기화 설정)   41
자주 사용하는 데이터 분석 라이브러리   43

(CASE 04) 초기화 설정과 고급 옵션

초기화 설정 방법   45
[고급] 옵션   47
[수식] 메뉴의 [계산] 옵션   48

3장 엑셀 파이썬 기본 기능

EXCEL × PYTHON

(CASE 01) 엑셀 시트의 단일 셀 값을 파이썬에서 사용하기

엑셀 데이터를 파이썬에서 사용하기   51

셀 값 수정하기   55

(CASE 02) 엑셀 시트의 범위를 지정하여 파이썬에서 사용하기

엑셀 파이썬에서 사용하는 데이터의 형태   56

엑셀 시트의 범위를 지정하여 파이썬에서 사용하기   57

(CASE 03) 엑셀의 데이터로 간단한 파이썬 차트 생성하기

엑셀 차트의 한계   59

엑셀 데이터로 간단한 파이썬 차트 생성하기   60

둘째 마당 엑셀 파이썬 맛보기

1장 엑셀 파이썬으로 데이터 수정/가공하기

EXCEL × PYTHON

(CASE 01) 행, 열 선택하기

DataFrame의 구조   67

DataFrame 생성하기   68

행 번호로 DataFrame의 행 가져오기   72

조건식으로 DataFrame의 행 가져오기   76

DataFrame에서 열과 행 지정하여 가져오기   79

(CASE 02) 일괄로 데이터 수정하기

엑셀 파이썬에서 데이터를 수정할 때의 장점   82

행/열 선택하여 수정하기   82

특정 값을 찾아서 수정하기   85

원본 데이터를 참조하여 값 수정하기   86

기존 데이터를 가공하여 새로운 열 생성하기   88

(CASE 03) 빈 값 지우기

빈 값의 의미와 처리 방법   90

빈 값을 확인하는 방법   90

데이터 전체에서 빈 값을 지우는 방법   93

(CASE 04) 데이터 합치기

데이터를 합치는 이유   95

데이터 저장 방식이 다른 이유   95

공통 항목을 기준으로 데이터 연결하기   96

공통 항목의 데이터에 행 추가하기   99

2장

EXCEL
×
PYTHON

엑셀 파이썬으로 기초통계 분석 및 차트 생성하기

(CASE 01) 한방에 데이터 기초통계 파악하기

기초통계란?   103

엑셀 파이썬으로 기초통계 계산하기   104

(CASE 02) 엑셀 파이썬으로 기본 차트 생성하기

기초 차트의 종류   108

선 차트 생성하기   109

막대 차트 생성하기   114

원형 차트 생성하기   117

히스토그램 차트 생성하기   118

산점도 차트 생성하기   120

상자 수염도 차트 생성하기   121

(CASE 03) 여러 변수 간 산점도 차트로 상관관계 분석하기

상관관계에 대한 상식과 활용 방법   125

여러 변수 간 산점도 차트 생성하기   125

여러 변수 간 산점도 차트의 모양 바꾸기   128

(CASE 04) 바이올린 차트로 그룹별 분포도 분석하기

바이올린 차트를 사용하는 이유　　　　　　　　　　　134

바이올린 차트 생성하기　　　　　　　　　　　　　　134

3장 엑셀 파이썬에서 ChatGPT 활용하기

EXCEL × PYTHON

(CASE 01) ChatGPT로 엑셀 파이썬 학습하기

ChatGPT를 편리하게 사용하는 방법　　　　　　　　141

데이터 분석 단계별 대화 주제　　　　　　　　　　　142

ChatGPT에 엑셀 파이썬 코드를 요청할 때 주의사항　142

(CASE 02) 데이터 가공을 위한 프롬프트 작성법

샘플 데이터를 업로드하고 파이썬 코드 요청하기　　144

DataFrame에 대한 파이썬 코드 요청하기　　　　　　149

(CASE 03) 파이썬 차트 생성을 위한 프롬프트 작성법

파이썬 차트 사용 방법　　　　　　　　　　　　　　151

ChatGPT로 차트 디자인 바꾸기　　　　　　　　　　151

ChatGPT에 인포그래픽 차트 요청하기　　　　　　　156

셋째마당 실전 엑셀 파이썬

1장 API로 외부 데이터 가져오기

EXCEL × PYTHON

(CASE 01) 국내 주식 데이터 가져오기

공공데이터포털에서 주식시세 API 신청하기　　　　165

주식시세 데이터를 엑셀로 가져오기　　　　　　　　170

(CASE 02) 국내 암호화폐 데이터 가져오기

업비트에서 암호화폐 시세 API 신청하기　　　　　　174

암호화폐 시세 데이터를 엑셀로 가져오기   176

2장

EXCEL
×
PYTHON

주식 차트와 보조지표 활용하기

(CASE 01) 시세 데이터의 구조 이해하기
시세 데이터의 기본 구조   181

(CASE 02) 주식 차트 생성하기
캔들 차트의 기본 구조   183
파이썬으로 기본 주식 차트 생성하기   184

(CASE 03) 보조지표 계산하고 주식 차트에 추가하기
이동평균 계산하기   194
상대강도지수를 구하고 차트에 추가하기   197

3장

EXCEL
×
PYTHON

보조지표를 활용한 가상 매매 프로그램 만들기

(CASE 01) 보조지표를 활용한 매매 방법 알아보기
이동평균선을 이용한 골든 크로스 매매 방법   203
상대강도지수를 활용한 매매 방법   208

(CASE 02) 가상 매매 프로그램 만들기
파이썬을 이용한 프로그래밍의 장점   215
가상 매매 프로그램의 구조   215
가상 매매 프로그램 만들기   220
가상 매매 프로그램 수정하기   223

4장

EXCEL
×
PYTHON

상관관계와 패턴으로 증시 분석하기

(CASE 01) 지수 데이터 가져오기
공공데이터포털에서 지수 시세 데이터 API 신청하기   227
산업별 지수 데이터를 엑셀로 한꺼번에 가져오기   228

(CASE **02**) **지수 간 상관관계 분석하기**

지수 데이터의 상관관계 분석   238

KRX 300 산업 지수 상관관계 분석하기   239

(CASE **03**) **추세와 패턴 분석하기**

시계열 데이터의 추세와 패턴   246

시계열 분해 알고리즘 활용하기   246

5장 — 유사도로 투자 종목 발굴하기

EXCEL × PYTHON

(CASE **01**) **유사도 분석을 위한 데이터 정리하기**

유사도에 대한 상식과 활용 방법   253

데이터 준비하기   254

(CASE **02**) **종목별 유사도 추출하기**

종목별 유사도 추출하기   260

(CASE **03**) **종목별 유사도 분류하기**

종목별 유사도 분류하기   264

넷째 마당 — 엑셀 파이썬 제대로 활용하기

1장 — 사용하기 쉬운 예측 모델 만들기

EXCEL × PYTHON

(CASE **01**) **예측 모델을 만들기 위한 데이터 구성 방법**

데이터 분석 알고리즘의 정의와 활용 범위   271

데이터 기반 예측   271

예측 모델의 데이터 구성 방식   272

예측 모델 개발을 위한 예시 데이터 살펴보기   273

(CASE 02) **의사결정나무로 사용하기 쉬운 예측 모델 만들기**

간단히 알아보는 의사결정나무   275

예측 모델 개발을 위한 데이터 정리   276

의사결정나무 알고리즘으로 예측 모델 만들기   280

(CASE 03) **예측 모델의 성능 확인하기**

데스트 데이터로 예측 모델 성능 확인하기   286

예측 모델의 성능 조절하기   290

2장 군집화 데이터로 분석하기

EXCEL × PYTHON

(CASE 01) **군집화를 위한 데이터 정리**

군집화의 원리와 활용 방법   295

군집화를 위한 데이터 구성 방법   295

군집화를 위한 예시 데이터 살펴보기   296

(CASE 02) **K-means 알고리즘으로 군집화하기**

간단히 알아보는 K-means 알고리즘   297

분석 목적에 맞는 열 선택하기   297

군집화에 필요한 데이터 준비하기   298

K-means 알고리즘으로 군집화하기   300

(CASE 03) **군집화 결과 분석하기**

군집화 결과 요약하기   302

그룹별 속성 분석하기   306

3장 이상 탐지 모델로 시스템 장애와 부정 거래 찾기

EXCEL × PYTHON

(CASE 01) **이상 탐지의 개념과 활용 방법**

이상치와 이상 탐지   313

이상 탐지 모델 개발을 위한 예시 데이터 살펴보기   313

이상 탐지를 위한 데이터 준비   315

(CASE 02) **Isolation Forest로 이상 탐지 모델 만들기**

Isolation Forest의 원리   319

Isolation Forest 알고리즘으로 이상 탐지 모델 만들기   320

(CASE 03) **Isolation Forest를 이용한 모니터링 방법**

예측 모델과 Isolation Forest의 차이점   328

Isolation Forest를 이상 탐지에 활용하는 방법   328

Isolation Forest 인수 설정하기   329

4장

EXCEL
×
PYTHON

ChatGpt로 오픈소스 사용하기

(CASE 01) **파이썬 오픈소스를 찾는 방법**

파이썬 비영리 재단의 오픈소스   335

사이킷런에서 알고리즘별 샘플 코드 찾아보기   335

사이킷런 홈페이지에서 샘플 코드 찾기   337

(CASE 02) **ChatGpt로 오픈소스 활용하기**

ChatGPT에 샘플 코드 입력하기   340

엑셀 파이썬에서 사용할 수 있는 데이터 요청하기   342

엑셀 파이썬에 맞게 코드 수정 요청하기   345

수정된 코드를 단락별로 실행하기   346

ChatGpt에 추가 요청하기   353

실습 예제 다운로드

이 책에 사용된 예제는 길벗출판사 홈페이지(www.gilbut.co.kr)에서 다운로드할 수 있습니다.
홈페이지 회원으로 가입하지 않아도 누구나 실습 예제 파일을 다운로드할 수 있습니다.

1 길벗 홈페이지에서 '도서명'를 검색하세요.

2 해당 도서의 페이지에서 [자료실]을 클릭해 실습 예제 파일을 다운로드하세요.

3 압축을 해제하여 실습에 활용해 보세요.

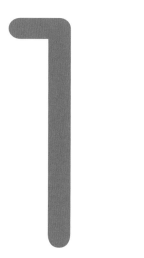

첫
째
마
당

엑셀 파이썬 기본 사용법

1장   엑셀 파이썬 살펴보기

2장   엑셀 파이썬과 친해지기

3장   엑셀 파이썬 기본 기능

1
장

EXCEL   ✕   PYTHON

엑셀 파이썬
살펴보기

엑셀은 단 5개의 메뉴만으로 파이썬을 유기적으로 연결하여 엑셀과 파이썬 사용자 모두
에게 편리한 환경을 제공합니다. 이번 장에서는 파이썬이 널리 사랑받는 이유와 함께 엑
셀과 파이썬의 통합 사용 환경에 대해 알아보겠습니다.

엑셀 파이썬 소개

엑셀은 누구나 쉽게 사용하지만, 광범위한 영역에서 데이터를 수집하며 기업의 중대한 의사결정에 기여하는 데이터 분석 도구입니다. 파이썬은 이러한 부분에서 엑셀과 많이 닮았습니다. 그 어떤 언어보다 쉽지만, 전 세계에서 코드를 공유하면서 최신 AI와 데이터 분석에 활용됩니다.

✓ 파이썬을 선호하는 이유

파이썬이 전 세계적으로 많이 쓰이고, 데이터와 AI 분야에서 중요한 언어로 자리 잡은 것은 다음과 같은 세 가지 장점 덕분입니다.

1 | 읽기 편하고 공유하기 쉬운 언어

파이썬이 학생이나 전문가 할 것 없이 널리 사용되는 이유는 간결하고 읽기 쉬운 문법으로 다른 사람의 코드를 간편하게 활용할 수 있기 때문입니다. 다른 언어와 달리 코드를 한 줄씩 실행하면서 결과를 확인할 수 있어 프로그램을 완성시켜야 하는 부담이 없고, 읽기 쉬워서 프로그래밍에 대한 지식이 없어도 필요한 부분만 발췌하여 사용할 수 있습니다.

2 | 오픈소스, 그리고 활성화된 커뮤니티

파이썬은 교육, 연구, 산업 등 방대한 분야에서 활용되면서 강력한 커뮤니티를 구축했습니다. 수많은 개발자와 연구기기 다양한 예제코드와 코드를 공유했으며, 이로 인해 사용자가 다양한 상황에 맞는 코드를 쉽게 찾고 활용할 수 있는 환경이 마련되었습니다. 풍부한 데이터는 AI 학습에도 활용되어 ChatGPT와의 대화를 통해 원하는 파이썬 코드를 얻을 수 있습니다.

3 | AI와 데이터 분석의 핵심

최신 데이터 분석 및 AI 프로젝트에는 대부분 파이썬을 활용합니다. 이는 파이썬의 강력한 확장성이 다른 언어를 연결하는 접착제 역할을 하기 때문입니다. 파이썬 사용자는 수많은 개인과 비영리 재단을 비롯한 구글, 메타, 아마존 같은 빅테크 기업이 공개한 코드와 알고리즘을 누구보다 빠르게 접하고 쉽게 사용할 수 있습니다.

✔ 엑셀과 파이썬의 결합

엑셀은 개발 환경을 갖추지 않아도 다양한 형태의 데이터를 쉽게 가공할 수 있는 프로그램입니다. 복잡한 사용법을 익히지 않아도 간단하게 데이터를 분석할 수 있으며, 편리하게 결과물을 공유할 수 있습니다. 마이크로소프트는 엑셀의 작업 환경은 그대로 유지하면서 언제든 파이썬 알고리즘을 사용할 수 있는 환경을 구축했습니다.

1 | 함수처럼 사용하는 파이썬

엑셀에서는 마치 함수를 이용하듯 파이썬을 사용할 수 있습니다. 사용자는 엑셀 문서를 작업하다가 수식 입력 창에 파이썬 코드를 입력할 수 있으며, 결과를 시트에서 바로 확인할 수 있습니다. 표 안에 있는 숫자로 합계를 계산하듯이 시트에 입력해 둔 데이터로 파이썬을 사용할 수 있습니다.

2 | 편리한 데이터 가공 환경

엑셀의 편리한 데이터 가공 방식은 분석가에게 매우 유용한 작업 환경입니다. 엑셀 시트에서 데이터를 이리저리 합쳐 보고, 잘못 입력된 값은 수정하면서 알고리즘을 적용하면 시행착오를 줄이고 효율적으로 작업할 수 있습니다. 파이썬 분석가는 엑셀이나 비슷한 탐색 프로그램으로 데이터를 가공한 후 별도의 개발 환경에 데이터를 전달해 작업하는데, 엑셀 파이썬을 이용하면 굳이 이러한 번거로운 절차를 거치지 않아도 사용할 영역을 시트에서 지정하기만 하면 됩니다.

3 | 설치가 필요 없는 파이썬

파이썬은 쉽고 간단한 언어이지만 다양한 기능을 제공하기 때문에 개발 환경을 갖추려면 시간이 많이 걸리는 편입니다. 또한 오픈소스라는 특징 때문에 제때 업데이트하지 않으면 오류가 발생하는 단점도 있습니다. 마이크로소프트는 엑셀 사용자가 파이썬을 편리하게 사용할 수 있도록 관련된 모든 기능을 마이크로소프트의 클라우드 서버에서 관리합니다. 사용자는 엑셀만 실행하면 별도의 설치 없이 파이썬을 바로 이용할 수 있으며, 파이썬을 이용하지 않는 사용자에게 엑셀 파일을 전달하여 결과를 공유할 수 있습니다.

엑셀의 파이썬 이용 환경 살펴보기

CASE 02

마이크로소프트 365에서 파이썬 서비스를 구독하면 엑셀의 수식 메뉴에 파이썬 기능이 추가되고, 셀과 수식 입력 창에서 파이썬 코드를 입력할 수 있습니다. 새로 추가된 기능과 함께 엑셀의 파이썬 분석 환경을 알아보겠습니다.

✓ 엑셀의 파이썬 이용 환경

마이크로소프트는 강력한 데이터 분석 도구인 엑셀과 데이터 사이언티스트가 가장 많이 이용하는 프로그래밍 언어인 파이썬을 자연스럽게 결합하여 쉽고 편리한 이용 환경을 구성했습니다. 파이썬은 미국 어린이를 대상으로 한 교육용 언어로 선정될 만큼 쉬운 문법과 유연한 실행 체계를 가지고 있지만, 엑셀에 추가된 파이썬은 따로 문법을 익힐 필요 없이 주요 파이썬 코드를 엑셀의 함수처럼 이용할 수 있도록 엑셀과 파이썬을 유기적으로 연결했습니다. 엑셀 파이썬은 엑셀의 매크로 프로그램인 VBA처럼 별도의 코드 입력 창을 생성하지 않고 엑셀 시트의 셀에 파이썬 코드를 입력하는 방식입니다. 엑셀 파이썬은 다음과 같이 구성되어 있습니다.

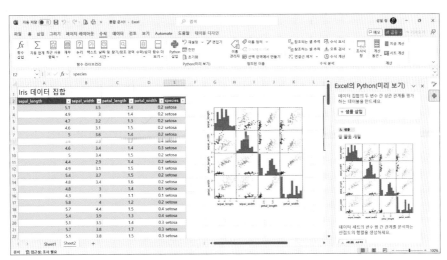

▲ 엑셀 파이썬 이용 환경

✔ [Python] 메뉴

엑셀 파이썬을 업데이트하면 엑셀의 [수식] 메뉴에 [Python(미리 보기)] 그룹이 표시됩니다. 업데이트가 완료된 다음에도 [Python(미리 보기)] 그룹이 표시되지 않는다면 [Excel 옵션] 창의 [리본 사용자 지정] 탭을 선택한 다음, 왼쪽 패널의 [기본 탭]-[수식]-[Python(미리 보기)]를 선택하고 [추가]를 클릭하면 됩니다.

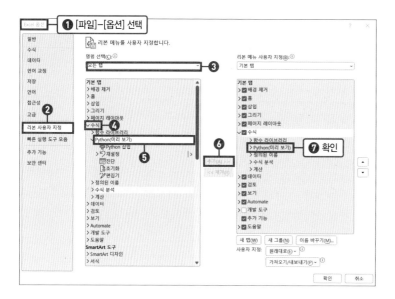

1 | Python 삽입

메뉴의 [수식]-[Python(미리 보기)] 그룹에서 [Python 삽입]을 클릭하면 코드를 입력하고 실행할 수 있는 파이썬 코드 입력 창을 표시되며, 엑셀 시트 오른쪽에 [Excel의 Python(미리보기)] 창이 자동으로 표시됩니다. 여기에서 원하는 샘플을 선택하고 [+샘플 삽입]을 클릭하면 파이썬 샘플코드가 포함된 데이터가 엑셀 시트에 자동으로 추가됩니다.

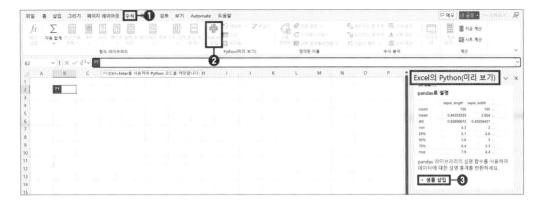

엑셀 파이썬은 VBA와 달리 별도의 코드 입력 창을 이용하지 않고 엑셀 시트에서 직접 코드를 입력하고 셀에 결과를 표시할 수 있습니다. 엑셀 시트와 파이썬은 데이터를 쉽게 주고받을 수 있도록 유기적으로 연결되어 마치 함수를 사용하는 것처럼 파이썬을 사용할 수 있죠. 사용자는 파이썬을 사용할 때 시트에서 직접 파이썬 코드를 입력하여 수식처럼 셀 단위로 코드와 결과를 저장할 수 있으며, 엑셀 시트의 데이터를 파이썬에 전달하여 결과를 가져올 수 있습니다. 파이썬 코드를 입력하고 실행하는 자세한 방법은 29쪽을 참고하세요.

2 | 재설정

메뉴의 [수식]-[Python(미리 보기)] 그룹에서 [재설정]을 클릭하면 [재설정]과 [런타임 재설정] 중 하나를 선택할 수 있습니다.

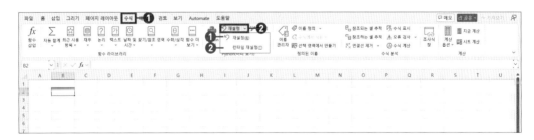

❶ **[재설정]**: 지금까지 실행된 파이썬 코드와 실행 결과를 지우고 재설정합니다. **[재설정]**을 클릭하면 변수를 다시 저장하고 생성한 차트를 다시 생성하는 등 현재 시트에 입력되어 있는 파이썬 코드를 전부 재실행합니다. **[재설정]**은 코드에 오류가 발생하거나 오동작했을 때 오류를 해결하기 위해 사용합니다.

❷ **[런타임 재설정]**: 실행하던 코드를 중지하고 다시 실행합니다. 런타임 재설정은 간혹 파이썬 코드의 실행이 지연되거나 네트워크 오류 등으로 멈췄을 때 사용합니다.

3 | 진단

[수식]-[Python(미리 보기)] 그룹에서 [진단]을 클릭하면 오류가 발생한 코드나 수정이 필요한 코드를 확인할 수 있습니다. 엑셀 파이썬에서는 파이썬 코드를 실행할 때마다 자동으로 코드를 진단하고, 오류가 발생하면 엑셀 시트 오른쪽에 [진단] 창이 자동으로 표시되어 발생한 오류의 구체적인 내용을 확인할 수 있습니다. [진단] 창에 표시된 오류 메시지는 오류를 수정해도 계속 확인할 수 있으며, 직접 오류 메시지를 삭제하기 전까지 계속 표시됩니다. [진단] 창을 닫으려면 [진단] 창의 ☒를 클릭합니다.

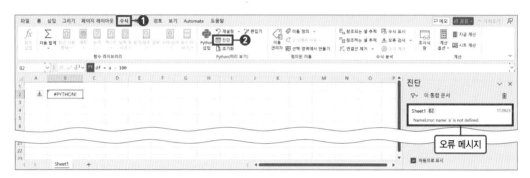

TIP [진단] 창의 휴지통 아이콘을 클릭하면 오류 메시지를 삭제할 수 있습니다.

4 | 초기화

[수식]-[Python(미리 보기)] 그룹에서 [초기화] 클릭하면 엑셀 시트 오른쪽에 [초기화] 창이 표시됩니다. [초기화] 창에서는 차트와 통계 라이브러리 등에 관한 정보를 확인하거나 전역 변수를 설정할 수 있습니다.

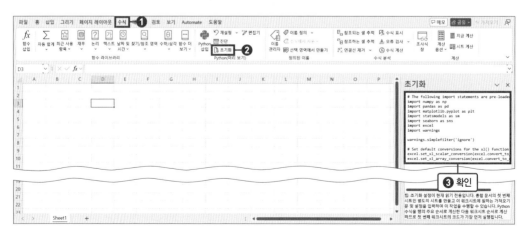

TIP 엑셀 파이썬의 초기화 설정에 대한 자세한 내용은 41쪽을 참고하세요.

5│Python 편집기

[수식]-[Python(미리 보기)] 그룹에서 [편집기]을 클릭하면 엑셀 시트 오른쪽에 [Python 편집기] 창이 표시됩니다. [Python 편집기] 창에서는 엑셀 시트에 삽입한 파이썬 코드를 추가/편집하거나 오류를 수정하는 등 파이썬 코드를 관리할 수 있습니다.

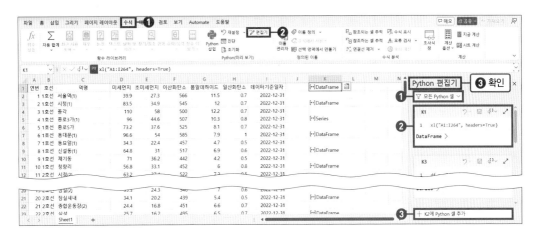

❶ **[Python 셀 선택]**: [모든 Python 셀], [오류만], [선택한 셀만] 중 하나를 선택하여 엑셀 시트에서 삽입한 파이썬 코드를 관리할 수 있습니다.

❷ **[Python 코드 입력 창]**: 선택한 셀에 파이썬 코드를 입력된 코드를 실행/실행 취소, 저장을 할 수 있으며 출력 결과를 확인하거나 출력 방식을 변경할 수도 있습니다. 출력 값에 대한 자세한 내용은 33쪽을 참고하세요.

▲ 실행/실행 취소

▲ 출력 결과 확인

▲ 출력 방식 변경

❸ **[Python 셀 추가]**: 선택한 셀에 파이썬 코드를 입력할 수 있습니다.

엑셀 파이썬은 엑셀 시트에서 데이터를 선택하고 셀에 파이썬 코드를 입력할 수 있어 지금까지의 엑셀 사용 경험을 그대로 유지한 상태에서 파이썬을 사용할 수 있습니다. [Python 편집기]는 셀 단위로 파이썬 코드를 관리할 수 있어 편리하지만 이 책에서는 엑셀의 사용 경험을 유지하며 실습을 진행하기 위해 각 셀 단위로 파이썬 코드를 입력하고 수정합니다.

2
EXCEL ✕ PYTHON
장

엑셀 파이썬과
친해지기

엑셀 수식 창에서 파이썬 코드를 실행해 보세요. 마이크로소프트는 안전하고 편리한 파이

썬 사용 환경을 제공하기 위해 특별한 방식으로 엑셀과 파이썬을 연결했습니다.

Hello, World! 출력하기

엑셀 파이썬 사용자는 마치 함수를 이용하듯 셀에 코드를 입력하고 실행된 결과를 엑셀 시트에서 확인할 수 있습니다. 다만, 여러 줄의 코드를 입력하는 파이썬 특성상 코드를 입력하거나 실행하는 방식에는 조금 차이가 있습니다. 여기서는 간단한 파이썬 코드를 입력하고 실행하는 방법에 대해 알아보겠습니다.

✓ 엑셀 파이썬 첫 번째 실습

엑셀은 기본적으로 셀 단위로 수식을 입력하는 구조로, 특정 셀이나 수식 입력 창에 데이터, 계산식, 함수식을 직접 입력하면 해당 셀에 실행 결과가 표시되므로 사용자가 수식 입력 창에 직접 수식을 입력하고 결과를 확인하거나 수정할 수 있죠. 엑셀 파이썬은 이러한 엑셀의 사용 방법과 동일하게 셀이나 수식 입력 창에서 직접 파이썬 코드를 입력하거나 수정할 수 있습니다.

'Hello, World!'는 대부분의 프로그래밍 책에서 사용하는 첫 번째 예제입니다. '세상아, 안녕!'이라는 뜻의 이 예제는 컴퓨터 과학자, 브라이언 커니핸(Brian Kernighan)과 데니스 리치(Dennis Ritchie)가 1978년에 출간한《The C Programming Language》라는 책의 첫 번째 예제입니다. 엑셀 파이썬은 엑셀의 함수처럼 꼭 필요한 코드만 가져와서 사용하므로 복잡한 코딩 규칙을 알 필요는 없지만, 전통에 따라 Hello, World!를 출력해 보겠습니다.

실습 Hello, World! 출력하기　　　　　　　🔗새 통합 문서

첫 엑셀 파이썬 예제인 만큼 코드 입력 방법과 실행 방법, 그리고 출력 방식 등의 기능을 직접 실습하면서 하나씩 알아보겠습니다. 이어지는 실습에서도 중요한 기능을 여러 번 안내할 테니 가벼운 마음으로 따라 해 보세요.

1 | 파이썬 코드 입력 창 열기

파이썬 코드를 입력하려면 특정 셀이나 수식 입력 창에 =PY(를 입력하거나 메뉴의 [수식]-[Python(미리 보기)] 그룹에서 [Python 삽입]을 클릭합니다. 파이썬 코드 입력 창이 활성화 되면 다음 그림과 같이 셀과 수식 입력 창에 'PY'라는 아이콘과 초록색 테두리가 표시됩니다.

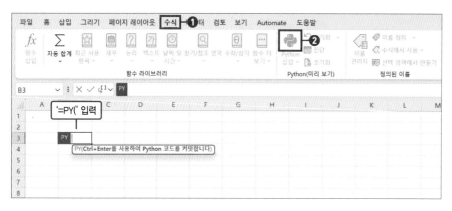

TIP 파이썬 코드 입력 창의 단축키는 Ctrl + Alt + Shift + P 입니다.

파이썬 코드는 셀과 수식 입력 창 어디서든 원하는 곳을 선택하여 입력할 수 있습니다. 단, 셀에서는 여러 줄의 코드를 입력해도 입력한 내용이 전부 표시되지만, 수식 입력 창은 사용자가 설정한 크기 안에서만 파이썬 코드가 표시되므로 여러 줄의 코드를 입력할 때는 불편할 수 있습니다. 수식 입력 창의 크기를 조절하려면 Ctrl+Enter+U를 누르거나 수식 입력 창 아래로 마우스 커서를 옮겨 커서 모양이 [↕]로 바뀌었을 때 수식 입력 창을 클릭하여 아래로 드래그합니다.

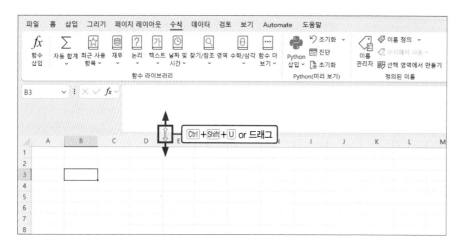

① [B3] 셀을 선택한 상태에서 메뉴의 [수식]-[Python(미리 보기)]-[Python 삽입]을 클릭합니다.

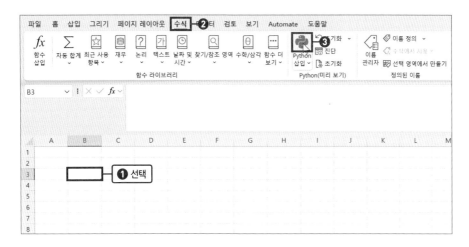

② [B3] 셀에 **파이썬 코드 입력 창**이 표시됩니다.

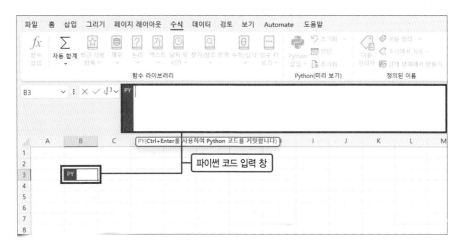

2 | 코드 입력하고 실행하기

① [B3] 셀의 파이썬 코드 입력 창에 다음 코드를 입력합니다.

[B3]
=PY(
	```a = "Hello, "```
	```b = "World!"```
	```a+b```

TIP 파이썬 코드 입력 창에서는 Enter 를 누르면 다음 줄로 이동할 수 있습니다.

② 코드를 모두 입력한 다음 Ctrl + Enter 를 누르면 입력한 코드가 실행됩니다.

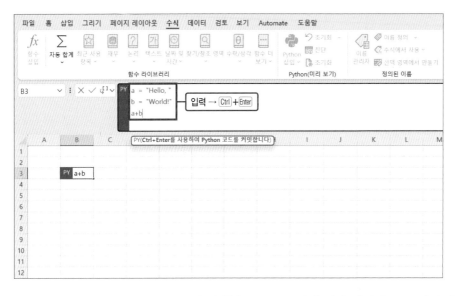

함수식을 입력한 다음 결과를 확인할 때 Enter 를 누르는 것과 달리 파이썬 코드 입력 창에서는 Enter 를 누르면 파이썬 코드 입력 창 안에서 다음 줄로 이동합니다. 이러한 방식은 여러 줄의 파이썬 코드를 쉽게 입력할 수 있도록 사용자 환경이 변경된 것이므로 파이썬 코드를 모두 입력한 후 코드를 실행하려면 Ctrl + Enter 를 누르거나 ☑ 를 클릭하여 파이썬 코드를 실행할 수 있습니다.

위 코드는 a라는 변수에 Hello, 라는 문자를 저장하고, b라는 변수에는 World!라는 문자를 저장한 다음 변수 a와 b를 연산 부호 +로 연결하는 코드입니다. 변수는 '수식에 따라 변하는 값'이라는 의미로, 파이썬을 포함한 컴퓨터 프로그래밍 언어에서는 변수라는 빈 상자에 데이터를 넣어 사용자가 원하는 이름으로 저장할 수 있습니다. 이렇게 정의한 변수는 사용자가 파이썬 코드를 입력할 때, 변수명을 입력해 정의된 데이터를 불러오는 용도로 사용합니다.

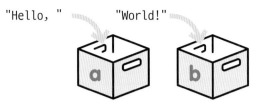

"Hello, "   "World!"

▲ 변수 정의와 활용 방법

프로그래밍 언어에 따라 변수명을 정의하는 별도의 코드가 있지만 파이썬에서는 **변수명 = 값**이라는 코드로 변수를 정의합니다. 또한, 앞의 실습과 같이 변수에 문자를 저장할 때는 문자를 큰따옴표("") 또는 작은따옴표(' ')로 구분하여 입력합니다.

3 | 출력 방식 변경하기

① [B3] 셀에 [**PY**] Hello, World!가 표시됩니다.

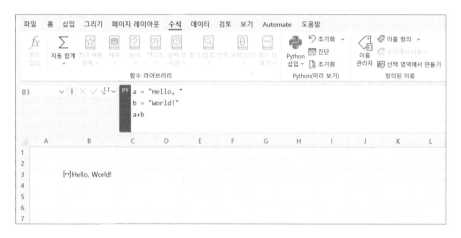

② 파이썬 코드 입력 창 왼쪽의 ↺]를 클릭한 다음 [Excel 값](↺²³)을 선택하면 Python 개체 아이콘(**PY**)이 사라지고 'Hello, World!'라는 텍스트만 표시됩니다.

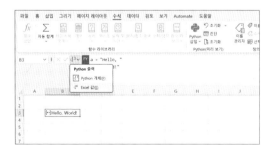
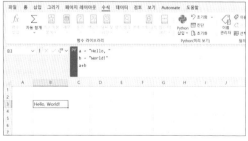

TIP 파이썬 코드의 실행 결과는 코드를 입력한 셀에 바로 표시되며, 사용자가 입력한 코드는 수식 입력 창에서 확인할 수 있습니다.

파이썬 코드의 출력 방식은 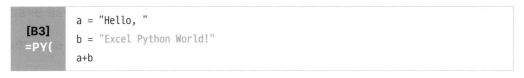를 클릭하면 표시되는 [Python 개체](^{PY})와 [Excel 값](¹²³) 중 하나를 선택할 수 있습니다. 기본 설정은 [Python 개체](^{PY})로 이 상태에서는 개체의 유형 또는 결과 값이 표시됩니다. 개체란 파이썬에서 독립된 기능과 정보를 지닌 부품을 의미합니다. 엑셀 파이썬에서는 데이터와 차트 등의 개체가 많이 이용되며 종류에 따라 포함된 기능도 각각 다릅니다. 출력 방식을 [Excel 값](¹²³)으로 변경하면 파이썬 코드 실행 결과가 그림, 숫자, 차트, 표 등으로 표시됩니다.

TIP 파이썬 개체에 대한 자세한 내용은 61쪽을 참고하세요.

4 │ 코드 수정하기

엑셀에서 F2 를 누르거나 더블클릭하여 특정 셀의 내용을 편집하는 것과 같은 방법으로 이미 입력된 파이썬 코드를 수정할 수 있습니다.

① [B3] 셀을 더블클릭하거나 [B3] 셀을 선택한 상태에서 F2 를 눌러 파이썬 코드 입력 창을 표시합니다.

② 파이썬 코드의 두 번째 줄을 다음과 같이 수정하고 Ctrl + Enter 를 눌러 코드를 실행합니다.

<table>
<tr><td>[B3]
=PY(</td><td>a = "Hello, "
b = "Excel Python World!"
a+b</td></tr>
</table>

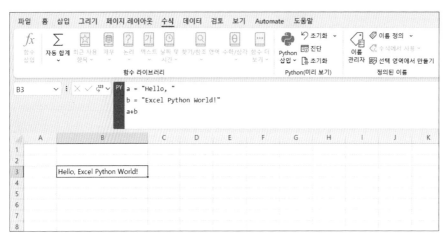

엑셀 파이썬이 실행되는 환경

MS365 버전부터 사용할 수 있는 엑셀 파이썬에서는 엑셀과 파이썬이 유기적으로 연동되므로 마치 엑셀의 함수를 사용하는 것처럼 파이썬을 활용할 수 있지만, 아이러니하게도 기존의 파이썬을 사용해 본 적이 있다면 엑셀 파이썬이 낯설게 느껴질 수도 있습니다. 여기에서는 기존의 파이썬과 엑셀 파이썬의 차이점과 엑셀 파이썬에 빠르게 익숙해질 수 있는 방법을 알아보겠습니다.

✓ 엑셀 파이썬 실행 환경

사용자가 파이썬을 단독으로 사용하려면 언어와 개발 환경을 갖추고, 알고리즘을 실행하기 위한 고성능 컴퓨팅 환경을 갖춰야만 합니다. 또한 사용하면서 발생할 수 있는 시스템 충돌이나 업데이트도 신경 써야 합니다. 마이크로소프트는 엑셀 사용자가 파이썬을 편리하게 활용할 수 있도록 다음과 같은 환경을 구축했습니다.

1 | 클라우드 기반 코드 실행

엑셀 파이썬의 파이썬 코드는 모두 클라우드 서버를 거쳐 실행됩니다. 엑셀에서 파이썬 코드를 입력하면 마이크로소프트 클라우드 서버에 사용자가 지정한 데이터와 코드가 전달되고, 엑셀로 실행 결과가 전달되어 시트에 표시됩니다.

① 엑셀에서 파이썬 코드를 입력하고 실행

② 마이크로소프트 클라우드 서버에서 실행

③ 실행 결과가 엑셀로 시트에 표시

▲ 엑셀 파이썬의 코드 실행 방식

덕분에 사용자는 별도의 개발 환경을 갖추거나 고성능 컴퓨터를 마련하지 않아도 엑셀에서 파이썬을 사용할 수 있습니다. 클라우드로 전송된 코드는 격리된 공간에서 실행되며 결과는 즉시 삭제되어 보안을 강화합니다.

2 | 아나콘다 협업을 통한 라이브러리 제공

라이브러리란, 특정 기능을 수행하는 코드를 모아 둔 소프트웨어를 말합니다. 파이썬 사용자는 라이브러리를 활용하면 복잡한 코드를 직접 작성하지 않아도 간단하게 사용할 수 있습니다. 또한, 전 세계의 개인뿐만 아니라 비영리재단과 빅테크 기업이 라이브러리를 무상으로 제공하여 다양한 분야에서 활용되고 있습니다. 하지만 무분별한 라이브러리 사용은 보안 취약점, 의존성 충돌, 버전 호환성 문제 등을 야기할 수 있어 주의가 필요합니다. 또한 출처가 불분명하거나 신뢰할 수 없는 라이브러리를 사용하면 코드 실행 시 예기치 못한 오류나 보안 위험이 발생할 수 있습니다. 엑셀 파이썬은 검증된 라이브러리를 제공하는 아나콘다와 협업하여 사용자가 이러한 문제에 시달리지 않고 편리하게 파이썬을 사용할 수 있도록 도와줍니다.

TIP 엑셀 파이썬에서 제공하는 라이브러리는 43쪽에서 확인할 수 있습니다.

3 | 데이터 유출과 해킹을 막기 위한 제한 사항

마이크로소프트는 엑셀 파이썬을 통한 데이터 유출과 해킹 위험을 막기 위해 다음과 같이 기능을 제한하고 있습니다.

❶ 엑셀 파이썬 코드에서는 사용자의 컴퓨터와 계정에 접근할 수 없습니다. 이는 사용자의 정보가 탈취되거나 계정이 수정되는 것을 막기 위한 것으로 사용자가 코드 실행 결과를 컴퓨터에 직접 저장하려면 엑셀 시트를 거쳐야만 합니다.

❷ 코드에 포함된 모든 네트워크 접근 권한이 차단되어 있습니다. 이는 데이터가 유출되거나 바이러스가 설치되는 것을 막으려는 조치로 사용자도 파이썬에서 외부 데이터나 프로그램에 접근할 수 없습니다.

TIP 엑셀은 별도의 외부 데이터 수집 기능을 가지고 있습니다. 자세한 내용은 164쪽을 참고하세요.

❸ 엑셀 파이썬은 네트워크에서 송수신되는 데이터에 접근할 수 없습니다. 네트워크 제어 기능은 데이터 분석과는 연관성이 적지만, 관련 라이브러리를 사용하려고 한다면 정상적으로 동작하지 않을 수도 있습니다.

데이터 분석은 간단한 코드로 통계치를 추출하거나 차트를 생성하며 진행됩니다. 주피터 노트북(Jupiter Notebook)은 이러한 작업 방식에 특화된 웹 기반 개발 환경으로 사용자는 ChatGPT와 대화하는 것처럼 짤막한 코드를 입력하고 결과를 바로 확인하면서 데이터를 분석합니다. 구글 코랩(Google Colab)은 구글에서 주피터 노트북과 유사하게 만든 웹 기반 개발 환경으로 엑셀 파이썬처럼 클라우드에서 동작합니다.

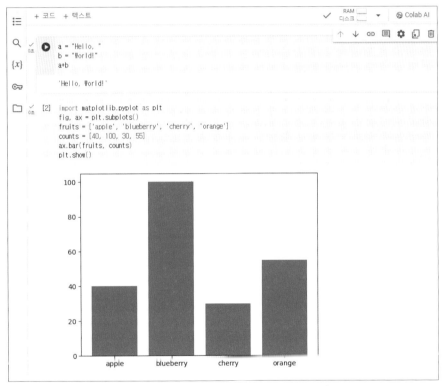

▲ 구글 코랩의 파이썬 이용 환경

위 그림은 구글 코랩에서 `Hello, World!`를 출력하는 코드와 차트를 생성하는 라이브러리를 사용하여 막대 그래프를 출력하는 코드를 실행한 모습이며, 다음은 엑셀 파이썬에서 같은 코드를 사용한 모습입니다.

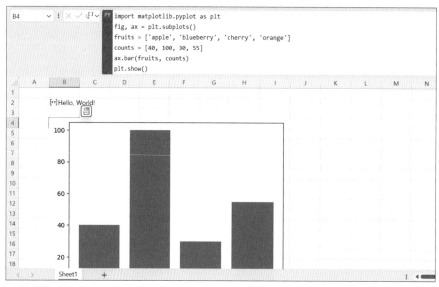

```
import matplotlib.pyplot as plt
fig, ax = plt.subplots()
fruits = ['apple', 'blueberry', 'cherry', 'orange']
counts = [40, 100, 30, 55]
ax.bar(fruits, counts)
plt.show()
```

▲ 엑셀의 파이썬 이용 환경

엑셀 파이썬은 주피터 노트북이나 구글 코랩처럼 셀에 코드를 입력하고 시트에서 결과를 확인하며 데이터를 분석할 수 있습니다. 그리고 주피터 노트북이나 구글 코랩과 달리, 엑셀 시트에 있는 데이터를 바로 파이썬으로 분석하고, 그 결과를 엑셀 파일로 저장하여 동료에게 공유할 수 있습니다. 각 프로그램의 차이점은 다음과 같습니다.

구분	주피터 노트북	구글 코랩	엑셀 파이썬
파이썬 실행 위치	로컬 PC	클라우드 서버	클라우드 서버
데이터 로딩	파일에서 로딩하거나 웹에서 가져오기	코랩 서버에 파일을 업로드하거나 웹에서 로딩	엑셀 시트에서 사용할 데이터 지정
코드 입력	코드 입력 상자를 한 칸씩 추가하면서 입력	코드 입력 상자를 한 칸씩 추가하면서 입력	셀에 파이썬 코드 추가
실행 결과 출력	코드 입력 상자 아래에 표시	코드 입력 상자 아래에 표시	코드를 입력한 셀에 표시
오류 메시지 표시	코드 입력 상자 아래에 표시	코드 입력 상자 아래에 표시	엑셀 시트 오른쪽 창에 표시
라이브러리 사용	로컬 PC에 라이브러리 설치	코랩에서 제공하는 라이브러리 사용(추가 설치 가능)	아나콘다에서 제공하는 라이브러리 사용(보안상의 이유로 추가 설치 불가)
공유	분석에 사용된 데이터와 코드를 각각 전달. 공유받은 사람은 동일한 환경에서 실행 가능	분석에 사용된 데이터와 코드를 각각 전달하거나 웹상에서 공유(데이터 및 코드 유출 위험 높음)	분석에 사용된 데이터와 코드를 엑셀 파일에 저장하여 전달(데이터 및 코드 유출 위험 적음)

▲ 파이썬 이용 환경 비교

TIP 엑셀 파이썬에서 시트의 데이터를 전달하는 방법은 51쪽을 참고하세요.

엑셀 파이썬
데이터 분석 라이브러리

아나콘다는 데이터 분석과 관련된 오픈소스 라이브러리를 발굴하고 검증하는 기업으로, 엑셀 파이썬에는 아나콘다가 검증한 데이터 분석과 차트에 특화된 400여 개의 라이브러리가 포함되어 있습니다. 여기서는 엑셀 파이썬의 기본 라이브러리와 자주 사용되는 데이터 분석 라이브러리를 알아보겠습니다.

✔ 라이브러리란?

대부분 프로그래밍 언어들은 특정 동작을 수행하는 코드를 묶어 프로그램을 만들어 두고, 각 프로그램을 부품처럼 조립하여 하나의 소프트웨어를 구성합니다. 라이브러리란 특정한 기능을 수행하는 프로그램을 모아 만든 소프트웨어로 패키지, 모듈, 클래스, 함수로 구성되어 있습니다.

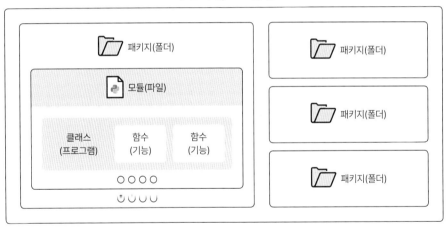

▲ 라이브러리의 구조

❶ 패키지(폴더): 패키지는 여러 개의 모듈(파일)을 모아 둔 폴더를 말합니다. 라이브러리는 규모에 따라 하나 또는 여러 개의 패키지로 구성되어 있습니다.

❷ 모듈(파일): 모듈은 코드가 저장된 파일로, 여러 개의 클래스가 포함되어 있습니다. 사용자가 라이브러리를 사용할 때는 라이브러리 > 패키지 > 모듈 순으로 세분화하여 가져올 수 있습니다.

❸ 클래스(프로그램): 클래스는 함수를 포함하는 프로그램으로, 사용자는 클래스부터 본격적으로 라이브러리 기능을 사용할 수 있습니다. 클래스를 사용할 때는 클래스 명령어를 직접 코딩하거나 클래스를 변수에 담아 사용할 수 있습니다.

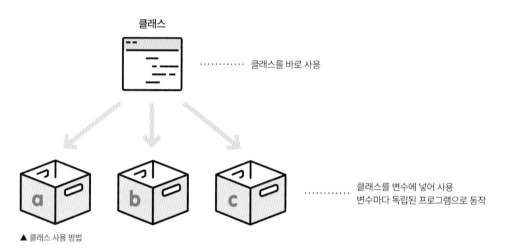

▲ 클래스 사용 방법

클래스를 변수에 저장하면 각각 독립된 프로그램으로 사용할 수 있습니다. 예를 들어 차트를 생성하는 클래스를 변수 a와 b에 저장한 후 a는 막대 차트를 b는 선 차트를 그리도록 분리하여 실행할 수 있습니다.

❹ 함수(기능): 함수는 클래스에 포함되어 세부 기능을 수행하는 프로그램입니다. 함수 또한 클래스처럼 명령어를 직접 코딩하여 사용할 수 있으며, 클래스를 변수에 담았다면 해당 클래스에 포함된 함수도 독립된 프로그램으로 사용할 수 있습니다. 예를 들어 차트 생성 클래스를 변수 a에 담아 막대 차트를 생성했다면, 함수를 이용하여 막대 차트의 색상이나 모양 등을 변경할 수 있습니다.

✓ 엑셀 파이썬 기본 라이브러리(초기화 설정)

엑셀 메뉴에서 [수식]-[초기화]를 차례대로 선택하면 엑셀 파이썬이 처음 동작할 때 실행되는 코드를 확인할 수 있습니다. 초기화 코드는 기능을 중심으로 2개 단락으로 구성되어 있으며, 첫 번째 단락에는 `The following import statements are pre-loaded.` '아래의 import 구문이 미리 설치 적재되었습니다.'라는 주석과 함께 총 8개의 라이브러리가 추가되어 있습니다.

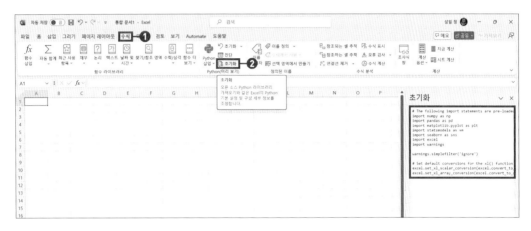

TIP 주석이란, 코드의 설명이나 관리를 목적으로 덧붙이는 문장입니다. 주석으로 추가된 문장은 코드 실행 시 제외되며, 파이썬에서는 #으로 시작하는 문장이 주석으로 처리됩니다.

import는 파이썬에서 라이브러리를 가져오는 명령어로 `import <라이브러리명> as 별칭`처럼 사용합니다. 별칭은 엑셀 파이썬에서 코드를 입력할 때 긴 라이브러리명 대신 짧은 이름으로 편리하게 사용하기 위한 옵션입니다. 이때 별칭은 중복되지 않아야 하며, 자주 사용하는 라이브러리는 np, pd와 같이 공식 매뉴얼에서 추천하는 이름을 가지고 있습니다.

간혹 용량이 큰 라이브러리는 라이브러리명 대신 `<라이브러리명.패키지명>`을 입력하여 패키지만 가져올 수 있습니다. 또는 `from <라이브러리명> import <모듈명>`을 이용하여 모듈만 가져와서 사용할 수 있습니다. 다음 초기화 설정 코드를 통해 활용 사례를 살펴보겠습니다.

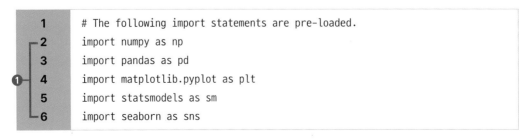

```
1    # The following import statements are pre-loaded.
2    import numpy as np
3    import pandas as pd
4    import matplotlib.pyplot as plt
5    import statsmodels as sm
6    import seaborn as sns
```

```
②-7    import excel
③-8    from excel import client_timezone, client_locale
④-9    import warnings
  10
  11   warnings.simplefilter('ignore')
```

① 2~6번째 줄까지는 데이터 분석 라이브러리로 데이터 탐색/시각화/통계분석 분야에서 자주 사용하는 라이브러리입니다. 4번째 줄에서는 matplotlib에서 pyplot 패키지만 가져왔습니다.

② 7번째 줄에서는 마이크로소프트에서 개발한 excel 라이브러리를 추가했습니다. excel 라이브러리에는 별칭을 사용하지 않았습니다.

③ 8번째 줄에서는 excel 라이브러리에서 사용자의 시간대(timezone)와 지역(client_locale) 모듈만 가져오는 코드를 추가했습니다. 7번째 줄에서 excel 라이브러리를 이미 가져왔는데도 모듈을 별도로 가져온 이유는 자주 사용하는 모듈을 긴 명칭을 사용하지 않고 쉽게 호출하기 위한 것입니다.

④ 9번째 줄은 파이썬의 오류 메시지를 제어하는 라이브러리로 11번째 줄에서 이 라이브러리를 이용하여 메시지를 모두 무시하도록 설정하고 있습니다. 참고로 엑셀 파이썬은 엑셀 시트의 안내 창에서 별도로 오류 메시지를 표시합니다.

TIP 초기화 설정에 포함된 라이브러리는 사용자가 별도로 추가할 필요가 없으며, 기재된 별칭을 통해 상세 기능에 접근할 수 있습니다.

두 번째 단락에는 Set default conversions for the xl() function. 'xl 함수를 위한 기본 변환 설정.'이라는 주석과 함께 excel 라이브러리의 세부 기능을 설정하는 코드가 기재되어 있습니다.

```
  12   # Set default conversions for the xl() function.
⑤-13   excel.set_xl_scalar_conversion(excel.convert_to_scalar)
⑥-14   excel.set_xl_array_conversion(excel.convert_to_dataframe)
```

⑤ 13번째 줄은 엑셀 시트에서 단일 값(텍스트, 숫자 등)을 가져온 후 파이썬으로 전달하는 기능을 설정하는 코드입니다.

⑥ 14번째 줄은 엑셀 시트에서 범위를 지정한 후 파이썬 DataFrame으로 저장하는 기능을 설정하는 코드입니다.

TIP 마이크로소프트는 엑셀 파이썬에서 xl 함수로 데이터를 주고받을 수 있다는 내용 말고는 excel 라이브러리에 대한 구체적인 기능과 사용법을 공개하지 않고 있습니다. 다만, 초기화 설정에 등록된 코드를 통해 excel 라이브러리가 xl 함수와 지역, 시간대 등을 설정하는 것을 알 수 있으며, 추가 기능은 점차 공개될 것으로 예상합니다.

데이터 분석 라이브러리는 탐색과 시각화, 모델 개발 등으로 구분됩니다. 라이브러리를 활용할 때는 기능도 중요하지만, 코드를 수정하거나 추후 다시 사용할 것을 고려하여 꾸준히 업데이트되는 라이브러리를 선택해야 합니다. 이러한 관리 측면에서는 개인보다 비영리재단에서 제공하는 라이브러리가 안정적이며, 인터넷에 사용 방법과 예시가 많이 공유되어 있습니다. 다음은 데이터 분석에 자주 사용하는 라이브러리와 각 재단의 홈페이지입니다.

구분	라이브러리명	주요 기능	홈페이지
데이터 탐색 및 가공	NumPy	고성능 수치 계산을 위한 라이브러리로, 주로 데이터 분석을 위한 배열(행렬)을 생성하거나 가공하는 목적으로 사용합니다.	numpy.org
	pandas	데이터를 가져오거나 수정하여 분석에 활용하는 목적으로 사용하며, 간단한 통계분석 및 시각화 기능이 포함되어 있습니다.	pandas.pydata.org
데이터 탐색 및 가공	imbalanced-learn	비대칭 또는 불균형하게 수집된 데이터를 균일하게 조정하는 기능을 제공합니다.	imbalanced-learn.org
시각화 (차트)	Matplotlib	기본 차트 라이브러리로 여러 개의 차트를 중첩하거나 바둑판으로 배치하는 등 원하는 방식으로 구성할 수 있습니다.	matplotlib.org
	seaborn	Matplotlib을 더 편하게 사용하기 위해 만들어진 라이브러리로, 자주 사용하는 차트를 쉽게 구현할 수 있습니다.	seaborn.pydata.org
통계분석 및 모델 개발	SciPy	과학, 수학, 엔지니어링 등에 사용되는 고급 계산 기능을 제공하는 라이브러리입니다.	scipy.org
	statsmodels	SciPy를 기반으로 통계분석과 모델 개발을 편하게 활용할 수 있도록 개발된 라이브러리입니다.	statsmodels.org
	scikit-learn	머신러닝(Machine Learning)과 데이터 분석을 위한 라이브러리로 다양한 알고리즘이 포함되어 있습니다.	scikit-learn.org
	PyTorch	GPU와 CPU를 활용한 딥러닝(Deep learning) 기반 모델 개발과 분석을 제공합니다.	pytorch.org
자연어 처리	Gensim	토픽 모델링(주제 찾기)과 워드 임베딩(단어를 수치로 전환) 등 자연어 처리 기능을 제공합니다.	radimrehurek.com/gensim
수학 계산	PyWavelets	웨이블릿(파동, 진동 등) 데이터에 대한 수치 계산을 위한 라이브러리입니다.	pywavelets.readthedocs.io
	SymPy	수학 및 과학 분야의 기호 계산(방정식 등)을 위한 라이브러리입니다.	sympy.org

TIP 아나콘다에서 제공하는 모든 라이브러리는 https://anaconda.cloud/package-categories에서 확인할 수 있습니다.

참고로 이 책에서는 다음의 라이브러리를 사용합니다.

라이브러리명	주요 용도	비고
excel	엑셀 시트의 데이터를 파이썬에 전달합니다.	초기화 설정에 포함된 라이브러리
pandas	엑셀에서 가져온 데이터를 변수에 저장, 가공 및 수정하며, 간단한 통계치도 확인할 수 있습니다.	
Matplotlib	파이썬에서 기본 차트를 생성하거나 수정합니다.	
seaborn	파이썬에서 데이터 분석에 유용한 차트를 생성하거나 수정합니다.	
scikit-learn	예측모델, 군집분석, 이상탐지 알고리즘을 사용합니다.	별도로 추가해야 하는 라이브러리
statsmodels	시계열 분해 알고리즘을 사용합니다.	

초기화 설정과 고급 옵션

엑셀 파이썬은 실행 환경과 관련된 초기화 설정과 고급 옵션을 제공합니다. 기본 설정을 유지한 상태로 사용해도 되지만 고급 옵션으로 사용자에게 맞는 실행 환경을 구성할 수 있습니다. 여기서는 초기화 코드를 설정하는 방법과 어떤 고급 옵션을 사용할 수 있는지 살펴보겠습니다.

✔ 초기화 설정 방법

엑셀 메뉴에서 [수식]-[Python(미리 보기)]의 [초기화]를 클릭하면 [초기화] 창이 표시되고 엑셀 파이썬을 실행할 때 가장 먼저 처리하는 코드를 확인할 수 있습니다. 이 코드는 엑셀 파이썬에서 자주 사용하는 파이썬 라이브러리를 가져오고, 파이썬과 연동하기 위한 excel 라이브러리를 설정합니다.

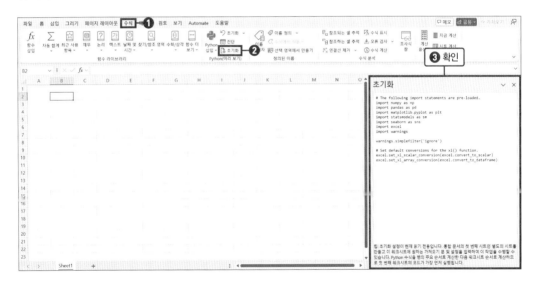

[초기화] 창 아래에 안내된 바와 같이 현재 초기화 코드는 사용자가 직접 수정할 수 없습니다. 또한 엑셀 첫 번째 시트에 코드를 입력하면 가장 먼저 실행된다고 안내하고 있습니다. 참고로 엑셀 파이썬의 파이썬 코드는 다음과 같은 순서로 실행됩니다.

엑셀 파이썬 코드 실행 순서

실행 순서	내용
왼쪽 엑셀 시트	숨겨진 시트를 포함하여 왼쪽에 있는 시트의 코드부터 실행됩니다.
왼쪽 열	왼쪽 열에 입력된 코드부터 실행됩니다. 예를 들어 [A1] 셀과 [B1] 셀에 코드가 있으면 [A1] 셀의 코드부터 실행됩니다.
첫 번째 행	행 번호가 작은 셀부터 실행됩니다. 예를 들어 [A1] 셀과 [A2] 셀에 코드가 있으면 [A1] 셀부터 실행됩니다.

그러므로 Sheet1, Sheet2에 파이썬 코드가 추가되어 있으면 다음 순서대로 실행됩니다.

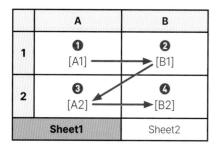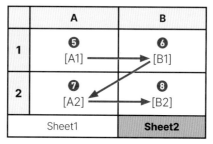

파이썬은 코드가 순서대로 실행되면서 변수에 값을 입력하거나 더할 수 있습니다. 그런데 순서가 잘못되어 있다면 값이 입력되지 않은 상태에서 더하거나 빼는 등의 연산을 함으로써 오류가 발생할 수도 있습니다. 만약 가장 먼저 실행되는 코드를 입력하고 싶다면 첫 번째 시트에 입력해야 하며, 그중에서 [A1] 셀에 입력해야 합니다. 이와 더불어 파이썬 코드를 입력할 때는 순서가 헷갈리지 않도록 규칙을 만드는 것이 좋습니다. 이 책에서는 파이썬 코드를 입력할 때 하나의 열을 선택한 후 1번 행부터 아래로 내려가면서 코드를 입력합니다.

엑셀에서 [파일]-[옵션]-[고급]을 차례대로 선택하면 표시되는 설정 항목 중 '이 통합 문서의 계산 대상'에서 파이썬 관련 설정을 변경할 수 있습니다.

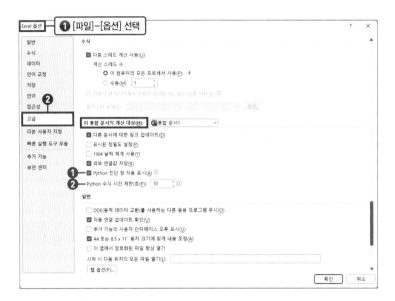

❶ **Python 진단 창 자동 표시**: 엑셀 파이썬에서는 입력한 코드를 실행하고 수정할 때마다 시트에 입력된 모든 코드를 다시 실행합니다. 이때 코드에 오류가 발생하면 엑셀 창 왼쪽에 [진단] 창이 표시되어 파이썬 코드의 오류를 확인할 수 있습니다. 이는 기본 설정된 옵션으로, 코드에 발생한 오류를 확인하는 데 유용하지만 오류를 수정하는 중에도 계속 메시지가 표시되는 것이 방해가 된다면 설정을 해제할 수 있습니다.

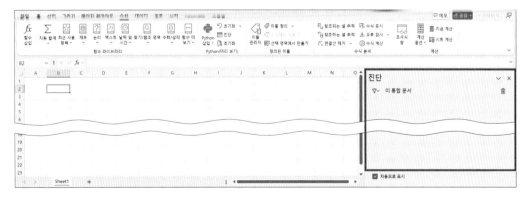

TIP [진단] 창 아래의 [자동으로 표시]를 체크 해제하여 설정을 해제할 수 있으며, 다시 오류 메시지를 표시하려면 [수식] - [진단]을 선택합니다.

❷ Python 수식 시간 제한(초): Python 수식 시간 제한(초)은 하나의 셀에 입력한 파이썬 코드를 실행할 때 소요되는 시간을 제한하는 것으로 이 설정은 사용자가 코드를 잘못 입력했을 때 무한 루프에 빠지는 것을 예방하기 위한 옵션입니다. 기본값은 30초이며 최대 86,400초(24시간)까지 설정할 수 있습니다. 만약 사용자가 설정한 시간이 지날 때까지 실행을 완료할 수 없으면 엑셀 프로세스가 강제 종료되고 오류 메시지가 표시됩니다. 보통의 파이썬은 별도의 확인 없이 방대한 양의 데이터 연산을 무작정 시작하지만 클라우드 서버의 결과를 출력하는 엑셀 파이썬은 정해진 시간을 초과하면 연산을 종료합니다.

설정할 수 있는 Python 수식 제한 시간은 최소 30초이고 정상적인 코드 요청에도 불구하고 설정한 수식 제한 시간을 경과해 오류가 발생한다면 제한 시간을 늘린 후 다시 실행해 보는 것도 좋습니다.

TIP 무한 루프란 사용자가 작성한 코드(반복문)에 정지 조건 등을 설정하지 않아 프로그램이 무한정 실행되는 현상을 말합니다.

✔ [수식] 메뉴의 [계산] 옵션

엑셀은 데이터가 많아지면 합계와 평균 같은 함수나 수식 느리게 실행될 수 있습니다. 특히, 시트를 수정하면 관련된 수식을 전부 다시 계산하느라 많은 시간이 소요됩니다. 엑셀 파이썬에서도 이와 같은 현상이 발생할 수 있는데, 메뉴의 **[수식]-[계산 옵션]**을 설정하여 이를 방지할 수 있습니다.

[계산 옵션]에서는 '자동', '부분', '수동' 중 하나를 선택할 수 있으며, 각 옵션을 통해 언제 수식의 결과를 다시 계산할지 결정할 수 있습니다. 옵션별 기능은 다음과 같습니다.

❶ 자동: 이 옵션을 선택하면 엑셀은 관련된 변경사항이 생길 때마다 자동으로 모든 수식을 재계산합니다. 가장 일반적으로 사용되며, 사용자가 수식 결과를 항상 최신 상태로 유지하고 싶을 때 적합합니다.

❷ **부분**: 가상 분석에 사용하는 데이터 테이블만 재계산하지 않는 옵션입니다. 시트에 있는 데이터나 수식, 코드는 자동으로 계산되므로 시트의 데이터를 사용하는 엑셀 파이썬에서는 이 옵션이 유용하지 않습니다.

❸ **수동**: 이 옵션을 선택하면 엑셀이 자동으로 수식을 재계산하지 않습니다. 대신, 사용자가 수동으로 계산을 실행할 때만 수식이 계산됩니다. F9 키를 눌러 전체 시트를 재계산하거나, 특정 영역을 마우스 오른쪽 버튼으로 클릭한 다음 **[계산 옵션]**을 선택하여 재계산할 수 있습니다. 데이터와 수식, 파이썬 코드가 많을 때 유용합니다. 단, **[수식]** 옵션을 **[수동]**으로 설정한 상태에서 엑셀 파일을 저장하고 다시 불러오면 이전에 입력한 코드가 아직 실행되지 않아 코드를 입력된 셀이 취소선으로 표시됩니다. 만약 파이썬 코드가 입력된 셀에 취소선이 표시된다면 **[계산 옵션]**을 **[자동]**으로 변경하거나 F9 키를 누르면 됩니다.

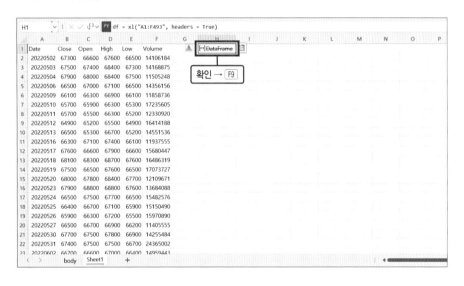

## 3 장

EXCEL × PYTHON

엑셀 파이썬 기본 기능

엑셀 파이썬은 셀을 선택하는 것만으로 시트에 있는 데이터를 파이썬에서 사용할 수 있습니다. 엑셀에서 만들기 어려운 차트와 분석 모델을 이제 파이썬으로 생성해 보세요.

엑셀 시트의 단일 셀 값을 파이썬에서 사용하기

엑셀 파이썬의 가장 큰 장점은 파이썬에서 분석에 사용할 데이터를 따로 로드할 필요 없이 엑셀에서 바로 데이터를 선택하여 분석할 수 있다는 것입니다. 여기서는 엑셀 시트의 단일 셀 값을 파이썬에서 사용하는 방법을 알아보겠습니다.

> **실습** **엑셀 데이터를 파이썬에서 사용하기** 📎 새 통합 문서

엑셀에서 데이터를 가공하거나 분석할 때는 마우스로 특정 셀을 직접 선택하여 데이터를 가공합니다. 엑셀 파이썬도 지금까지 엑셀을 활용했던 것처럼 엑셀에 파이썬 코드 입력 창을 표시하여 특정 셀을 선택하거나 가공할 수 있습니다.

1 | 엑셀 시트에 데이터 입력하기

① 새 통합 문서의 [B2] 셀에 '100'을 입력합니다.

② [D2] 셀에 =PY(를 입력하거나 Ctrl + Alt + Shift + P 를 누르면 파이썬 코드 입력 창이 표시됩니다.

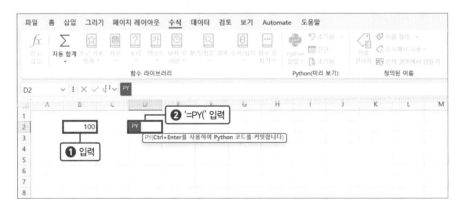

> **TIP** 파이썬 코드 입력 창을 표시할 셀을 선택하고 메뉴의 [수식] - [Python(미리 보기)] 그룹에서 [Python 삽입]을 선택해도 됩니다.

③ [D2] 셀에 파이썬 코드 입력 창이 표시된 상태에서 [B2] 셀을 클릭하면 파이썬 코드 입력 창에 `xl("B2")`라는 코드가 자동으로 완성됩니다.

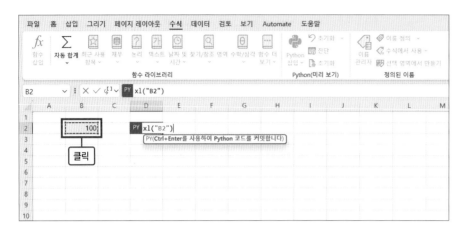

④ [D2] 셀의 파이썬 코드 입력 창에 `xl("B2")`가 입력된 것을 확인한 다음 Ctrl + Enter 를 누르면 [B2] 셀에 입력한 값이 Python 개체 아이콘과 함께 '[▪] 100'으로 표시됩니다.

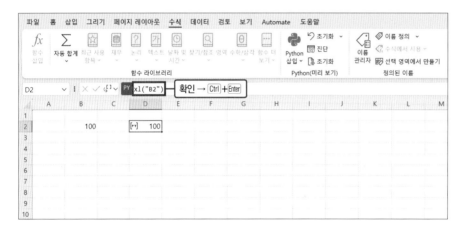

`xl` 함수는 엑셀 파이썬에서 엑셀 데이터를 사용하기 위한 함수로 이와 같이 `xl` 함수에 데이터로 사용할 셀 이름을 입력하면 엑셀의 데이터를 파이썬에서 사용할 수 있습니다. 각 과정을 단계별로 나눠 보면 다음과 같습니다.

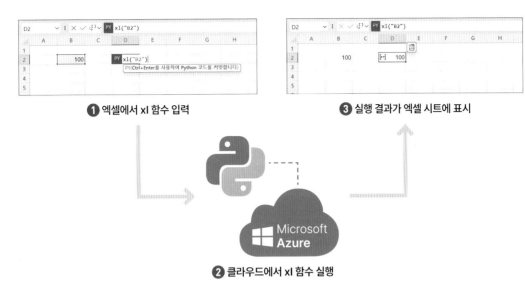

① 엑셀에서 xl 함수 입력

③ 실행 결과가 엑셀 시트에 표시

② 클라우드에서 xl 함수 실행

▲ 엑셀 파이썬의 데이터 참조 방법

① 파이썬 코드 입력 창에서 xl 함수를 입력합니다.

② 입력된 코드는 클라우드 서버에서 실행됩니다. 클라우드에서 xl 함수가 실행되며 셀 값(데이터)을 참조합니다.

③ 실행 결과가 엑셀 시트에 표시됩니다.

이 과정에 따라 엑셀에서는 마치 엑셀 함수를 이용하는 것처럼 파이썬에서 엑셀 데이터를 사용할 수 있습니다. 사용자는 다른 개발 환경처럼 데이터를 로드할 필요가 없으며, 원본 데이터가 수정될 때마다 매번 다시 로드하는 번거로움도 사라집니다. 참고로 일반적인 파이썬 개발 환경에서 데이터를 로드하는 방법은 다음과 같습니다.

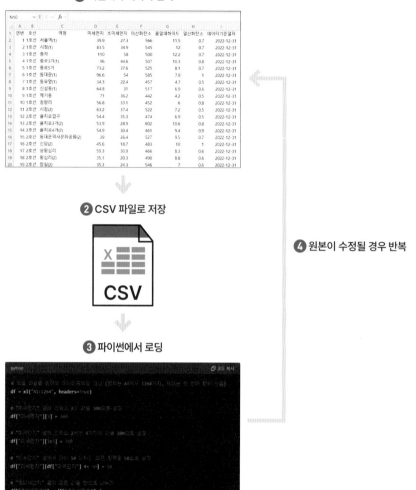

▲ 파이썬의 데이터 활용 방법

❶ 엑셀에서 데이터를 입력합니다.

❷ CSV 파일로 저장합니다. 엑셀 파일을 그대로 사용할 수 있으나, 빈 셀을 인지하지 못하는 등 오류가 발생할 수 있으므로 특수한 경우가 아니라면 CSV 파일을 사용합니다.

❸ 파이썬 개발 환경에서 코드를 활용해 CSV 파일의 데이터를 로드합니다.

❹ 원본 데이터가 변경되면 ❶~❸을 반복합니다.

셀 값 수정하기

엑셀에 입력한 데이터를 수정하면 파이썬 코드에도 자동으로 적용됩니다.

1 | 엑셀의 셀 값 수정하기

① [B2] 셀에 입력한 '100'을 '200'으로 수정합니다.

② [D2] 셀에 표시된 값이 '200'으로 변경됩니다.

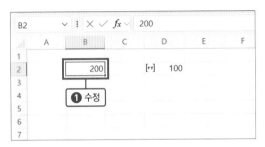 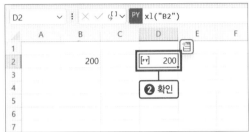

이와 같이 엑셀 파이썬에서는 xl 함수로 엑셀 데이터를 참조하기 때문에 원본을 수정하면 작성한 코드에도 즉시 적용됩니다. 참조한 데이터는 코드를 이용해 추가로 가공할 수 있으며, 가공된 값은 실행 결과로만 표시되므로 원본은 유지됩니다.

엑셀 시트의 범위를 지정하여 파이썬에서 사용하기

데이터를 분석할 때는 보통 여러 개의 행과 열로 구성된 방대한 데이터를 사용합니다. 여기서는 엑셀 시트의 데이터 중 특정 범위를 지정하여 파이썬에서 사용하는 방법을 알아보겠습니다.

✔ 엑셀 파이썬에서 사용하는 데이터의 형태

엑셀에서는 비교적 자유롭게 데이터를 입력하고 함수를 사용할 수 있지만, 엑셀 파이썬에서 파이썬 라이브러리를 활용하기 위해서는 다음과 같이 정해진 형태에 맞게 데이터를 입력하거나 가공해야 합니다.

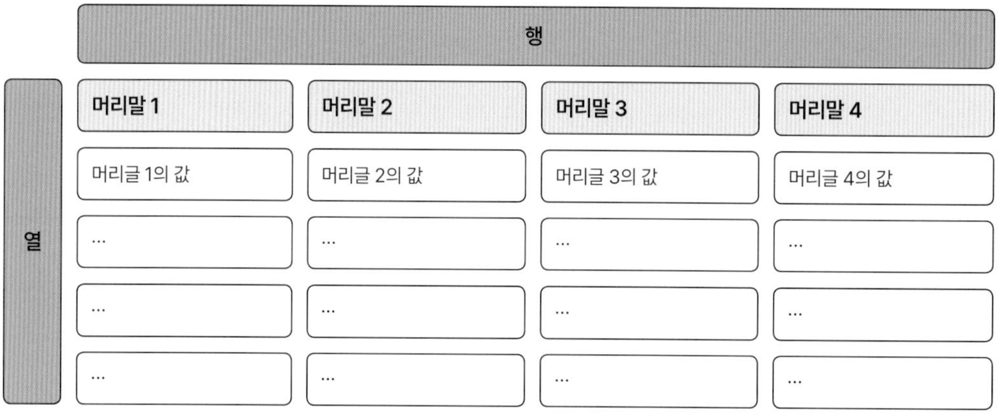

행			
머리말 1	머리말 2	머리말 3	머리말 4
머리글 1의 값	머리글 2의 값	머리글 3의 값	머리글 4의 값
…	…	…	…
…	…	…	…
…	…	…	…

(※ 왼쪽에 "열" 세로 레이블)

▲ 엑셀 파이썬의 데이터 구조

이 구조는 첫 행에 머리글을 입력하고 두 번째 행부터 데이터가 입력된 형태입니다. 각각의 데이터는 머리글에서 지정한 값을 사용해야 하며, 머리글은 보통 문자로만 구성하거나 문자와 숫자를 혼용할 경우 문자로 시작하는 이름을 사용해야 엑셀 파이썬에서 자동으로 인식할 수 있습니다. 이와 같은 데이터 구조는 엑셀 파이썬뿐 아니라 대부분 데이터 시스템에서도 사용하는 구조이며, 만약 이 형태를 따르지 않으면 파이썬의 데이터 분석 라이브러리에서 데이터를 인식하지 못해 오류가 발생할 수 있습니다.

엑셀 시트에서 범위를 지정하여 데이터를 사용하는 방법은 단일 값을 사용하는 방법과 같습니다. 여기서는 머리글이 포함된 데이터를 사용하여 파이썬에서 사용하는 방법을 알아보겠습니다.

1 | 파이썬 코드 입력 창에서 엑셀 시트의 범위 참조하기

① [G2] 셀을 선택한 다음 [수식]-[Python 삽입]을 차례대로 선택하거나 =PY(를 입력하여 파이썬 코드 입력 창을 표시합니다.

② 파이썬 코드 입력 창이 표시된 상태에서 [B2:E5] 영역을 드래그하면 다음 코드가 자동으로 완성됩니다.

자동 완성된 `xl` 함수의 `headers=True`는 지정한 범위의 데이터에 머리글(headers)이 포함되어 있다는 의미로, 코드를 입력하는 과정에서 데이터 범위를 지정하면 해당 범위의 머리글 유무를 감지하여 자동으로 완성됩니다. 만약, 머리글이 포함된 범위를 지정했는데도 `headers=True`가 자동으로 완성되지 않는다면 직접 `headers=True`를 입력하면 됩니다. 단, 머리글이 없거나 `headers=True`를 입력하지 않으면 일부 기능에서 오류가 발생할 수 있으니 꼭 지정하는 것이 좋습니다. 코드가 완성된 것을 확인한 다음 Ctrl + Enter를 눌러 코드를 실행합니다.

파이썬 함수의 인자(Parameter)와 인수(Argument)

파이썬에서 함수를 사용할 때는 괄호 안에 옵션을 입력하여 실행하기도 합니다. 여기서 실행하려는 옵션의 명칭은 인자(Parameter)라고 하며, 옵션에 입력하는 값을 인수(Argument)라고 합니다. 인자와 인수는 <인자=인수>의 형태로 입력하며, 인자는 생략되기도 합니다. xl 함수도 첫 번째 인수에 데이터의 범위를 입력했지만 인자는 생략되었습니다. 인자는 파라미터, 매개변수라는 명칭으로도 불립니다.

③ [G2] 셀에 Python 개체 아이콘(⟦ᴘ⟧)과 DataFrame이라는 이름이 표시됩니다. 이 아이콘을 클릭하면 [B2:E5] 영역의 데이터가 표시됩니다.

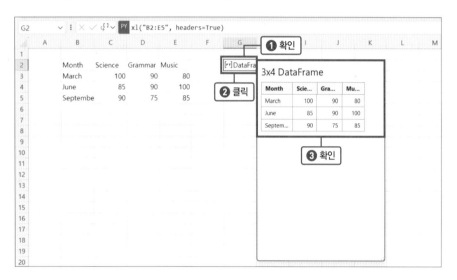

데이터 범위를 지정하여 전달하면 DataFrame이라는 파이썬 개체가 생성됩니다. DataFrame은 분석 라이브러리와 연동하여 데이터를 제공하는 개체로, 엑셀 파이썬의 초기화 코드에 포함되어 있는 pandas 라이브러리를 통해 생성됩니다.

TIP 파이썬 라이브러리에 대한 자세한 내용은 43쪽을 참고하세요.

CASE 03
엑셀의 데이터로 간단한 파이썬 차트 생성하기

엑셀은 자체적으로 쉽고 간단한 차트 기능을 제공합니다. 하지만 데이터 입력과 관리를 주요 목적으로 하는 사무용 프로그램으로 높은 수준의 차트를 생성하는 데는 한계가 있습니다. 파이썬은 엑셀의 한계를 극복하고 더욱 다양한 차트를 생성하는 데 도움을 줍니다.

✔ 엑셀 차트의 한계

엑셀은 꾸준히 다양한 형태의 차트를 추가해 왔습니다. 분산형 차트, 트리맵 차트, 깔때기형 차트 등 엑셀에서 제공하지 않는 형태의 차트를 찾기 어려울 정도죠. 하지만 PC용 소프트웨어의 가장 큰 제약사항인 메모리의 한계 때문에 여러 형태의 차트를 한 번에 생성하거나 방대한 데이터의 차트를 생성하기 어렵다는 단점이 있습니다. 이때 엑셀 파이썬의 다양한 차트 라이브러리를 활용하면 메모리 제약 없이 다양한 차트를 생성할 수 있으며, 활용법에 익숙해지면 엑셀보다 쉽고 빠른, 엑셀에서는 생성할 수 없었던 수준 높은 차트를 만들 수 있습니다.

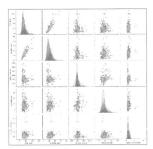

▲ 산점도 차트(Pair Plot)

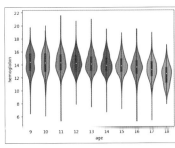

▲ 바이올린 차트(Violin Plot)

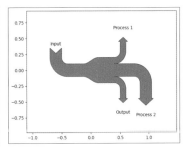

▲ 생키 차트(Sankey Chart)

실습 엑셀 데이터로 간단한 파이썬 차트 생성하기   𝒫 CASE_03

DataFrame은 주로 다른 파이썬 라이브러리에 데이터를 공급하는 역할을 하지만, 자체적으로도 데이터 가공, 통계 추출, 차트 생성 등의 다양한 기능이 포함되어 있습니다. 여기서는 DataFrame 에 포함되어 있는 주요 기능 중 차트 생성 기능에 대해 간단히 살펴보겠습니다.

1 | 파이썬 코드 입력 창에서 엑셀 시트의 범위 참조하기

① [G2] 셀을 선택한 다음 [수식]-[Python 삽입]을 차례대로 선택하거나 =PY(를 입력하여 파이 썬 코드 입력 창을 표시합니다.

② 파이썬 코드 입력 창이 표시된 상태에서 [B2:E5] 영역을 드래그하면 다음 코드가 자동으로 완성됩니다.

```
[G2]
=PY(       xl("B2:E5", headers=True)
```

③ 코드가 자동 완성된 것을 확인한 다음 [Ctrl]+[Enter]를 눌러 코드를 실행하면 [G2] 셀에 DataFrame 이 생성됩니다.

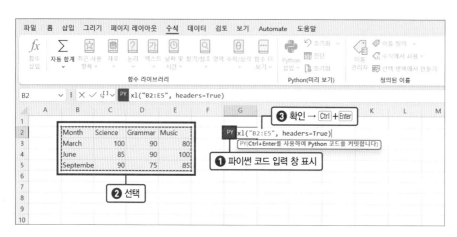

2 | DataFrame의 부가 기능으로 차트 생성하기

① [G2] 셀의 DataFrame을 더블클릭하여 파이썬 코드 입력 창을 표시한 후 입력된 코드 뒤에 다음 코드를 추가합니다.

60

TIP 파이썬 코드 입력 창에 표시되는 드롭다운 목록을 사용하면 파이썬 코드를 간편하게 입력할 수 있습니다. 드롭다운 목록에 대한 자세한 내용은 214쪽 전문가의 조언을 참고하세요.

② 코드를 수정한 다음 [Ctrl]+[Enter]를 눌러 코드를 실행합니다.

③ [G2] 셀의 [▸]를 클릭하면 차트가 표시됩니다.

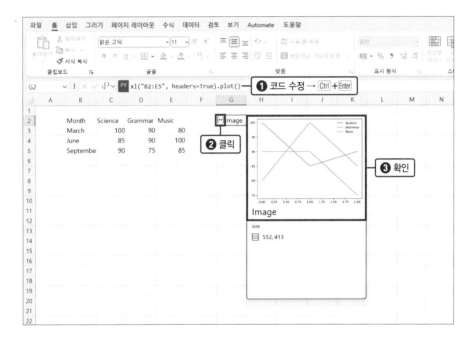

DataFrame을 생성하는 코드 뒤에 추가한 **plot** 함수는 DataFrame에 포함된 차트 생성 코드입니다. 이처럼 파이썬에서는 개체(DataFrame)에 포함된 기능을 실행할 때는 점(.)을 입력하고 코드를 추가합니다. 만약 코드가 길고 복잡해진다면 개체에 원하는 이름을 할당하여 변수로 저장한 다음 변수명 뒤에 점(.)과 명령어를 추가하여 실행할 수 있습니다.

TIP 변수와 변수명에 대한 자세한 내용은 32쪽을 참고하세요.

3 │ 파이썬 개체를 엑셀 시트에 표시하기

Python 개체 아이콘 [▸] 뒤에 표시된 Image는 파이썬에서 생성한 개체의 유형을 나타냅니다. 데이터만 참조했을 때는 유형이 DataFrame으로 표시되지만, 차트는 이미지이므로 Image라는 유형이 표시됩니다. 이렇게 생성한 Python 개체는 각 개체가 가진 값의 유형이 표시되며, 각 유형의 고유 값을 엑셀 시트에 표시할 수 있습니다. 여기서는 앞의 실습으로 생성한 차트를 엑셀 시트에 표시하는 방법에 대해 알아보겠습니다.

① Image 개체가 표시된 [G2] 셀을 선택한 상태에서 수식 입력 창 왼쪽의 Python 개체 아이콘 ᵩ¹²을 클릭합니다.

② [Python 출력] 중 [Excel 값]을 선택합니다.

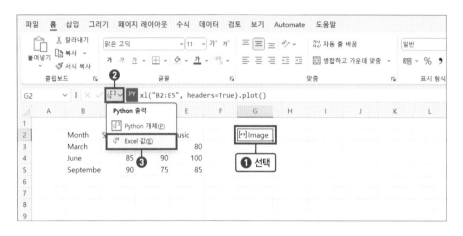

③ [G2] 셀에 차트 이미지가 표시되면 [G2] 셀을 마우스 오른쪽 버튼으로 클릭한 다음 [셀의 그림]-[참조 만들기]를 차례대로 선택하여 차트를 확대하여 표시할 수 있습니다.

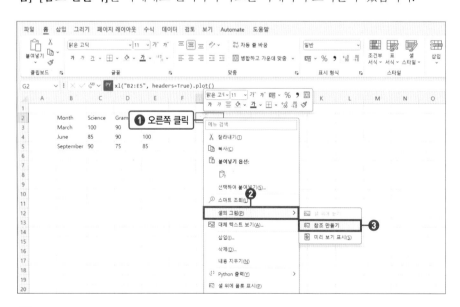

TIP image 개체가 있는 셀을 선택하면 표시되는 [참조 만들기] 아이콘 🔁을 선택해도 차트 이미지를 크게 표시할 수 있습니다.

④ 시트에 표시된 차트는 원하는 크기나 위치로 변경할 수도 있습니다. 차트를 선택하면 수식 입력 창에 '=Sheet1!G2'라는 수식이 표시됩니다. 이 차트는 [Sheet1]의 [G2] 셀과 연동된 것으로 [G2] 셀에 입력된 파이썬 코드를 수정하면 차트도 함께 변경됩니다.

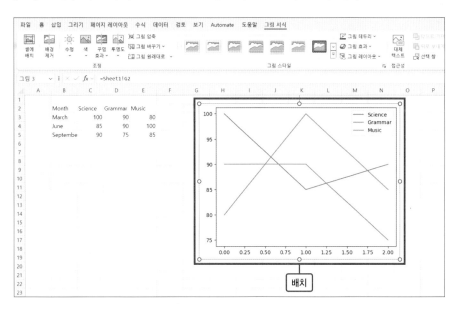

2

둘째마당

엑셀 파이썬 맛보기

1장   엑셀 파이썬으로 데이터 수정 / 가공하기

2장   엑셀 파이썬으로 기초통계 분석 및 차트 생성하기

3장   엑셀 파이썬에 ChatGPT 활용하기

엑셀 파이썬으로 데이터 수정/ 가공하기

엑셀 파이썬에는 데이터를 일괄적으로 수정하거나 추가할 수 있는 다양한 기능이

있습니다. 적은 양의 데이터 수정 작업에는 여전히 엑셀이 편리하지만, 양이

많고 작업이 반복된다면 파이썬 코드를 이용하여 빠르고 간단하게

데이터를 수정해 보세요.

01 CASE 행, 열 선택하기

엑셀 파이썬에서 데이터의 행이나 열을 선택하거나 필터링할 때는 엑셀 데이터를 사용하는 것처럼 시트에서 직접 원하는 데이터를 선택해도 되지만 파이썬 코드로 행이나 열을 선택하는 방법을 알아 두면 한두 줄의 코드로 대용량 데이터를 간단히 처리할 수 있습니다.

✔ DataFrame의 구조

엑셀에서 파이썬으로 데이터를 전달할 때, 엑셀 시트에서 열 이름이 포함된 범위를 지정하면 파이썬 코드에 `headers=True`라는 인수가 포함된 `xl` 함수가 자동으로 입력되고 DataFrame이 생성됩니다. 생성된 DataFrame의 첫 번째 행은 열 이름(headers)이며 회색으로 표시되고 두 번째 행부터 데이터가 표시됩니다. 이렇게 엑셀 파이썬에서는 첫 번째 행에 열 이름이 있고 두 번째 행부터 데이터가 정리된 표 형태의 데이터를 활용합니다.

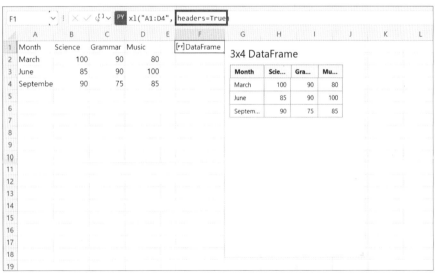

▲ 엑셀 파이썬의 DataFrame 구조

DataFrame 자체적으로 행과 열을 선택하는 기능이 포함되어 있으므로 파이썬 코드를 사용하면 원하는 데이터를 간편하게 선택하거나 별도로 관리할 수 있습니다. 아직 파이썬 코드를 사용하는 것이 낯설어 어렵게 느낄 수 있지만, 익숙해지면 대용량 데이터를 처리할 때 원하는 데이터를 훨씬 쉽고 빠르게 가져올 수 있습니다. 이어지는 실습에서는 엑셀 데이터를 엑셀 파이썬으로 가져와 DataFrame을 생성하고 원하는 데이터만 선택하는 방법을 알아보겠습니다.

실습 DataFrame 생성하기   🔗 CASE_01_01

데이터를 분석할 때 차트와 분석 알고리즘을 활용하기 위해서는 원본 데이터는 그대로 두고 범위가 다른 DataFrame을 여러 개 생성할 필요가 있습니다. 여기서는 변수를 활용해 DataFrame을 여러 개 생성하는 방법과 열을 선택하는 방법을 함께 알아보겠습니다.

1 | DataFrame으로 생성할 데이터 준비하기

서울교통공사는 2016년부터 매년 역사별 공기질 측정 정보를 제공하고 있습니다. 예제는 지하철 1호선부터 9호선까지 총 263개의 역사별 측정 정보를 기록한 데이터로, 미세먼지와 일산화탄소 등 9개의 열로 구성되어 있습니다. 이번 장에서는 이 데이터를 이용하여 실습합니다.

	A	B	C	D	E	F	G	H	I	J	K
1	연번	호선	역명	미세먼지	초미세먼지	이산화탄소	폼알데하이드	일산화탄소	데이터기준일자		
2	1	1호선	서울역(1)	39.9	27.3	566	11.5	0.7	2022-12-31		
3	2	1호선	시청(1)	83.5	34.9	545	12	0.7	2022-12-31		
4	3	1호선	종각	110	58	500	12.2	0.7	2022-12-31		
5	4	1호선	종로3가(1)	96	44.6	507	10.3	0.8	2022-12-31		
6	5	1호선	종로5가	73.2	37.6	525	8.1	0.7	2022-12-31		
7	6	1호선	동대문(1)	96.6	54	585	7.9	1	2022-12-31		
8	7	1호선	동묘앞(1)	34.3	22.4	457	4.7	0.5	2022-12-31		
9	8	1호선	신설동(1)	64.8	31	517	6.9	0.6	2022-12-31		
10	9	1호선	제기동	71	36.2	442	4.2	0.5	2022-12-31		
11	10	1호선	청량리	56.8	33.1	452	6	0.8	2022-12-31		
12	11	2호선	시청(2)	63.2	37.4	522	7.2	0.5	2022-12-31		
13	12	2호선	을지로입구	54.4	35.3	474	6.9	0.5	2022-12-31		
14	13	2호선	을지로3가(2)	53.9	28.9	602	10.6	0.8	2022-12-31		
15	14	2호선	을지로4가(2)	54.9	30.4	461	9.4	0.9	2022-12-31		
16	15	2호선	동대문역사문!	39	26.4	527	9.5	0.7	2022-12-31		
17	16	2호선	신당(2)	45.6	18.7	483	10	1	2022-12-31		
18	17	2호선	상왕십리	59.3	30.9	466	8.3	0.6	2022-12-31		
19	18	2호선	왕십리(2)	35.1	20.3	490	8.8	0.6	2022-12-31		
20	19	2호선	잠실(2)	35.3	24.3	546	7	0.6	2022-12-31		

> **TIP** 공공데이터포털(www.data.go.kr)에서 '서울교통공사_지하역사 공기질 측정 정보'를 검색하면 연도별 측정 데이터를 직접 내려받을 수 있습니다.

2 | DataFrame 생성하기

① [K1] 셀에 =PY(를 입력하여 파이썬 코드 입력 창을 표시합니다.

② 파이썬 코드 입력 창이 선택된 상태에서 전체 데이터 영역([A1:I264])을 선택하거나 코드 입력 창에 다음 코드를 입력하고 Ctrl+Enter를 눌러 코드를 실행합니다.

[K1] =PY(	xl("A1:I264", headers=True)

TIP [A1] 셀을 선택하고 Shift를 누른 상태에서 Ctrl+→, Ctrl+↓를 차례대로 누르면 전체 데이터 영역([A1:I264])을 한 번에 선택할 수 있습니다.

 전문가의 조언 | **파이썬 코드 입력 창 표시하고 실행하기**

효율적인 실습 진행을 위해 이어지는 모든 실습 과정에서 파이썬 코드 창을 표시하는 방법과 파이썬 코드를 실행하는 방법을 생략합니다.

- 파이썬 코드 입력 창 표시하기: =PY(입력 또는 Ctrl+Alt+Shift+P 누르기
- 파이썬 코드 실행하기: Ctrl+Enter 누르기

③ [A1:I264]의 영역이 DataFrame으로 생성됩니다.

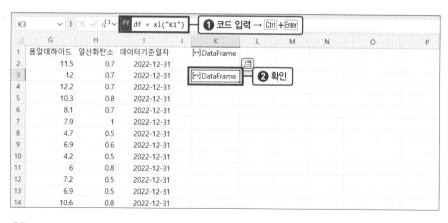

3 | 생성된 DataFrame을 변수로 저장하기

엑셀 파이썬에서는 **2**의 실습에서 생성한 DataFrame을 원하는 이름의 변수로 저장할 수 있습니다. 변수로 저장된 파이썬 개체는 원본 데이터가 변경되면 연결된 개체도 함께 변경됩니다.

① [K3] 셀의 파이썬 코드 입력 창에 다음 코드를 입력하고 실행합니다.

```
[K3]
=PY(     df = xl("K1")
```

TIP 파이썬 코드 입력 창에 df =가 입력된 상태에서 [K1] 셀을 선택해도 됩니다.

② [K3] 셀에 [K1] 셀의 DataFrame이 변수 'df'로 저장됩니다.

TIP 'df'는 'DataFrame'의 줄임말입니다. 가공할 데이터를 원하는 변수로 저장하면 데이터를 편리하게 관리할 수 있습니다. 변수에 대한 자세한 내용은 32쪽을 참고하세요.

4 | 변수로 저장한 DataFrame에서 열 가져오기

열 이름을 이용하여 DataFrame에서 사용할 열을 가져올 수 있습니다. DataFrame이 저장된 변수에 대괄호([])를 덧붙인 다음 열 이름만 적으면 됩니다. 엑셀 파이썬에서 텍스트를 입력할 때는 '텍스트' 또는 "텍스트"와 같이 작은따옴표(' ')나 큰따옴표("")로 구분합니다. 만약 텍스트를 따옴표로 구분하지 않으면 입력한 텍스트를 변수명으로 인식하여 오류가 발생합니다. 이때, 숫자는 따옴표로 구분하지 않아도 되지만 열 이름을 숫자만으로 구성하면 오류가 발생할 수 있습니다.

① [K5] 셀의 파이썬 코드 입력 창에 다음 코드를 입력하고 실행합니다.

```
[K5]
=PY(       df_1 = df["역명"]
```

② [K5] 셀에 DataFrame의 [C] 열(영역)의 데이터가 변수 'df_1'로 저장됩니다.

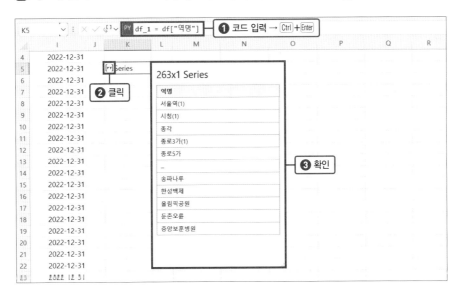

③ [K5] 셀의 [▾]를 클릭하면 DataFrame의 역명만 나열된 것을 확인할 수 있습니다. 'Series'는 하나의 열로 구성된 DataFrame입니다. 엑셀 시트가 여러 개의 열로 구성된 것처럼 DataFrame도 여러 개의 Series로 구성되어 있으며 DataFrame에서 하나의 열만 가져올 경우 Series라는 개체명으로 표시됩니다.

5 | DataFrame에서 두 개 이상의 열 가져오기

엑셀 파이썬에서 여러 개의 값을 함수의 인수로 입력할 때는 [["역명", "미세먼지"]]처럼 두 겹의 대괄호([[ ]]) 안에 각각의 값을 쉼표(,)로 구분해야 합니다. [["역명", "미세먼지"]]를 입력
하면 DataFrame에서 [역명]과 [미세먼지] 열을 가져올 수 있습니다.

① [K7] 셀의 파이썬 코드 입력 창에 다음 코드를 입력하고 실행합니다.

[K7] =PY(	df_2 = df[["역명", "미세먼지"]]

② [K7] 셀에 DataFrame의 [역명]과 [미세먼지] 열이 변수 'df_2'로 저장됩니다.

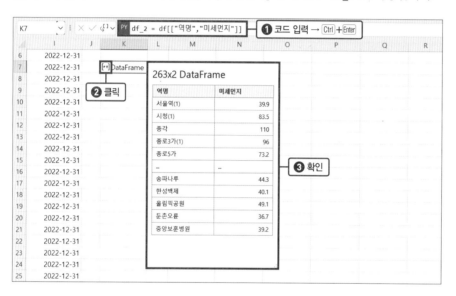

[K7] 셀의 [PY]를 클릭하면 DataFrame에서 가져온 역명과 미세먼지 데이터만 확인할 수 있습니
다. 여기서는 두 개 이상의 열을 저장했으므로 Series가 아닌 DataFrame이라는 개체명이 그대로
표기됩니다.

실습 **행 번호로 DataFrame의 행 가져오기** ∅ CASE_01_02

DataFrame의 행을 가져오는 방법으로는 행 번호를 이용하는 방법과 조건식을 이용하는 방법이
있습니다. 우선 비교적 쉬운 행 번호를 이용하는 방법에 대해 알아보겠습니다.

1 | 첫 번째 행부터 세 번째 행까지 가져오기

엑셀 파이썬에서 위치와 순서 등을 표시할 때는 1이 아닌 0부터 시작합니다. 즉, 우리가 첫 번째라고 부르는 위치는 엑셀 파이썬에서는 0이 되며, 두 번째가 1이 됩니다. 이를 응용하면 DataFrame의 첫 번째 행 번호는 0이며, 세 번째 행 번호는 2가 됩니다. 그리고 범위를 지정할 때는 '시작 번호 이상:끝 번호 미만' 형태로 입력해야 합니다.

① [K9] 셀의 파이썬 코드 입력 창에 다음 코드를 입력하고 실행합니다.

[K9] =PY(	df_3 = df[0:3]

② [K9] 셀에 DataFrame의 첫 번째 행부터 세 번째 행까지 변수 'df_3'로 저장됩니다.

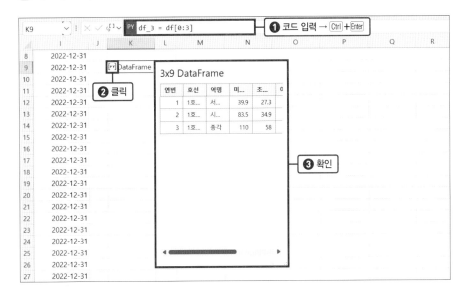

2 | 다섯 번째 행부터 열 번째 행까지 가져오기

DataFrame에서 다섯 번째 행의 행 번호는 4이고 열 번째 행의 행 번호는 9입니다. '시작 번호 이상:끝 번호 미만'이라는 규칙을 염두에 두고 실습해 보겠습니다.

① [K11] 셀의 파이썬 코드 입력 창에 다음 코드를 입력하고 실행합니다.

[K11] =PY(	df_4 = df[4:10]

② [K11] 셀에 DataFrame의 다섯 번째 행부터 열 번째 행까지 변수 'df_4'로 저장됩니다.

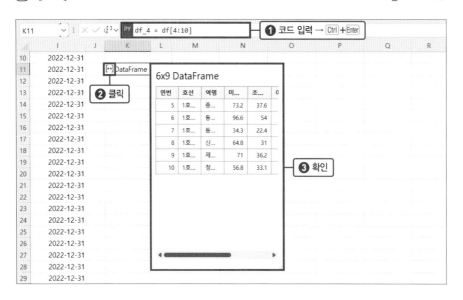

3 | 다섯 번째 행부터 마지막 행까지 가져오기

실습 예제인 '역사별 공기질 측정정보'는 총 263행 데이터로 구성되어 있습니다. 엑셀 파이썬에서는 첫 번째 행 번호가 0이므로 마지막 행 번호는 262가 됩니다. 즉, 다섯 번째 행부터 마지막 행까지를 범위로 표현하면 4:263이 됩니다. 파이썬에서 범위를 표현할 때는 콜론(:)을 중심으로 시작과 끝 번호는 생략할 수 있습니다. 예를 들어 4번째 행부터 마지막 행까지를 4:으로 표현할 수 있는 것이죠. 이 규칙을 응용하면 :이라는 코드로 모든 행을 가져올 수 있습니다.

① [K13] 셀의 파이썬 코드 입력 창에 다음 코드를 입력하고 실행합니다.

[K13] **=PY(**	df_5 = df[4:]

② [K13] 셀에 DataFrame의 다섯 번째 행부터 마지막 행까지 변수 'df_5'로 저장됩니다.

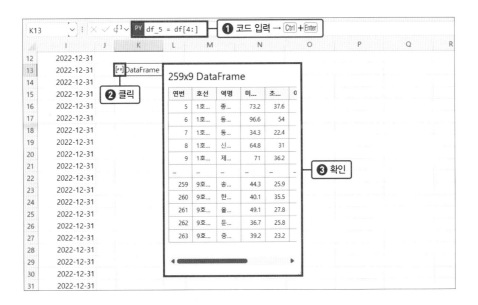

4 | 마지막 행 10개 가져오기

마이너스 기호(−)를 활용하면 DataFrame의 마지막 행에서부터 원하는 데이터를 가져올 수 있습니다. 단, 뒤에서부터 행 번호를 표현할 때는 −0이 아닌 −1부터 시작합니다. 그래서 DataFrame의 마지막 10개 행을 가져오려면 앞의 실습처럼 끝 번호를 생략하여 −10:(뒤에서 열 번째 행부터 끝까지)로 표현할 수 있습니다.

① [K15] 셀의 파이썬 코드 입력 창에 다음 코드를 입력하고 실행합니다.

```
[K15]
=PY(    df_6 = df[-10:]
```

② [K15] 셀에 DataFrame의 마지막 행부터 열 개의 행이 변수 'df_6'로 저장됩니다.

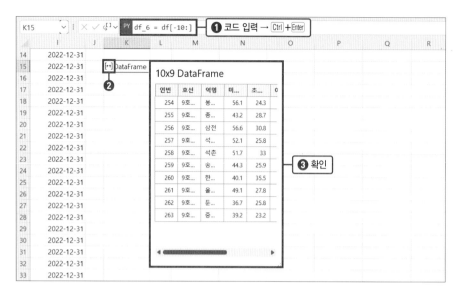

지금까지 실습으로 알아본 행 표현 방법을 정리하면 다음과 같습니다.

DataFrame 범위	코드
첫 번째 행부터 세 번째 행까지	df[0:3]
다섯 번째 행부터 열 번째 행까지	df[4:10]
다섯 번째 행부터 마지막 행까지 가져오기	df[4:]
마지막 행 10개 가져오기	df[-10:]

실습 조건식으로 DataFrame의 행 가져오기　🔗 CASE_01_03

두 값을 비교하는 비교 연산자와 참/거짓을 판별하는 논리 연산자를 이용하면 조건에 맞는 데이터를 가져올 수 있습니다.

1 | 미세먼지가 90 이상인 행 가져오기

df에서 조건에 맞는 행을 가져오려면 df[(조건식)] 형식으로 대괄호([]) 안에 조건식을 넣으면 됩니다. 미세먼지가 90 이상인 조건식은 df["미세먼지"]>=90이며 미세먼지가 90 이상인 행을 가져오는 조건식은 df[df["미세먼지"]>=90]이 됩니다.

> **TIP** 조건식에 대한 자세한 내용은 78쪽을 참고하세요.

① [K17] 셀의 파이썬 코드 입력 창에 다음 코드를 입력하고 실행합니다.

```
[K17]
=PY(    df_7 = df[df["미세먼지"] >= 90]
```

② [K17] 셀에 변수 df의 데이터 중 미세먼지가 90 이상인 행이 변수 'df_7'로 저장됩니다.

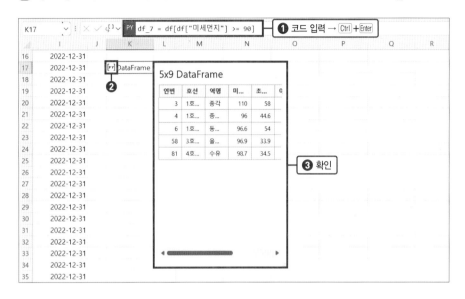

2 | 미세먼지가 90 이상이고 100 이하인 행 가져오기

한 개 이상의 조건식을 중첩하여 사용할 때는 [(조건식1) & (조건식2)]의 형식으로 대괄호([]) 안에서 각 조건식을 괄호로 구분하고 각 조건식이 모두 참인지 판별하는 논리 연산자 &로 연결해야 합니다. 예를 들어 미세먼지가 90 이상이고 100 이하인 행을 조건식으로 표현하면 [(df["미세먼지"] >= 90) & (df["미세먼지"] <= 100)]이 됩니다.

① [K19] 셀의 파이썬 코드 입력 창에 다음 코드를 입력하고 실행합니다.

```
[K19]
=PY(    df_8 = df[(df["미세먼지"] >= 90) & (df["미세먼지"] <= 100)]
```

② [K19] 셀에 미세먼지가 90 이상이고 100 이하인 행이 변수 'df_8'로 저장됩니다.

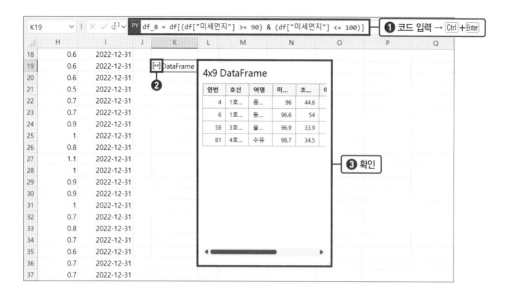

 전문가의 조언 | **조건식에 사용되는 연산자**

조건식은 변수와 값, 그리고 연산자로 구성됩니다. 연산자는 좌/우 항목을 비교하여 결과 값을 출력하는 비교 연산자와 참/거짓을 판별하는 논리 연산자로 나누어집니다. 비교 연산자는 수학에서 사용되는 조건문과 비슷하지만 좌/우 값이 같다는 뜻의 등호(=)는 변수를 저장하는 문법으로 사용되며, 파이썬에서는 등호를 두 개 연결한 ==를 사용합니다.

연산자 종류	기호	사용 예시	참조 예시
비교 연산자	== 같다	a == 10 a와 10은 같다	a가 10인 값을 참조
	!= 다르다	a != 10 a와 10은 다르다	a가 10이 아닌 값을 참조
	< 작다	a < 10 a는 10보다 작다	a가 10보다 작은 값을 참조
	<= 작거나 같다	a <= 10 a는 10보다 작거나 같다	a가 10보다 작거나 같은 값을 참조
	> 크다	a > 10 a는 10보다 크다	a가 10보다 큰 값을 참조
	>= 크거나 같다	a >= 10 a는 10보다 크거나 같다	a가 10보다 크거나 같은 값을 참조

연산자 종류	기호	사용 예시	참조 예시
논리 연산자	& 모두 만족	(a>5) & (a<10) a는 5보다 크고 10보다 작다	a가 5보다 크고 10보다 작은 값을 참조
	¦ 둘 중 하나라도 만족	(a>5) ¦ (b>5) a는 5보다 크거나 5보다 작다	a가 5보다 크거나 b가 5보다 큰 값을 참조
	not 부정	not (a == 10) a는 10이 아니다	a가 10이 아닌 값을 참조
	in 포함	a in [1, 2, 3] a가 목록[1, 2, 3]에 포함되어 있다	a가 목록[1, 2, 3]에 포함되어 있을 경우 참조
	not in 불포함	a not in [1, 2, 3] a가 목록[1, 2, 3]에 포함되어 있지 않다	a가 목록[1, 2, 3]에 포함되어 있지 않은 경우 참조

실습 DataFrame에서 열과 행 지정하여 가져오기 ⌘ CASE_01_04

지금까지 실습한 코드를 연결하면 행과 열을 모두 지정하여 선택할 수 있습니다. 열을 지정하고 행 번호와 조건식을 활용하여 행을 가져오는 방법을 알아보겠습니다.

1 | 열을 지정하고 행 번호로 행 가져오기

df 변수로 저장한 DataFrame에서 [역명], [미세먼지], [초미세먼지] 열의 마지막 10개 행을 가져오려면, 열을 지정하는 코드 [["역명","미세먼지","초미세먼지"]]와 행을 지정하는 코드 [-10:]을 붙여 df[["역명","미세먼지","초미세먼지"]][-10:]라는 코드를 작성하면 됩니다.

① [K21] 셀의 파이썬 코드 입력 창에 다음 코드를 입력하고 실행합니다.

```
[K21]
=PY(    df_9 = df[["역명","미세먼지","초미세먼지"]][-10:]
```

② **[K21]** 셀에 DataFrame의 **[역명]**, **[미세먼지]**, **[초미세먼지]** 열의 마지막 10개 행이 변수 'df_9'로 저장됩니다.

2 | 열을 지정하고 조건식으로 행 가져오기

열을 지정한 후 조건에 맞는 행을 가져오려면 `[-10:]` 대신에 조건식을 넣으면 됩니다. 예를 들어 미세먼지가 90 이상인 행을 가져오는 코드는 `df[["역명","미세먼지","초미세먼지"]][df["미세먼지"] >= 90]`입니다.

① **[K23]** 셀의 파이썬 코드 입력 창에 다음 코드를 입력하고 실행합니다.

```
[K23]
=PY(
df_10 = df[["역명","미세먼지","초미세먼지"]][df["미세먼지"] >= 90]
```

② **[K23]** 셀에 DataFrame의 미세먼지가 90이상인 행에서 **[역명]**, **[미세먼지]**, **[초미세먼지]** 열이 변수 'df_10'으로 저장됩니다.

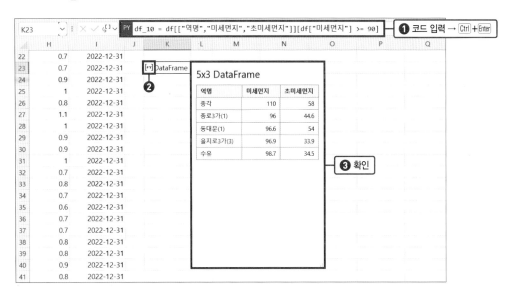

일괄로 데이터 수정하기

엑셀에서 특정 값을 찾고 수정하는 작업은 의외로 많은 시간을 차지합니다. 특히, 셀별로 수작업을 하다 보면 시간이 많이 소요되고 오류가 발생하기도 하는데, 앞서 배운 DataFrame에서 행과 열을 선택하는 방법을 응용하면 이를 간단하게 작업할 수 있습니다.

✔ 엑셀 파이썬에서 데이터를 수정할 때의 장점

엑셀 파이썬을 사용하면 엑셀 시트에서 데이터를 직접 수정하며 DataFrame을 생성할 수 있으므로 파이썬을 단독으로 사용하는 것보다 작업 능률을 높일 수 있습니다. 하지만 반대로 엑셀에서 데이터를 수정하는 작업이 반복된다면, 오히려 파이썬에서 코드로 데이터를 수정한 후 엑셀 시트에 적용하면 반복 작업에서 벗어날 수 있습니다. 특히, 조건에 맞는 데이터를 한꺼번에 선택하여 수정하거나 빈 값을 일괄로 삭제하는 기능을 활용하면 작업 시간을 획기적으로 줄일 수 있습니다.

실습 행/열 선택하여 수정하기   ⏎ CASE_02_01

앞 장에서 배운 DataFrame과 행/열 선택 방법을 응용하면 데이터를 손쉽게 수정할 수 있습니다. 이번 실습에서도 서울교통공사 지하역사 공기질 측정 정보를 활용합니다.

1 │ DataFrame을 생성하고 변수에 저장하기

① [K1] 셀의 파이썬 코드 입력 창에 다음 코드를 입력하고 실행합니다.

```
[K1]
=PY(        df = xl("A1:I264", headers=True)
```

TIP 파이썬 코드 입력 창에 df =를 입력한 다음 [A1:I264] 셀을 선택하면 자동으로 df = xl("A1:I264", headers=True) 코드가 완성됩니다.

② [K1] 셀에 [A1:I264]의 영역이 변수 'df'로 저장됩니다.

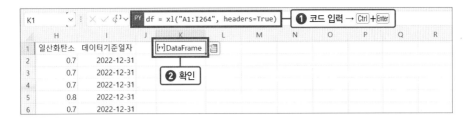

2 | 하나의 열과 행을 선택하여 수정하기

종각역의 미세먼지 값을 '100'으로 수정하겠습니다. 변수 df에서 종각역의 행 번호는 2이므로 종각역의 미세먼지 값은 df["미세먼지"][2] 코드로 선택할 수 있습니다.

① [K3] 셀의 파이썬 코드 입력 창에 다음 코드를 입력하고 실행합니다. 두 번째 줄의 df는 첫 번째 줄에서 수정한 값을 엑셀 시트에 업데이트하기 위한 코드입니다. 엑셀 파이썬은 마지막 줄에 입력한 코드의 값을 엑셀 시트에 표시합니다. 이렇게 변수명을 추가하면 해당 변수의 내용을 엑셀 시트에서 확인할 수 있습니다.

```
[K3]    df["미세먼지"][2] = 100
=PY(    df
```

② [K3] 셀의 [▶]를 클릭하면 변수 df의 DataFrame이 수정된 것을 확인할 수 있습니다.

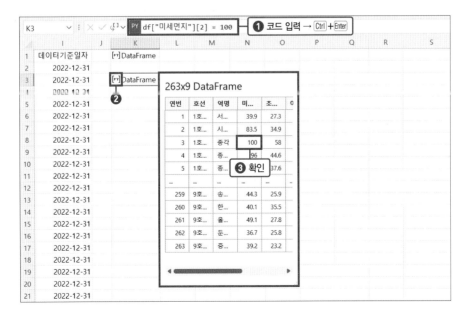

3 | 여러 행 선택하여 수정하기

이번에는 범위를 지정하고 데이터를 한꺼번에 수정하는 방법을 알아보겠습니다. 여기서는 종각, 종로3가, 종로5가의 미세먼지 값을 '200'으로 수정하겠습니다. 종각, 종로3가, 종로5가의 행 번호는 2, 3, 4이고, 이 범위를 코드로 표현하면 df["미세먼지"][2:5]입니다.

① [K5] 셀의 파이썬 코드 입력 창에 다음 코드를 입력하고 실행합니다.

```
[K5]     df["미세먼지"][2:5] = 200
=PY(     df
```

② [K5] 셀의 [▸]를 클릭하면 변수 df의 DataFrame 값이 수정된 것을 확인할 수 있습니다.

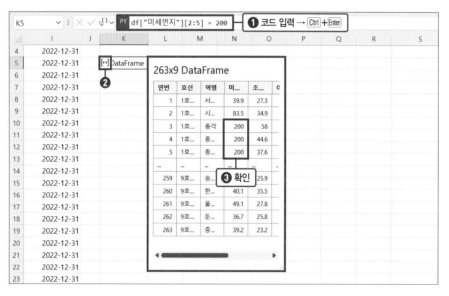

> **TIP** 파이썬 코드는 첫 번째 행부터 순서대로 실행되기 때문에 앞서 수정했던 종각역의 미세먼지 값도 200으로 변경됩니다.

특정 값을 찾아서 원하는 값으로 수정할 때는 조건식을 이용해 행과 열을 지정한 후 수정할 값을 입력하면 선택된 값이 한꺼번에 수정됩니다.

1 │ 미세먼지가 50 이하인 값을 모두 50으로 수정하기

조건식을 이용해 열과 행을 선택할 때는 먼저 열을 선택하기 위한 코드를 입력하고, 선택된 행을 필터링하기 위한 조건식을 덧붙여야 합니다. 예를 들어, 미세먼지가 50 이하인 값을 코드로 표현하면 df["미세먼지"][df["미세먼지"]<=50]가 됩니다.

① [K7] 셀의 파이썬 코드 입력 창에 다음 코드를 입력하고 실행합니다.

```
[K7]    df["미세먼지"][df["미세먼지"]<=50] = 50
=PY(    df
```

② [K7] 셀의 [▸]를 클릭하면 변수 df의 DataFrame 값이 수정된 걸 확인할 수 있습니다.

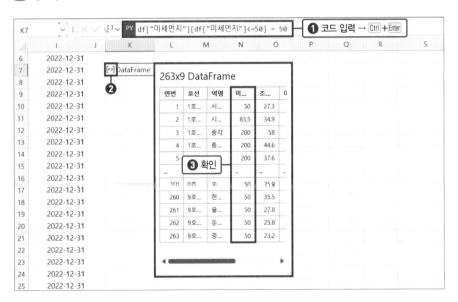

원본 데이터를 참조하여 값 수정하기   🔗 CASE_02_03

DataFrame은 원본 데이터를 참조하고 수식을 이용하여 데이터를 수정할 수 있습니다. 수식을 만들 때는 엑셀에서 셀을 입력하듯이 DataFrame의 열 이름을 입력하면 됩니다.

1 | 초미세먼지 값을 반으로 나누기

초미세먼지 값을 반으로 나누는 수식은 df["초미세먼지"]/2입니다.

TIP 파이썬의 산술 연산자에 대한 자세한 내용은 87쪽의 전문가의 조언을 참고하세요.

① [K9] 셀의 파이썬 코드 입력 창에 다음 코드를 입력하고 실행합니다.

```
df["초미세먼지"] = df["초미세먼지"]/2
df
```
[K9] =PY(

② [K9] 셀의 [▶]를 클릭하면 변수 df의 DataFrame 값이 변경된 것을 확인할 수 있습니다.

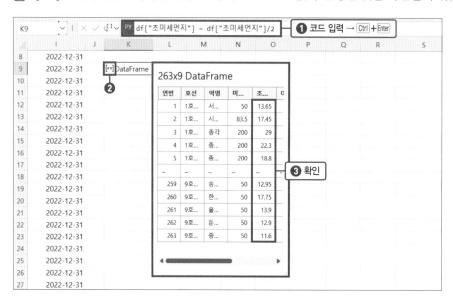

파이썬의 산술 연산자

파이썬은 사칙연산을 포함한 8개의 산술 연산자가 있습니다. 이외에 제곱근, 절댓값 등의 연산은 별도의 함수를 통해 계산할 수 있으며, 관련 라이브러리는 NumPy(행렬), SciPy(과학), SymPy(기호 계산) 등이 있습니다. 라이브러리에 대한 자세한 내용은 43쪽을 참고하세요.

연산자	설명	예시	결과
+	덧셈	3 + 5	8
–	뺄셈	10 - 4	6
*	곱셈	6 * 7	42
/	나눗셈	8 / 2	4.0
//	정수 나눗셈(나눗셈을 한 후 정수만 남깁니다.)	9 // 2	4
%	나머지 연산(나눗셈을 한 후 나머지만 남깁니다.)	9 % 2	1
**	거듭제곱	2 ** 3	8
–	음수	–5	–5

엑셀에서 수식으로 새로운 열을 생성하듯이 DataFrame에서도 기존 데이터를 가공하여 새로운 열을 생성할 수 있습니다. 생성하는 방법도 간단한데, 기존 열과 겹치지 않는 이름을 지정하고 값을 지정하면 됩니다.

1 | 초미세먼지 비중 데이터 생성하기

미세먼지는 직경 10μm(마이크로미터) 이하, 초미세먼지는 2.5μm 이하의 크기로 미세먼지에는 초미세먼지가 포함됩니다. 두 개의 열을 활용하여 미세먼지에 포함된 초미세먼지의 비중을 나타내는 데이터를 생성하겠습니다. 단, 변수 df의 DataFrame은 앞에서 값을 많이 수정했으므로 새로운 변수 df_2를 생성하여 서울교통공사 지하역사 공기질 측정 정보를 저장한 후 실습하겠습니다.

① [K11] 셀의 파이썬 코드 입력 창에 다음 코드를 입력하고 실행합니다.

```
[K11]
=PY(     df_2 = xl("A1:I264", headers=True)
```

TIP 파이썬 코드 입력 창에 df_2 =를 입력한 다음 [A1:I264] 영역을 선택하면 자동으로 df_2 = xl("A1:I264", headers=True) 코드가 완성됩니다.

② [K11] 셀에 [A1:I264]의 영역이 변수 'df_2'로 저장됩니다.

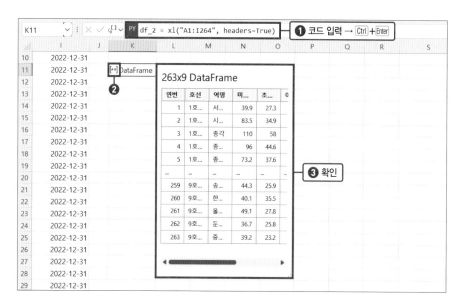

③ [K13] 셀의 파이썬 코드 입력 창에 다음 코드를 입력하고 실행합니다. 다음 코드는 [**초미세먼지비중**]이라는 열을 추가하고, [**초미세먼지**]를 [**미세먼지**]로 나눈 값을 새 열([**초미세먼지비중**])에 저장하는 코드입니다. DataFrame에서 새 열을 추가할 때는 기존 열과 중복되지 않는 열 이름을 입력해야 합니다.

```
[K13]    df_2["초미세먼지비중"] = df_2["초미세먼지"]/df_2["미세먼지"]
=PY(     df_2
```

④ [K13] 셀이 선택된 상태에서 파이썬 코드 입력 창 왼쪽의 ↺¹를 클릭하여 ↺¹²³를 선택하면 변수 df_2의 값이 시트에 표시되고 추가된 [**초미세먼지비중**] 열을 확인할 수 있습니다.

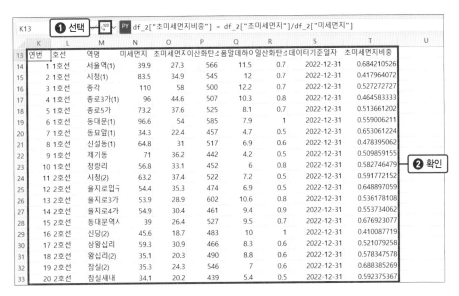

	연번	호선	역명	미세먼지	초미세먼지	이산화탄소	품알데하이	일산화탄소	데이터기준일자	초미세먼지비중
14	1	1호선	서울역(1)	39.9	27.3	566	11.5	0.7	2022-12-31	0.684210526
15	2	1호선	시청(1)	83.5	34.9	545	12	0.7	2022-12-31	0.417964072
16	3	1호선	종각	110	58	500	12.2	0.7	2022-12-31	0.527272727
17	4	1호선	종로3가(1)	96	44.6	507	10.3	0.8	2022-12-31	0.464583333
18	5	1호선	종로5가	73.2	37.6	525	8.1	0.7	2022-12-31	0.513661202
19	6	1호선	동대문(1)	96.6	54	585	7.9	1	2022-12-31	0.559006211
20	7	1호선	동묘앞(1)	34.3	22.4	457	4.7	0.5	2022-12-31	0.653061224
21	8	1호선	신설동(1)	64.8	31	517	6.9	0.6	2022-12-31	0.478395062
22	9	1호선	제기동	71	36.2	442	4.2	0.5	2022-12-31	0.509859155
23	10	1호선	청량리	56.8	33.1	452	6	0.8	2022-12-31	0.582746479
24	11	2호선	시청(2)	63.2	37.4	522	7.2	0.5	2022-12-31	0.591772152
25	12	2호선	을지로입구	54.4	35.3	474	6.9	0.5	2022-12-31	0.648897059
26	13	2호선	을지로3가	53.9	28.9	602	10.6	0.8	2022-12-31	0.536178108
27	14	2호선	을지로4가	54.9	30.4	461	9.4	0.9	2022-12-31	0.553734062
28	15	2호선	동대문역사	39	26.4	527	9.5	0.7	2022-12-31	0.676923077
29	16	2호선	신당(2)	45.6	18.7	483	10	1	2022-12-31	0.410087719
30	17	2호선	상왕십리	59.3	30.9	466	8.3	0.6	2022-12-31	0.521079258
31	18	2호선	왕십리(2)	35.1	20.3	490	8.8	0.6	2022-12-31	0.578347578
32	19	2호선	잠실(2)	35.3	24.3	546	7	0.6	2022-12-31	0.688385269
33	20	2호선	잠실새내	34.1	20.2	439	5.4	0.5	2022-12-31	0.592375367

TIP 엑셀 값으로 표시된 데이터를 복사하여 그래로 붙여 넣으면 파이썬 코드가 붙여 넣어집니다. 데이터 값을 사용하려면 엑셀 값으로 표시된 데이터를 복사한 다음 [Ctrl]+[Shift]+[V]를 눌러 [값 붙여넣기]를 실행합니다.

03 CASE 빈 값 지우기

시스템이나 수집 방식에 따라 데이터 일부에 빈 값이 생길 수 있습니다. 하지만 빈 값은 데이터를 분석하거나 차트를 그릴 때 오류를 일으킬 수 있어서 미리 정리해야 합니다. 여기서는 DataFrame에서 빈 값을 지우는 방법을 알아보겠습니다.

✔ 빈 값의 의미와 처리 방법

빈 값은 수치상으로 값이 없는 상태인 0이나 문자의 공백(띄어쓰기)과는 다른 것으로, 정해진 약속에 맞추어 데이터를 추가하다가 항목을 채우지 않아 아무런 값도 없는 것을 의미합니다. 빈 값이 포함되어 있다는 것은 데이터의 정확도가 떨어진다는 것을 의미하기 때문에 빈 값이 포함된 열이나 행 전체를 삭제하거나 제외한 후 분석을 진행하는 것이 좋습니다.

빈 값은 통계치를 계산할 때 오류를 일으키거나 사용자에게 혼란을 주기도 합니다. 예를 들어 엑셀에서 빈 값이 포함된 값을 모두 더한 후 개수로 나눠 평균을 계산하면 빈 값을 0으로 인식하여 평균이 낮아집니다. 이러한 특징 때문에 빈 값은 차트와 알고리즘에서도 엉뚱한 결과를 출력합니다. 만약, 수집된 데이터가 너무 적어서 빈 값을 삭제하기 어렵다면 통계적으로 오류가 적은 방법으로 값을 대체하기도 합니다. 보통 평균과 중앙값을 자주 사용하지만, 데이터가 작게 쪼개지면 결과가 왜곡될 수 있으니 주의해야 합니다.

실습 빈 값을 확인하는 방법 $\mathscr{O}$ CASE_03_01

파이썬에서 빈 값은 사용할 수 없다는 의미에서 'Not available'의 약자인 NA로 표현합니다. 그리고 DataFrame에서는 `isna` 함수를 이용해 빈 값(NA)을 확인할 수 있습니다. 여기서는 서울교통공사 지하역사 공기질 측정 정보의 일부 셀 값을 삭제하여 빈 값으로 수정한 후 실습하겠습니다.

1 | DataFrame을 생성하고 변수에 저장하기

① CASE_03_01 파일을 불러온 다음 [D6] 셀의 값을 삭제합니다.

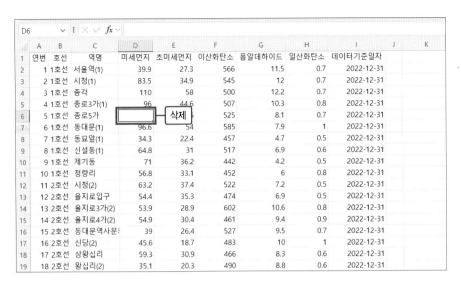

② [K1] 셀의 파이썬 코드 입력 창에 다음 코드를 입력하고 실행합니다.

[K1] **=PY(**	`df = xl("A1:I264", headers=True)`

③ [K1] 셀에 [A1:I264]의 영역이 변수 'df'로 저장됩니다.

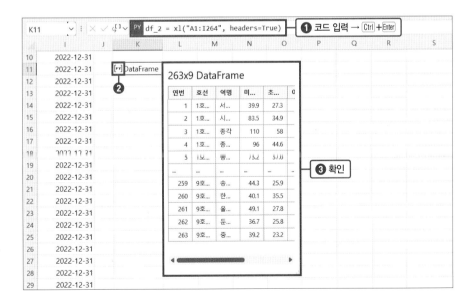

2 | isna 함수로 빈 값 확인하기

isna 함수는 DataFrame의 빈 값 여부를 확인하여 빈 값이 있으면 True(참)를 표시하고 빈 값이 없으면 False(거짓)를 표시합니다.

① [K3] 셀의 파이썬 코드 입력 창에 다음 코드를 입력하고 실행합니다.

[K3] =PY(	df["미세먼지"].isna()

② [K3] 셀의 [▾]를 클릭하면 [D6] 셀이 있는 5번째 행이 'TRUE'로 표시된 것을 확인할 수 있습니다.

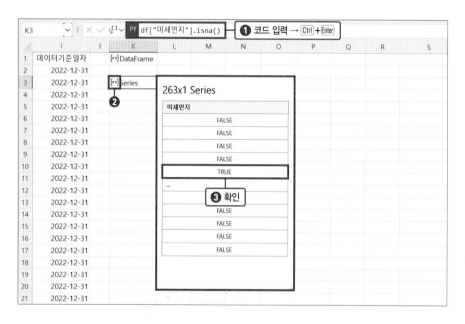

3 | isna 함수로 빈 값이 아닌 행 가져오기

isna 함수로 True(참)와 False(거짓)를 찾으면 조건식을 사용해 빈 값이 있는 행을 제외한 DataFrame을 df 변수에 다시 저장합니다. 미세먼지 열에서 빈 값인 아닌 행을 가져오는 조건식은 df["미세먼지"].isna() == False로 표현할 수 있습니다.

① [K5] 셀의 파이썬 코드 입력 창에 다음 코드를 입력하고 실행합니다.

[K5] =PY(	df = df[df["미세먼지"].isna() == False]

② [K5] 셀의 ▶를 클릭하면 빈 값이 있던 행을 제외한 262행만 표시됩니다.

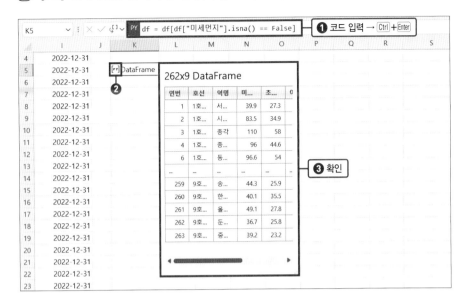

데이터 전체에서 빈 값을 지우는 방법 ⌀ CASE_03_02

빈 값이 여러 열에 포함되어 있다면 dropna 함수로 빈 값이 있는 행을 한 번에 제거할 수 있습니다. 앞의 실습과 같이 샘플 데이터에서 임의의 셀 값을 삭제한 후 실습하겠습니다.

1 | dropna 함수로 빈 값이 포함된 모든 행 지우기

① [F11] 셀과 [F16] 셀의 값을 삭제합니다.

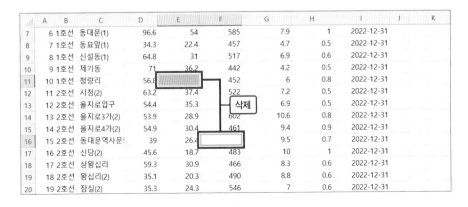

② [K7] 셀의 파이썬 코드 입력 창에 다음 코드를 입력하고 실행합니다.

[K7] =PY(	df = df.dropna()

③ [K7] 셀을 선택하고 수식 입력 창 왼쪽의 ↻¹를 클릭하여 ↻²³를 선택하면 빈 값이 있는 행(5, 10, 15 행)이 표시되지 않는 것을 확인할 수 있습니다.

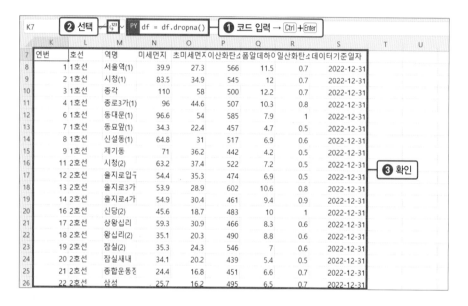

04 ᴄᴀꜱᴇ 데이터 합치기

데이터가 여러 개로 나뉘어 있을 때 하나로 합치는 것은 엑셀에서 상당히 까다로운 작업입니다. 엑셀의 VLOOKUP 함수를 이용하여 기준 열이 같은 값을 찾을 수는 있지만, 데이터를 통째로 연결하려면 결국 엄청난 양의 수작업이 필요합니다. 이번 장에서는 DataFrame을 활용하여 데이터를 쉽게 합치는 방법을 알아보겠습니다.

✓ 데이터를 합치는 이유

데이터 분석가는 각 시스템의 담당자에게 데이터를 요청하거나 외부 데이터를 수집하여 분석을 수행합니다. 데이터의 출처와 형태가 다양한 경우 각각 분석하여 결론을 도출할 수도 있지만 기준이 동일하다면 데이터를 통합할 때 여러 가지 장점이 있습니다. 예를 들어 유사한 항목이나 기준 데이터를 비교하며 교차 검증을 할 수 있고, 기준 차이로 발생할 수 있는 오류를 줄일 수도 있습니다. 무엇보다도 공통된 항목의 데이터를 사용함으로써 알고리즘을 적용하거나 차트를 생성할 때 코드를 간소화할 수 있다는 큰 이점이 있습니다.

✓ 데이터 저장 방식이 다른 경우

합치려는 데이터의 저장 방식이 다른 경우에는 데이터를 무작정 합치기보다는 같은 기준으로 데이터를 요약해야 합니다. 예를 들어 고객정보와 주문명세를 고객별 주문 건수, 고객별 구매금액 등으로 요약하는 작업이 이에 해당합니다.

고객정보

고객번호	이름	나이
00001	○○○	17
00002	◇◇◇	49
00003	□□□	24

주문명세

주문번호	고객번호	구매금액
0000001	00001	15,000
0000002	00002	10,000
0000003	00002	20,000

❶ 데이터 가공

고객별 주문명세 요약

고객번호	주문 건수	구매금액
00001	1	15,000
00002	2	30,000
00003	2	35,000

❷ 합치기

분석용 데이터

고객번호	이름	나이	주문 건수	구매금액
00001	○○○	17	1	15,000
00002	◇◇◇	49	2	30,000
00003	□□□	24	2	35,000

▲ 저장 방식이 다른 데이터를 합치는 방법

실습 공통 항목을 기준으로 데이터 연결하기 CASE_04_01

서로 다른 데이터에 공통된 항목(열)이 있다면 해당 항목을 기준으로 데이터를 연결할 수 있습니다. 예를 들어 주민등록번호와 성별, 나이가 있는 데이터와 주민등록번호와 주소가 있는 데이터의 경우 공통 항목인 주민등록번호를 기준으로 성별, 나이, 주소 데이터를 합치는 것이죠.

주민번호	성별	나이

+

주민번호	주소

➡

주민번호	성별	나이	주소

이때, 공통 항목인 주민등록번호를 기준으로 새로운 데이터를 연결하면 데이터를 추가할 때마다 기준이 되는 주민등록번호 열의 오른쪽으로 데이터가 추가되므로 주민등록번호, 성별, 나이, 주소 순으로 데이터가 나열됩니다.

엑셀 파이썬에서 데이터를 원하는 변수명으로 저장할 때 사용하는 DataFrame은 pandas 라이브러리의 함수로, 데이터를 연결할 때도 pandas 라이브러리의 `pd.merge` 함수를 사용합니다. pandas 라이브러리에서는 데이터를 초기화할 때 pd라는 약어로 표현하며, merge는 '합치다', '병합하다'라는 의미입니다. `pd.merge` 함수는 `pd.merge("기존 DataFrame 변수명", "연결할 DataFrame 변수명", on="두 변수의 DataFrame 중 공통 항목의 항목명")` 형태로 입력합니다.

여기서는 서울교통공사 지하역사 공기질 측정 정보를 [A:E] 열과 [G:K] 열로 나눈 예제를 이용하여 [A:E] 열과 [G:K] 열을 공통 항목인 역명을 기준으로 합치는 방법을 알아보겠습니다.

1 | 각 데이터 영역을 DataFrame으로 생성하고 변수로 저장하기

① [M1] 셀의 파이썬 코드 입력 창에 다음 코드를 입력하고 실행합니다.

[M1]
=PY(
```
df_base = xl("A1:E264", headers=True)
```

② [M1]에 [A1:E264] 영역의 데이터가 변수 'df_base'로 저장됩니다.

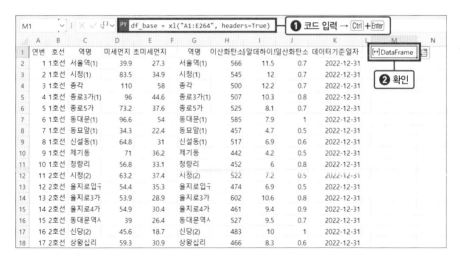

③ [M3] 셀의 파이썬 코드 입력 창에 다음 코드를 입력하고 실행합니다.

[M3]
=PY(
```
df_merge = xl("G1:K264", headers=True)
```

④ [M3] 셀에 [G1:K264] 영역의 데이터가 변수 'df_merge'로 저장됩니다.

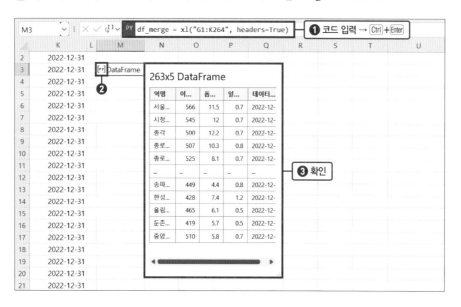

2 | pd.merge 함수로 데이터 합치기

① [M5] 셀의 파이썬 코드 입력 창에 다음 코드를 입력하고 실행합니다.

[M5] **=PY(**	`all_df = pd.merge(df_base, df_merge, on="역명")`

② [M5] 셀이 선택된 상태에서 수식 입력 창의 ↲¹-↲¹²³ 를 차례로 클릭하면 변수 df_base와 df_merge의 데이터가 합쳐진 것을 확인할 수 있습니다.

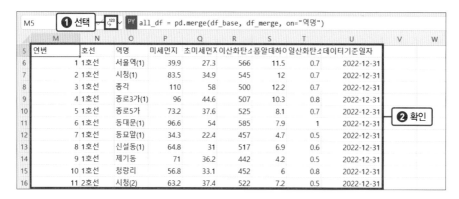

> **TIP** 공통 항목을 기준으로 데이터를 연결할 때, 중복되는 값이 있을 경우 여러 개의 행이 연결되어 오류가 발생할 수 있으므로 중복되지 않는 값을 기준으로 삼아야 합니다.

실습 # 공통 항목의 데이터에 행 추가하기   *⊘ CASE_04_02*

데이터 합치기와 달리 항목이 같은 데이터에 행을 추가하는 것은 그다지 어렵지 않은 작업이므로 굳이 엑셀 파이썬을 이용할 필요는 없지만 추가해야 할 데이터가 많다면 엑셀 파이썬의 코드를 이용해 간단하게 여러 개의 데이터를 추가할 수 있습니다.

엑셀 파이썬에서는 데이터를 추가할 때도 pandas 라이브러리의 `pd.concat` 함수를 이용합니다. concat은 '연결하다'라는 의미의 'concatenate'의 약자로 `pd.concat(["기존 DataFrame 변수명", "연결할 변수명"])` 형식으로 대괄호(`[]`) 안에 연결할 변수명을 쉼표(`,`)로 구분하여 순서대로 입력하면 됩니다.

이번 실습의 예제는 서울교통공사 지하역사 공기질 측정 정보를 연번이 100인 행을 기준으로 데이터를 [A1:I100] 영역과 [A102:I266] 영역으로 나눈 것입니다. 만약 다른 데이터를 활용할 경우 각각의 데이터는 첫 번째 행에 항목명이 있어야 합니다.

	A	B	C	D	E	F	G	H	I	J	K
97	96	4호선	신용산	37.4	24.8	480	5.3	0.9	2022-12-31		[A1:I100]
98	97	4호선	이촌	74.2	32.8	473	8.3	1	2022-12-31		
99	98	4호선	총신대입구(4)	39.8	26.3	482	8.2	0.8	2022-12-31		
100	99	4호선	사당(4)	38.3	23	487	5.1	0.8	2022-12-31		
101											
102	연번	호선	역명	미세먼지	초미세먼지	이산화탄소	폼알데하이드	일산화탄소	데이터기준일자		
103	100	4호선	남태령	40.8	23.7	463	4.1	0.6	2022-12-31		
104	101	5호선	방화	67.4	31.7	373	7.1	0.6	2022-12-31		
105	102	5호선	개화산	57.2	30	368	8.1	0.3	2022-12-31		
106	103	5호선	김포공항(5)	48.4	27.4	400	9	0.4	2022-12-31		[A102:I266]
107	104	5호선	송정	39.6	20.9	490	7.7	0.5	2022-12-31		
108	105	5호선	마곡	27.2	14.2	476	4	0.4	2022-12-31		
109	106	5호선	발산	23.3	11.5	476	8.2	0.5	2022-12-31		
110	107	5호선	우장산	23.6	12.3	478	8.5	0.4	2022-12-31		
111	108	5호선	화곡	23	13.3	531	7.3	0.5	2022-12-31		
112	109	5호선	까치산(5)	41.3	22.3	559	2.7	0.6	2022-12-31		
113	110	5호선	신정	59.5	26.2	497	3.2	0.4	2022-12-31		
114	111	5호선	목동	30.9	16.9	485	4.4	0.4	2022-12-31		
115	112	5호선	오목교	28.2	15.1	510	4.5	0.4	2022-12-31		
116	113	5호선	양평	29.8	14.3	482	4.8	0.3	2022-12-31		
117	114	5호선	영등포구청(5)	26.4	13	533	4.1	0.5	2022-12-31		

1 | 각 데이터 영역을 DataFrame으로 생성하고 변수로 저장하기

① [K1] 셀의 파이썬 코드 입력 창에 다음 코드를 입력하고 실행합니다.

[K1] **=PY(**	`df_base = xl("A1:I100", headers=True)`

② [K1] 셀에 [A1:I100] 영역의 데이터가 변수 'df_base'로 저장됩니다.

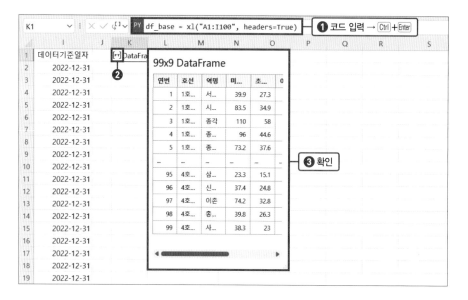

③ [K3] 셀의 파이썬 코드 입력 창에 다음 코드를 입력하고 실행합니다.

[K3]
=PY(df_concat = xl("A102:I266", headers=True)

④ [K3] 셀에 [A102:I266] 영역의 데이터가 변수 'df_concat'으로 저장됩니다.

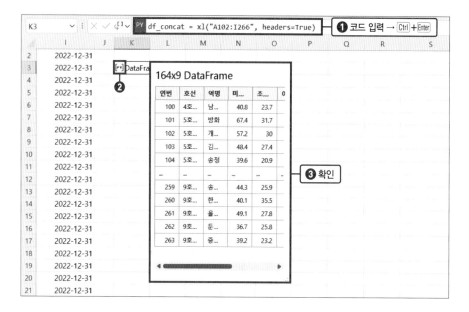

2 | pd.concat 함수를 이용해 데이터에 행 추가하기

① [K5] 셀의 파이썬 코드 입력 창에 다음 코드를 입력하고 실행합니다.

[K5]
=PY(
```
all_df = pd.concat([df_base, df_concat])
```

② [K5] 셀에 [A1:I100] 영역과 [A102:I266] 영역의 데이터가 변수 'all_df'로 저장됩니다. [K5] 셀이 선택된 상태에서 수식 입력 창의 ↺⁝¹-↺⁝²³를 차례로 클릭하면 연번 99 아래로 100번부터 263번까지 데이터가 추가된 것을 확인할 수 있습니다.

K105	❶ 선택	¹²³	PY	all_df = pd.concat([df_base, df_concat])						
	K	L	M	N	O	P	Q	R	S	T	U
104	99	4호선	사당(4)	38.3	23	487	5.1	0.8	2022-12-31		
105	100	4호선	남태령	40.8	23.7	463	4.1	0.6	2022-12-31		
106	101	5호선	방화	67.4	31.7	373	7.1	0.6	2022-12-31		
107	102	5호선	개화산	57.2	30	368	8.1	0.3	2022-12-31		
108	103	5호선	김포공항(5	48.4	27.4	400	9	0.4	2022-12-31		
109	104	5호선	송정	39.6	20.9	490	7.7	0.5	2022-12-31		
110	105	5호선	마곡	27.2	14.2	476	4	0.4	2022-12-31		
111	106	5호선	발산	23.3	11.5	476	8.2	0.5	2022-12-31		
112	107	5호선	우장산	23.6	12.3	478	8.5	0.4	2022-12-31		
113	108	5호선	화곡	23	13.3	531	7.3	0.5	2022-12-31		
114	109	5호선	까치산(5)	41.3	22.3	559	2.7	0.5	2022-12-31	❷ 확인	
115	110	5호선	신정	59.5	26.2	497	3.2	0.4	2022-12-31		
116	111	5호선	목동	30.9	16.9	485	4.4	0.3	2022-12-31		
117	112	5호선	오목교	28.2	15.1	510	4.5	0.4	2022-12-31		
118	113	5호선	양평	29.8	14.3	482	4.8	0.3	2022-12-31		
119	114	5호선	영등포구청	26.4	13	533	4.1	0.5	2022-12-31		
120	115	5호선	영등포시쟝	32.6	17.5	501	4.9	0.4	2022-12-31		
121	116	5호선	신길(5)	26.1	13.3	756	7.1	0.5	2022-12-31		
122	117	5호선	여의도	49.3	21.8	826	8.6	0.5	2022-12-31		
123	118	5호선	여의나루	42.2	19.1	658	6.6	0.3	2022-12-31		
124	119	5호선	마포	46	20.1	419	7.8	0.6	2022-12-31		
125	120	5호선	공덕(5)	25	12.3	444	6.2	0.4	2022-12-31		

EXCEL ✕ PYTHON

2장

엑셀 파이썬으로 기초통계 분석 및 차트 생성하기

엑셀 파이썬은 엑셀에서 지원하지 않는 차트와 인포그래픽을 구현할 수 있습니다.

또한 엑셀에서 지원하는 기초통계와 차트도 훨씬 간단한 방법으로 구현할 수

있습니다.

한방에 데이터 기초통계 파악하기

CASE

엑셀에는 데이터를 정리하고 요약하기 위한 다양한 함수가 있지만, 여러 개의 통계치를 추출하려면 반복 작업이 필요합니다. 그러나 엑셀 파이썬에서는 단 한 줄만으로 데이터의 기초통계를 한꺼번에 추출할 수 있습니다.

✔ 기초통계란?

기초통계는 간단한 수학식으로 데이터를 요약하여 특성을 파악할 수 있는 통계치를 의미합니다. 기초통계에서 가장 많이 사용되는 통계치는 평균입니다. 그러나 평균은 데이터가 한쪽으로 치우쳐 있을 경우 왜곡될 수 있어 이를 보완하기 위해 중앙값, 편차, 분위수 등의 다른 통계치가 사용되기도 합니다. 기초통계는 복잡한 데이터를 쉽게 이해하도록 도와 널리 활용됩니다. 각 통계치의 계산 방법과 특징을 파악해 두면 데이터 분석에 큰 도움이 됩니다. 아래는 자주 사용되는 통계치의 계산 방법과 특징에 대한 설명입니다.

통계치	계산 방법	특징
평균	모든 값을 합한 후 그 개수로 나눈 값	• 가장 일반적인 통계치 • 값이 한쪽으로 치우쳐 있으면 왜곡 발생
분산	평균과 각 값의 차이를 제곱한 후 모두 더한 값을 그 개수로 나눈 값	• 값이 흩어져 있는 정도 • 값의 범위가 넓거나 평균을 중심으로 흩어져 있을수록 값이 커짐
표준편차	분산의 제곱근	
분위수	가장 작은 값부터 큰 값까지 정렬한 후 동일한 간격으로 나눈 값	• 각 지점을 %로 표시 • 분할 개수에 따라 10분위수, 4분위수로 정의 • 각 지점을 1/4수(25%) 등의 분수 형태로 표현
중앙값	순서대로 정렬된 값의 중앙에 있는 값	• 평균이 한쪽으로 지나치게 치우쳐 있어 왜곡이 발생한 경우 평균 대신 사용하기도 함

▲ 주요 기초통계와 계산 방법

여기서는 서울교통공사 지하역사 공기질 측정 정보를 사용하여 엑셀 파이썬으로 기초통계를 추출하는 방법을 알아보겠습니다. 지금까지 실습에 사용한 DataFrame은 데이터를 전달/가공하는 기능 뿐만 아니라 간단한 통계분석 기능도 포함되어 있습니다. DataFrame에 포함된 통계분석 기능을 이용하면 본격적으로 데이터를 분석하기 전에 간단한 기초통계를 파악할 수 있습니다. 사용 방법도 엑셀보다 간단합니다. 엑셀에서는 통계치를 추출하려면 항목별로 함수를 추가하지만, DataFrame에서는 변수명 뒤에 통계 함수를 입력하여 항목별 통계를 한꺼번에 추출할 수 있습니다.

1 | DataFrame을 생성하고 변수에 저장하기

① [K1] 셀의 파이썬 코드 입력 창에 다음 코드를 입력하고 실행합니다.

```
[K1]
=PY(   df = xl("A1:I264", headers=True)
```

② [K1] 셀에 [A1:I264] 영역이 변수 'df'로 저장됩니다.

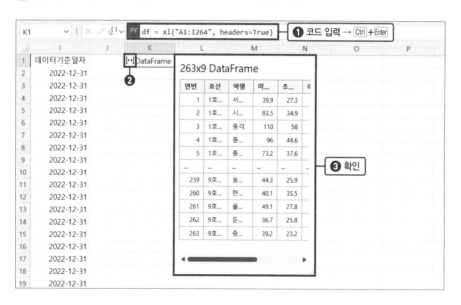

104

2 | 항목별 통계치(평균)를 한꺼번에 추출하기

mean 함수는 평균을 추출하는 함수로, 함수와 변수명을 마침표(.)로 구분하여 입력합니다.

TIP pandas 라이브러리의 DataFrame에 내장된 다른 통계 함수의 자세한 내용은 107쪽을 참고하세요.

① [K3] 셀의 파이썬 코드 입력 창에 다음 코드를 입력하고 실행합니다. mean 함수에 추가된 numeric_only=True는 통계치를 산출할 때 숫자만 사용하기 위한 인수입니다. 일반적으로 DataFrame에서 통계 함수를 실행하면 자동으로 숫자만 골라 사용하지만, 오류가 발생하면 이와 같이 numeric_only=True를 입력하면 해결할 수 있습니다.

```
[K3]
=PY(      df.mean(numeric_only=True)
```

② [B3] 셀에 평균의 Series 개체가 저장됩니다. [K3] 셀이 선택된 상태에서 파이썬 코드 입력 창옆의 ⌞⌟-⌞123⌟를 차례대로 선택하면 df의 항목별 평균값이 표시됩니다.

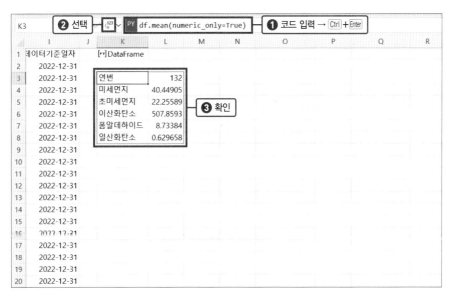

TIP Series 개체에 대한 자세한 내용은 71쪽을 참고하세요.

3 | 그룹별 통계치(평균) 추출하기

엑셀에서 성별이나 연령 등 항목이 같은 데이터를 그룹 지어 통계치를 추출할 때는 각 항목별 값을 정렬한 다음 항목별로 데이터를 나눠 함수를 추가할 수 있습니다. 이런 방식은 데이터를 직접 가공하므로 직관적이고 이해하기 쉽지만 분류 항목이 많으면 작업량이 늘어납니다. 엑셀 파이썬에서는 DataFrame에서 통계치를 추출할 때 groupby 함수를 사용하여 항목별 통계치를 간편하게 추출할 수 있습니다. 여기서는 예제의 '호선' 항목을 이용하여 항목별 통계치를 추출하는 방법을 알아보겠습니다.

① [K10] 셀의 파이썬 코드 입력 창에 다음 코드를 입력하고 실행합니다.

```
[K10]
=PY(   df.groupby("호선").mean(numeric_only=True)
```

② [K10] 셀이 선택된 상태에서 파이썬 코드 입력 창 옆의 ⬇¹-⬇¹²³를 차례대로 선택하면 호선별 평균값이 표시됩니다.

4 | 기초통계 한꺼번에 추출하기

DataFrame의 describe 함수를 사용하면 평균과 표준편차, 분위수 등 자주 사용하는 기초통계를 한꺼번에 추출할 수 있습니다.

① [K22] 셀의 파이썬 코드 입력 창에 다음 함수를 입력하고 실행합니다.

```
[K22]
=PY(   df.describe()
```

② [K22] 셀이 선택된 상태에서 파이썬 코드 입력 창 옆의 ⬇¹-⬇¹²³를 차례로 선택하면 항목별 통계치가 한꺼번에 표시됩니다.

| K22 | ❷ 선택 | PY df.describe() | ❶ 코드 입력 → Ctrl+Enter |

	K	L	M	N	O	P	Q	R
22		연번	미세먼지	초미세먼지	이산화탄소	폼알데하이드	일산화탄소	데이터기준일자
23	count	263	263	263	263	263	263	263
24	mean	132	40.44904943	22.25589354	507.8593156	8.733840304	0.629657795	2022-12-31
25	min	1	20.3	10.9	341	2.7	0.3	2022-12-31
26	25%	66.5	30.4	17.1	466	6.45	0.45	2022-12-31
27	50%	132	37.3	21.2	490	8.1	0.6	2022-12-31
28	75%	197.5	46.6	26.25	530	10.4	0.7	2022-12-31
29	max	263	110	58	885	22.7	2.8	2022-12-31
30	std	76.06576102	14.16205516	7.008966004	80.30670679	3.422260325	0.326376528	#NUM!
31								
32								

❸ 확인

실행 결과 count(개수), mean(평균), std(표준편차), min(최솟값), 25%/50%/75%(분위수), max(최댓값) 값이 표시되었습니다. describe 함수를 사용하면 DataFrame의 항목별 데이터를 한 번에 확인할 수 있어 본격적인 데이터 분석을 시작하기 전에 기초통계를 파악할 수 있습니다.

전문가의 조언

DataFrame에서 자주 사용되는 통계 함수

함수명	기능	설명
count	개수	행의 개수를 반환합니다.
sum	합계	행의 합계를 반환합니다.
mean	평균	행의 평균값을 반환합니다.
min	최솟값	행 데이터 중 가장 작은 값을 반환합니다.
max	최댓값	행 데이터 중 가장 큰 값을 반환합니다.
quantile	분위수	행 데이터를 정렬한 후 입력한 위치의 값을 반환합니다. 0~1 사이의 값을 인수로 하며, 1을 입력하면 가장 큰 값이 반환됩니다.
median	중앙값	행 데이터를 정렬하여 중앙에 위치한 값을 반환합니다. 분위수의 0.5와 같습니다.
mode	최빈값	행 데이터 중 가장 높은 빈도의 값을 반환합니다.
var	분산	평균을 기준으로 행 데이터가 흩어진 정도를 반환합니다.
std	표준편차	분산의 제곱근($\sqrt{}$)을 반환합니다.
skew	왜도	평균을 기준으로 행 데이터가 치우친 정도를 반환합니다. 평균보다 작은 값이 많으면 양의 수, 큰 값이 많으면 음의 수가 반환됩니다.
kurt	첨도	평균을 기준으로 행 데이터가 모여 있는 정도를 반환합니다. 값이 많이 모여 있을수록 큰 값, 흩어져 있을수록 음의 값을 반환합니다.
nunique	중복 제외 개수	행 데이터의 중복 값을 제거하고 겹치지 않는 값의 개수를 반환합니다.
describe	기초통계	행 데이터의 개수, 평균, 표준편차, 최솟값, 분위수, 최댓값을 표 형태로 반환합니다.

엑셀 파이썬으로 기본 차트 생성하기

엑셀은 사용자가 익숙한 방식으로 차트를 쉽게 생성하고 수정할 수 있지만 대규모 데이터를 처리할 경우 사용자의 PC 성능에 따라 제한이 발생할 수 있습니다. 반면, 엑셀 파이썬은 클라우드 기반으로 운영되어 PC 성능에 영향을 받지 않고 대용량 데이터를 처리할 수 있습니다. 또한, 기본 차트 생성 코드가 매우 간단해 데이터 분석 목적의 차트를 빠르게 생성함으로써 시간을 절약할 수 있습니다.

✔ 기본 차트의 종류

이번 장에서는 서울교통공사 지하역사 공기질 측정 정보의 DataFrame을 이용한 차트를 다룹니다. 데이터를 분석할 때 자주 사용하는 차트는 다음 6개 정도로 간추릴 수 있습니다.

차트 종류	파이썬 함수명	활용 방법과 특징
선	plot	시간의 흐름에 따른 변화를 시각화하는 데 적합한 차트로 x축에는 시간, y축에는 값을 나타내며, 선의 기울기로 변화의 방향과 정도를 파악할 수 있습니다. 선 차트를 만드는 방법은 109쪽을 참고하세요.
막대	bar/barh	범주형 데이터를 비교하는 데 적합한 차트로 x축에는 범주, y축에는 값을 나타내며, 막대 높이로 각 범주의 값을 비교할 수 있습니다. 막대 차트를 만드는 방법은 114쪽을 참고하세요.
원형	pie	범주형 데이터의 비율을 시각화하는 데 적합한 차트로 원의 둘레 길이로 각 범주의 비율을 비교할 수 있습니다. 원형 차트를 만드는 방법은 117쪽을 참고하세요.
히스토그램	Hist	데이터의 분포를 시각화하는 데 적합한 차트로 x축에는 값의 범위, y축에는 값의 개수를 나타내며, 값의 분포를 파악할 수 있습니다. 히스토그램 차트를 만드는 방법은 118쪽을 참고하세요.
산점도	scatter	두 변수 간의 관계를 시각화하는 데 적합한 차트로 x축과 y축에 각 변수의 값을 나타내며, 두 변수의 상관관계를 파악할 수 있습니다. 산점도 차트를 만드는 방법은 120쪽을 참고하세요.
상자 수염도	box	데이터의 분포와 이상치를 보여 주는 데 적합한 차트로 상자 안에 데이터의 중위값, 사분위수, 최솟값, 최댓값을 나타내며, 데이터의 분포와 이상치를 파악할 수 있습니다. 상자 수염도 차트를 만드는 방법은 121쪽을 참고하세요.

엑셀에서도 자주 사용하는 선, 막대, 원형 차트는 데이터의 추세와 차이점 등을 한눈에 보여 줄 수 있어 보고서 등에 많이 사용하며, 히스토그램, 산점도, 상자 수염도 차트는 데이터의 특성을 파악하는 데 유용하여 데이터를 분석할 때 많이 사용합니다.

여기서는 서울교통공사 지하역사 공기질 측정 정보를 사용하여 엑셀 파이썬으로 차트를 생성하는 방법을 알아보겠습니다. 우선, 엑셀의 피벗테이블 기능을 이용하여 데이터를 요약한 후 파이썬으로 선 차트를 만들겠습니다.

1 | 피벗 테이블 만들기

① 메뉴에서 [삽입]-[피벗 테이블]을 클릭한 후 [표 또는 범위의 피벗 테이블] 창에서 [새 워크시트]를 선택하고 [확인] 버튼을 누릅니다.

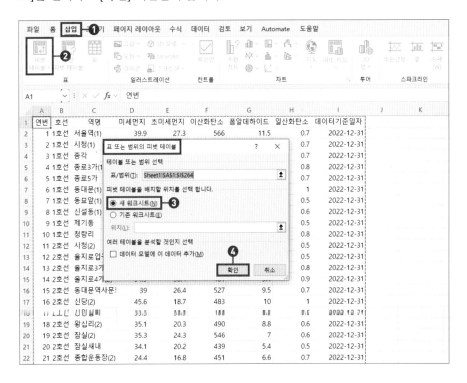

② 피벗 테이블 필드에서 [호선]을 [행]으로, [미세먼지]를 [값]으로 드래그합니다. [값]의 [합계: 미세먼지]를 클릭한 후 [값 필드 설정]을 클릭합니다.

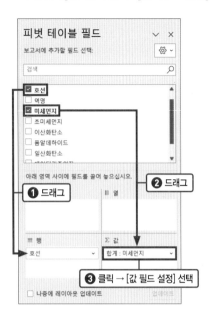

③ [값 필드 설정] 창이 표시되면 '값 필드 요약 기준'에서 [평균]을 선택한 다음 [확인]을 클릭합니다.

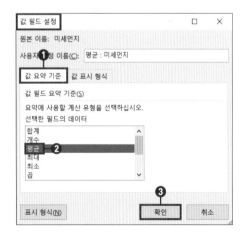

TIP 노선별 공기질을 비교하려면 각 항목의 평균을 계산해야 합니다.

④ ③과 같은 방법으로 [초미세먼지], [이산화탄소], [폼알데하이드], [일산화탄소]를 [값]으로 드래그한 다음 '값 필드 요약 기준'을 [평균]으로 변경합니다.

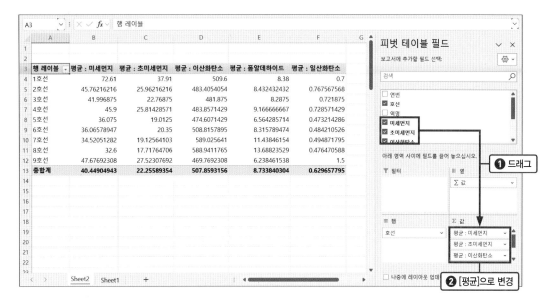

2 | DataFrame을 만들고 변수에 저장하기

① [H1] 셀의 파이썬 코드 입력 창에 다음 코드를 입력하고 실행합니다.

[H1]
=PY(

```
df = xl("A3:F12", headers=True)
```

TIP 총합계가 있는 [A13:F13] 셀은 노선별 비교 차트에서 제외하였습니다.

② [H1] 셀에 [A3:F12] 영역의 데이터가 변수 'df'로 저장됩니다.

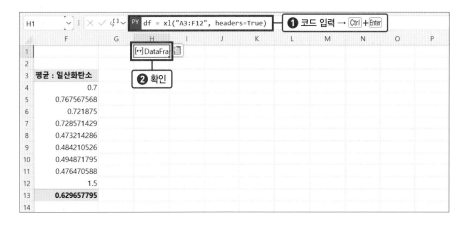

3 | DataFrame으로 선 차트 생성하기

DataFrame에서 차트를 생성하는 함수는 plot입니다. 인수로 아무것도 추가하지 않고 그대로 사용하면 선 차트가 생성됩니다.

① [H3] 셀의 파이썬 코드 입력 창에 다음 코드를 입력하고 실행합니다.

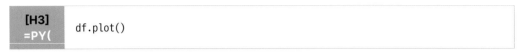

```
[H3]
=PY(    df.plot()
```

② [H3] 셀에 image 개체가 생성됩니다. image 개체는 파이썬에서 코드를 실행한 결과 이미지가 출력되면 생성되는 개체입니다. 일반적으로 사용하는 형태의 이미지 파일과 같은 유형이며, 엑셀에서는 그림으로 인식됩니다.

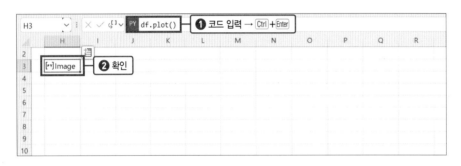

③ [H3] 셀의 image 개체를 마우스 오른쪽 버튼으로 클릭한 다음 [셀 위에 플롯 표시]를 선택하면 차트가 표시됩니다.

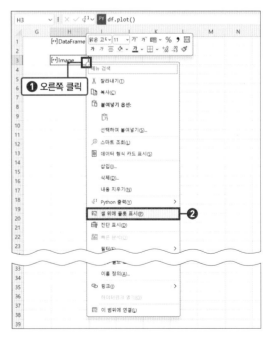

④ `plot` 함수를 사용하면 DataFrame의 데이터를 자동으로 인식하여 선 차트를 생성합니다. x축은 DataFrame의 행 번호가 자동으로 설정되어 노선을 나타내고 있으며, y축은 열의 값이 설정되어 있습니다. 각 열은 선으로 구분되었으며, 열 이름은 범례에 표시되었습니다.

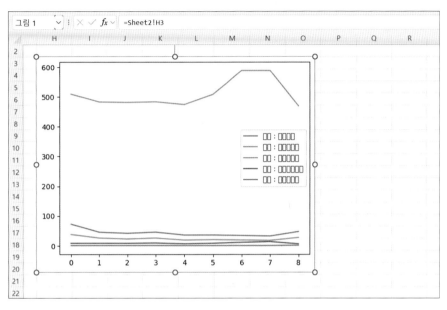

> **TIP** 엑셀 파이썬은 아직 한글 폰트를 지원하지 않아서 항목명이 제대로 표시되지 않을 수 있습니다.

4 | 특정 항목만 차트로 생성하기

DataFrame의 특정 항목만 선택하여 차트를 생성할 수도 있습니다. 저장한 변수의 특정 항목을 차트로 생성하려면 해당 항목을 대괄호([ ]) 안에 입력하면 됩니다. 여기서는 변수 df의 DataFrame 중 '평균 : 미세먼지' 항목만 차트로 생성하는 방법을 알아보겠습니다.

① [H22] 셀의 파이썬 코드 입력 창에 다음 코드를 입력하고 실행합니다.

```
[H22]
=PY(    df["평균 : 미세먼지"].plot()
```

② [H22] 셀에 생성된 image 개체를 마우스 오른쪽으로 클릭한 다음 [셀 위에 플롯 표시]를 선택합니다.

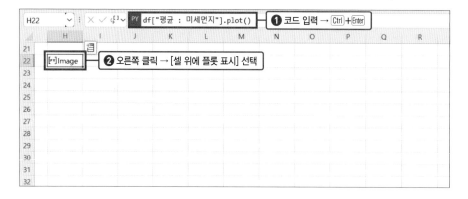

③ DataFrame 중 '평균 : 미세먼지'([D] 열) 차트가 표시됩니다.

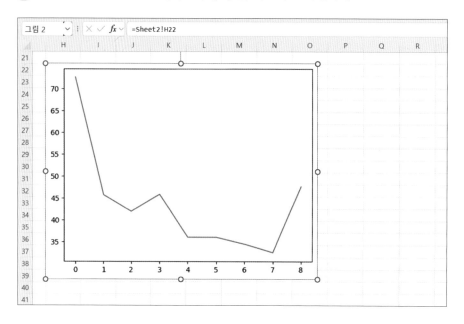

기본 차트의 선 차트를 제외한 다른 차트는 plot 함수 뒤에 원하는 차트 이름을 입력하여 생성할수 있습니다. 여기서는 '평균 : 미세먼지' 항목을 세로 막대 차트(bar)와 가로 막대 차트(barh)로 생성하는 방법을 알아보겠습니다.

1 | 세로 막대 차트 그리기

① [H41] 셀의 파이썬 코드 입력 창에 다음 코드를 입력하고 실행합니다.

[H41] =PY(	df["평균 : 미세먼지"].plot.bar()

② [H41] 셀에 생성된 image 개체를 마우스 오른쪽 버튼으로 클릭한 다음 [셀 위에 플롯 표시]를 선택합니다.

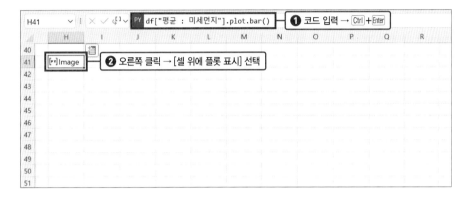

③ '평균:미세먼지' 항목의 세로 막대 차트가 표시됩니다.

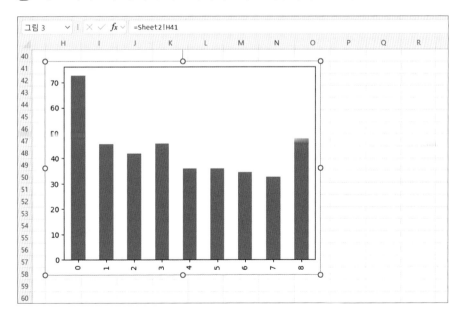

2 | 가로 막대 차트 그리기

① [H60] 셀의 파이썬 코드 입력 창에 다음 코드를 입력하고 실행합니다.

[H60] **=PY(**	df["평균 : 미세먼지"].plot.barh()

② [H60] 셀에 생성된 image 개체를 마우스 오른쪽 버튼으로 클릭한 다음 **[셀 위에 플롯 표시]**
를 선택합니다.

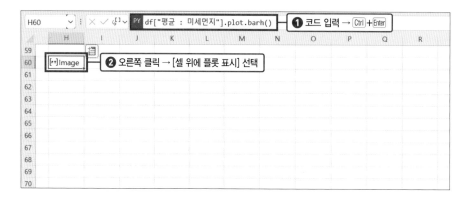

③ '평균:미세먼지' 항목의 가로 막대 차트가 표시됩니다.

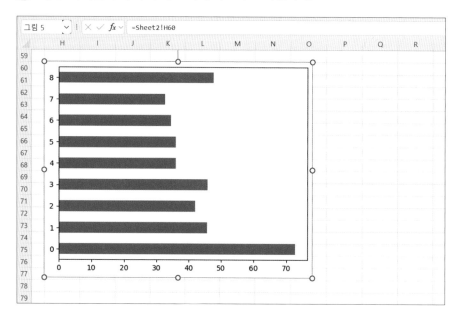

원형 차트는 비율이나 비중을 시각화하는 데 적합한 차트로, 케익이나 파이 같은 모양으로 분류와
수치를 시각화합니다.

① [H79] 셀의 파이썬 코드 입력 창에 다음 코드를 입력하고 실행합니다.

```
[H79]    df["평균 : 미세먼지"].plot.pie()
=PY(
```

② [H79] 셀에 생성된 image 개체를 마우스 오른쪽 버튼으로 클릭한 다음 **[셀 위에 플롯 표시]**
를 선택합니다.

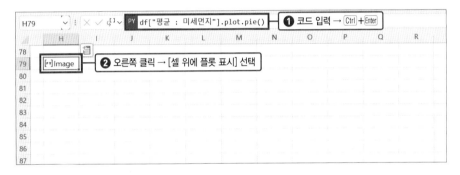

③ '평균:미세먼지' 항목의 원형 차트가 표시됩니다.

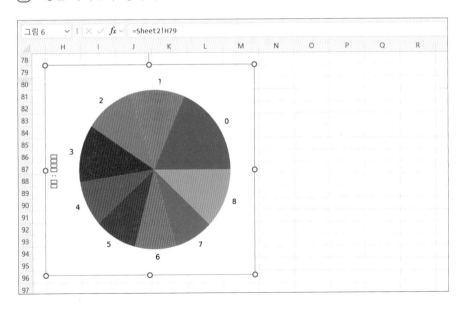

히스토그램 차트 생성하기   🔗 CASE_02_04

히스토그램 차트는 수치 데이터의 분포를 파악하는 데 유용한 차트입니다. 데이터를 최솟값부터 최댓값까지 일정한 구간으로 분할한 다음 구간별 데이터의 개수를 시각화하므로 데이터가 집중된 구간을 확인할 수 있습니다. 여기서는 미세먼지 항목의 히스토그램 차트를 생성하는 방법과 생성된 차트를 해석하는 방법을 알아보겠습니다. 이때 서울교통공사 지하역사 공기질 측정 정보는 피벗 테이블을 생성하기 전 원본 데이터를 이용합니다.

① [K1] 셀의 파이썬 코드 입력 창에 다음 코드를 입력하고 실행하여 [A1:I264] 영역을 변수 'df'로 저장합니다.

[K1] =PY(	df = xl("A1:I264", headers=True)

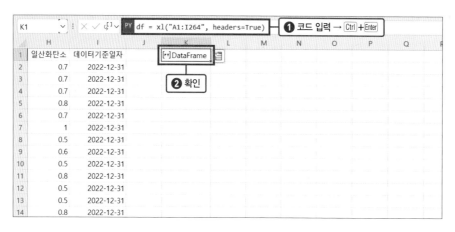

② [K3] 셀의 파이썬 코드 입력 창에 다음 코드를 입력하고 실행합니다.

[K3] =PY(	df["미세먼지"].plot.hist()

③ [K3] 셀에 생성된 image 개체를 마우스 오른쪽 버튼으로 클릭한 다음 **[셀 위에 플롯 표시]**를 선택합니다.

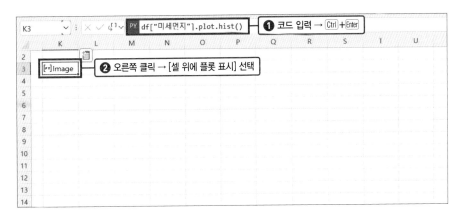

④ '미세먼지' 항목의 히스토그램 차트가 표시됩니다.

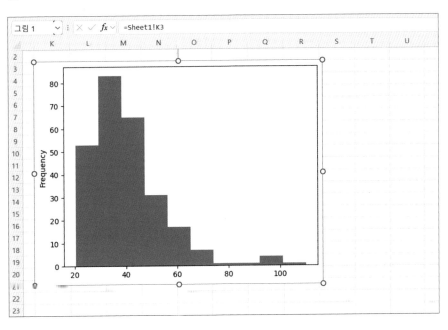

지하철 역사 미세먼지의 최솟값은 20.3, 최댓값 110으로 히스토그램은 10단위로 구간을 나누어 총 10개의 막대로 출력되었습니다. 히스토그램을 보면 대부분의 역사가 20~50 사이에 있으며 30~40에 가장 많은 역사가 밀집된 것을 볼 수 있습니다. 하지만 50 이상으로도 적지 않은 역사가 있음을 알 수 있습니다.

산점도 차트 생성하기

분산형 차트라고도 하는 산점도 차트는 x축과 y축이 교차하는 지점에 데이터를 표시하여 상관관계를 파악하는 데 유용합니다. 산점도 차트는 x축과 y축을 사용하여 데이터를 표시하므로 각 축에 해당하는 항목을 지정해야 합니다. 여기서는 미세먼지와 초미세먼지 항목의 상관관계를 파악하는 산점도 차트를 생성하는 방법과 생성된 차트를 해석하는 방법을 알아보겠습니다.

① [K23] 셀의 파이썬 코드 입력 창에 다음 코드를 입력하고 실행합니다.

[K23] =PY(	df.plot.scatter(x="미세먼지", y="초미세먼지")

② [K23] 셀에 생성된 image 개체를 마우스 오른쪽 버튼으로 클릭한 다음 [셀 위에 플롯 표시]를 선택하면 산점도 차트가 표시됩니다.

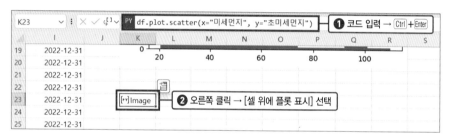

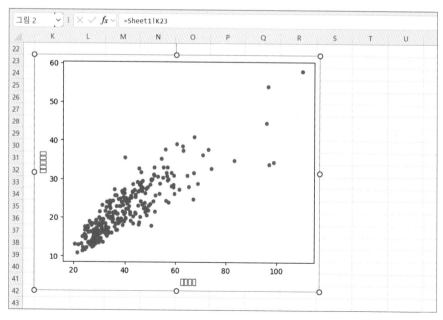

치트의 x축은 미세먼지이고 y축은 초미세먼지에 해당합니다. 미세먼지가 높을수록 초미세먼지가 높아지는 것을 알 수 있죠. 산점도는 이러한 특성으로 인해 항목 사이의 상관관계를 시각적으로 나타내는 데 유용합니다.

실습 상자 수염도 차트 생성하기   🖉 CASE_02_06

히스토그램 차트가 항목 하나의 분포를 확인하는 데 유용한 차트였다면 상자 수염도 차트는 여러 항목의 분포를 확인하는 데 유용한 차트입니다. 여기서는 값의 크기가 비슷한 미세먼지와 초미세먼지 항목의 상자 수염도 차트를 생성하는 방법과 생성된 차트를 해석하는 방법을 알아보겠습니다.

① [K44] 셀의 파이썬 코드 입력 창에 다음 코드를 입력하고 실행합니다.

```
[K44]
=PY(        df[["미세먼지","초미세먼지"]].plot.box()
```

② [K44] 셀에 생성된 image 개체를 마우스 오른쪽 버튼으로 클릭한 다음 [셀 위에 플롯 표시]를 선택합니다.

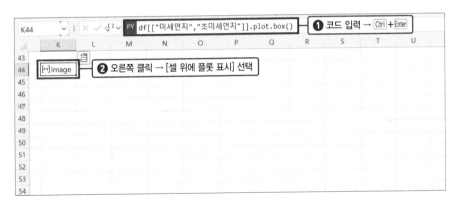

③ '미세먼지'와 '초미세먼지' 항목의 상자 수염도 차트가 표시됩니다.

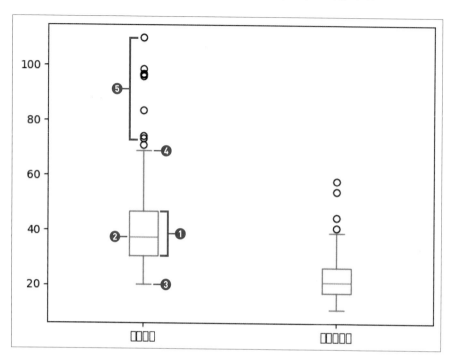

❶ 1/4분위수(25%)와 3/4분위수(75%)

❷ 중앙값

❸ 수염(이상치를 제외한 최솟값)

❹ 수염(이상치를 제외한 최댓값)

❺ 이상치

상자 수염도 차트는 각 항목별 값의 범위를 표현하는 데 유용한 차트로 분위수, 중앙값, 이상치 등의 통계를 한 눈에 확인할 수 있고 차트에서는 각 통계치를 다음과 같이 표현합니다.

이상치는 일반적인 범위를 벗어난 데이터로, 이상치를 통해 잘못 기록된 데이터를 찾아 삭제하는 용도로 사용합니다. 이와 별개로 데이터가 한쪽으로 치우쳐 있거나 불안정한 경우에도 이상치가 발견되므로 무조건 잘못 기록된 데이터라고 판단하기 앞서 데이터의 특성을 이해하는 것이 중요합니다. 상자 수염도 차트에서 이상치를 구하는 공식은 다음과 같습니다.

• 최댓값 이상치 = (3/4분위수 + 1.5 × (3/4분위수 − 1/4분위수))보다 큰 값

• 최솟값 이상치 = (1/4분위수 − 1.5 × (3/4분위수 − 1/4분위수))보다 작은 값

DataFrame을 이용한 차트 디자인 인수

인수	설명	입력 예시
x	x축 데이터(생략 시 DataFrame 행 번호 자동 지정)	x = [1, 2, 3, 4, 5]
y	y축 데이터(생략 시 열별 값 자동 지정)	y = [2, 4, 6, 8, 10]
color	선 색상	color="red"
linestyle	선 스타일	linestyle="--"
linewidth	선 너비	linewidth=2
marker	마커 유형	marker="o"
markersize	마커 크기	markersize=10
alpha	선 투명도	alpha=0.5
grid	그리드 표시 여부	grid=True
title	차트 제목	title="선 차트"
xlabel	x축 레이블	xlabel="x축"
ylabel	y축 레이블	ylabel="y축"
xlim	x축 범위	xlim=(0, 10)
ylim	y축 범위	ylim=(0, 20)
legend	범례 표시 여부	legend=True

111쪽 피벗 테이블의 '평균 : 미세먼지' 데이터로 선 차트를 생성할 때 선 색상, 스타일, 마커 유형, 그리드 표시를 설정하는 코드는 다음과 같습니다.

```
df = xl("A3:F12", headers=True)
```

먼저, [A3:F12] 셀을 DataFrame으로 df에 저장합니다.

```
df["평균 : 미세먼지"].plot(color="red", linestyle="--", marker="o", grid=True)
```

이 코드는 변수 df에서 ["평균 : 미세먼지"] 열을 지정한 후 선 차트를 생성하는 코드로 인수는 순서에 상관없이 입력할 수 있습니다.

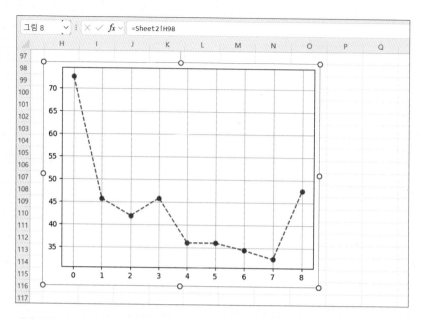

디자인 인수가 적용된 차트는 '전문가의 조언.xlsx' 파일을 참고하세요. 이외의 차트 디자인 파라미터에 대한 자세한 내용은 https://pandas.pydata.org/docs/user_guide/visualization.html을 참고하세요.

03 CASE 여러 변수 간 산점도 차트로 상관관계 분석하기

파이썬에는 데이터 분석을 도와주는 강력한 차트 라이브러리가 있습니다. 특히 엑셀 파이썬 초기화 설정에도 포함된 seaborn(씨본) 라이브러리는 시각적으로도 훌륭해서 분석뿐 아니라 보고서를 꾸미기 위해 사용할 정도로 인기 있는 라이브러리입니다. 여기서부터는 seaborn 라이브러리에서 자주 사용되는 기능을 알아보겠습니다.

✔ 상관관계에 대한 상식과 활용 방법

상관관계는 데이터의 연관성을 나타내는 개념입니다. 예를 들어, 한 데이터의 값이 증가할 때 다른 데이터의 값도 함께 증가하거나 감소한다면, 이 두 데이터는 상관관계가 있다고 말할 수 있습니다. 상관관계는 데이터를 이해하고 의사결정을 돕는 데 유용할 뿐만 아니라, 관측하기 어려운 값이나 미래를 예측하는 모델 개발에도 매우 중요합니다. 예컨대 수면, 휴식, 키, 몸무게 등의 데이터와 스트레스 수치 데이터의 상관관계를 분석한 후 상관관계가 높은 수면 데이터나 휴식 데이터로 스트레스 수준을 예측하는 모델을 만들 수 있습니다.

실습 여러 변수 간 산점도 차트 생성하기 CASE_03_01

여러 개의 항목으로 구성된 데이터에서 항목 사이의 상관관계를 확인하려면 서로 관련 있는 데이터를 1:1로 연결하는 작업을 반복해야 합니다. 이럴 때 seaborn 라이브러리의 `pairplot` 함수를 사용하면 간단한 코드로 항목 사이의 상관관계를 한눈에 파악할 수 있는 여러 변수 간 산점도(Pair Plot) 차트를 생성할 수 있습니다.

여기서는 엑셀의 '찾기 및 바꾸기' 기능을 활용하여 서울교통공사 지하역사 공기질 측정 정보의 항목명을 다음과 같이 영어로 변경한 예제를 사용하겠습니다.

노선	역명	미세먼지	초미세먼지	이산화탄소	폼알데하이드	일산화탄소
line_number	station	fine_dust	ultrafine_dust	carbon_dioxide	formaldehyde	carbon_monoxide

	연번	line_number	station	fine_dust	ultrafine_dust	carbon_dioxide	formaldehyde	carbon_monoxide	데이터기준일자
2	1	1호선	서울역(1)	39.9	27.3	566	11.5	0.7	2022-12-31
3	2	1호선	시청(1)	83.5	34.9	545	12	0.7	2022-12-31
4	3	1호선	종각	110	58	500	12.2	0.7	2022-12-31
5	4	1호선	종로3가(1)	96	44.6	507	10.3	0.8	2022-12-31
6	5	1호선	종로5가	73.2	37.6	525	8.1	0.7	2022-12-31
7	6	1호선	동대문(1)	96.6	54	585	7.9	1	2022-12-31
8	7	1호선	동묘앞(1)	34.3	22.4	457	4.7	0.5	2022-12-31
9	8	1호선	신설동(1)	64.8	31	517	6.9	0.6	2022-12-31
10	9	1호선	제기동	71	36.2	442	4.2	0.5	2022-12-31
11	10	1호선	청량리	56.8	33.1	452	6	0.8	2022-12-31
12	11	2호선	시청(2)	63.2	37.4	522	7.2	0.5	2022-12-31
13	12	2호선	을지로입구	54.4	35.3	474	6.9	0.5	2022-12-31
14	13	2호선	을지로3가(2)	53.9	28.9	602	10.6	0.8	2022-12-31

TIP 엑셀 파이썬은 아직 한글 폰트를 지원하지 않아서 항목명이 깨지는 현상이 있습니다. 이후 엑셀 파이썬이 한글 폰트를 지원하면 차트를 생성하기 전에 `plt.rcParams["font.family"]` = "한글 폰트명" 코드를 추가하면 문제를 해결할 수 있습니다.

1 | seaborn 라이브러리로 여러 변수 간 산점도 차트 생성하기

seaborn 라이브러리는 sns라는 별칭으로 표현하며, 1마당에서 엑셀 파이썬의 초기화 설정에서도 sns 별칭을 사용했습니다. 여러 변수 간 산점도 차트를 생성하는 함수는 `pairplot`으로, 괄호 안에 DataFrame 변수를 입력하면 간단하게 차트를 생성할 수 있습니다.

① [K1] 셀의 파이썬 코드 입력 창에 다음 코드를 입력하고 실행하여 변수로 저장합니다.

```
[K1]
=PY(    df = xl("B1:H264", headers=True)
```

TIP 상관관계 분석에 사용하지 않는 [연번]과 [데이터기준일자]는 셀 선택 범위에서 제외했습니다.

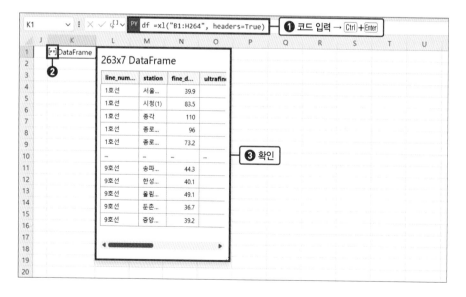

② [K3] 셀의 파이썬 코드 입력 창에 다음 코드를 입력하고 실행합니다.

```
[K3]
=PY(    sns.pairplot(df)
```

③ [K3] 셀을 마우스 오른쪽 버튼으로 클릭한 다음 [셀 위에 플롯 표시]를 선택하면 차트가 표시됩니다.

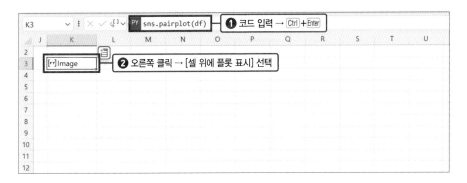

생성된 25개의 차트는 변수 df의 데이터 중 다음 5개의 항목을 항목을 각각 한 쌍(pair)으로 연결해 항목 간의 상관관계를 보여줍니다.

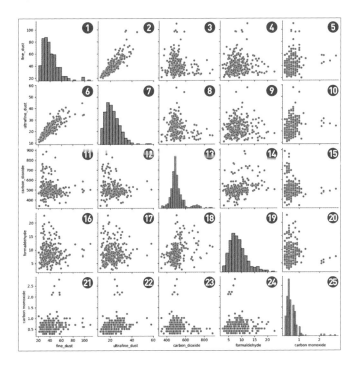

미세먼지	초미세먼지	이산화탄소	폼알데하이드	일산화탄소
fine_dust	ultrafine_dust	carbon_dioxide	formaldehyde	carbon_monoxide

이 중 히스토그램 차트는 같은 항목끼리 연결된 것으로 데이터의 분포를 나타냅니다. 나머지 산점도 차트는 서로 다른 항목끼리 연결된 것으로 ❷, ❻번 차트는 find_dust(미세먼지)와 ultrafine_dust(초미세먼지) 항목에 해당하는데, 각 데이터를 표현한 점이 밀집되어 있으며 연결된 항목 중 하나의 수치가 높아지면 다른 항목도 높아지는 모양으로 보아 두 항목이 서로 상관관계에 있다는 것을 알 수 있습니다.

실습 여러 변수 간 산점도 차트의 모양 바꾸기 🖉 CASE_03_02

여러 변수간 산점도 차트는 다양한 옵션을 적용할 수 있습니다. 여기서는 차트 전체의 모양을 변경하는 kind와 히스토그램의 차트를 변경하는 diag_kind, 산점도 차트의 점을 변경하는 hue 옵션에 대해 알아보겠습니다.

1 | kind 옵션으로 전체 차트 모양 변경하기

kind 옵션에서 제공하는 차트 모양 옵션은 scatter, kde, hist, reg의 4개이며, 기본 옵션은 scatter(산점도 차트)입니다. kde 옵션은 'Kernel Density Estimation(커널 밀도 추정)'의 약자로 데이터가 밀집된 정도를 커널 함수를 이용해 추정(계산)한 후 선을 이어 만드는 차트로 마치 등고선을 연상케 합니다.

TIP 앞의 실습에서 생성한 차트를 삭제한 후 실습합니다.

① [K3] 셀을 선택한 후 코드를 다음과 같이 수정하고 실행합니다.

```
[K3]
=PY(    sns.pairplot(df, kind="kde")
```

② [K3] 셀을 마우스 오른쪽 버튼으로 클릭한 다음 [셀 위에 플롯 표시]를 선택하면 차트가 표시됩니다.

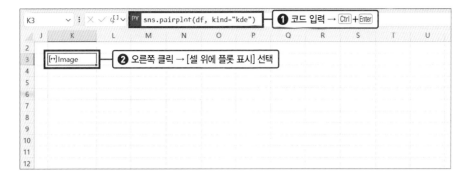

KDE 차트는 밀집도를 선명하게 보여 주므로 데이터가 많을 때 유용하게 사용할 수 있습니다.

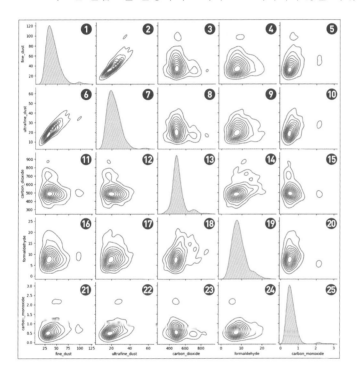

2 | diag_kind 옵션으로 히스토그램 모양 바꾸기

KDE 차트에서는 히스토그램 차트들도 선으로 표시했는데 히스토그램 차트를 다른 모양으로 바꾸고 싶다면 `diag_kind` 옵션을 이용하여 히스토그램 차트의 모양만 변경할 수 있습니다. 히스토그램 차트 모양은 `auto`, `hist`, `kde`, `None` 중 하나를 선택할 수 있으며, 기본 옵션은 `auto`입니다.

TIP 앞의 실습에서 생성한 차트를 삭제한 후 실습합니다.

① [K3] 셀을 선택한 후 코드를 다음과 같이 수정하고 실행합니다.

```
[K3]
=PY(    sns.pairplot(df, kind="kde", diag_kind="hist")
```

② [K3] 셀을 마우스 오른쪽 버튼으로 클릭한 다음 [셀 위에 플롯 표시]를 선택하면 차트가 표시됩니다.

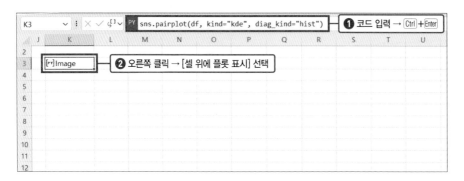

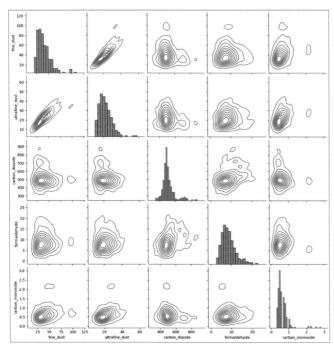

상관관계를 등고선으로 표현하는 KDE 차트에서, 각 항목의 분포를 나타내는 히스토그램 차트가 막대 차트로 표현되어 차트의 전체적인 가시성이 향상되었습니다.

3 | hue 옵션으로 노선 구분하기

'색상'이라는 의미의 hue 옵션은 여러 변수간 산점도에서 차트의 점이나 분포도를 여러 가지 색상으로 구분할 때 사용하는 옵션이며, 분류 값인 특정 항목을 지정하여 사용할 수 있습니다. 여기서는 공기질 측정 정보의 호선(line_number) 항목을 이용하여 분류 값을 구분하는 방법을 알아보겠습니다.

TIP 앞의 실습에서 생성한 차트를 삭제한 후 실습합니다.

① [K3] 셀을 선택한 후 코드를 다음과 같이 수정하고 실행합니다.

[K3] =PY(	sns.pairplot(df, hue="line_number")

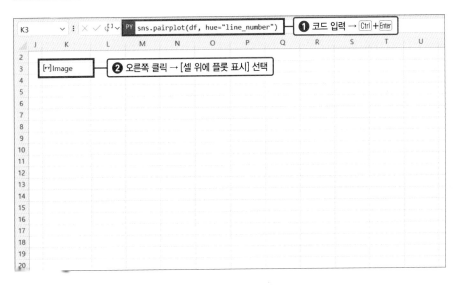

TIP 산점도 차트에 hue 옵션을 적용하면 차이를 더욱 선명하게 확인할 수 있습니다.

② [K3] 셀을 마우스 오른쪽 버튼으로 클릭한 다음 [셀 위에 플롯 표시]를 선택하면 차트가 표시됩니다.

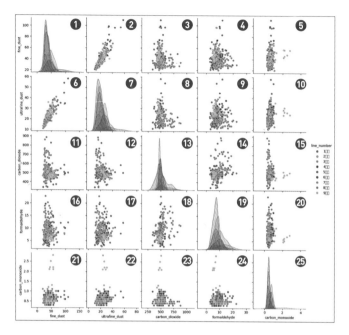

TIP seaborn 라이브러리의 pair plot에 대한 자세한 내용은 https://seaborn.pydata.org/generated/seaborn.pairplot.html에서 확인할 수 있습니다.

hue 옵션을 적용하면 색상을 활용하여 각 노선을 구분할 수 있습니다. 예를 들면, 상관관계가 있었던 ❷, ❻번 차트에서 수치가 높은 점은 모두 1호선(파란색)이라는 것을 파악할 수 있습니다.

 전문가의 조언   **엑셀 파이썬에서 차트를 표시하는 방법**

엑셀 파이썬의 출력 방식은 [Python 개체]와 [Excel 값]으로 구분됩니다. [Excel 값]은 실행 결과를 차트, 표 등으로 표시하는데, 차트는 위치 이동과 크기 조정을 위해 셀과 연결된 [참조]를 만드는 것이 유용합니다. 차트의 [참조]를 만드는 방법은 다음과 같이 세 가지가 있습니다.

❶ 파이썬 출력 방식을 [Excel 값]으로 변경한 후 마우스 오른쪽 버튼을 클릭한 다음 [셀의 그림]–[참조 만들기] 메뉴를 차례대로 선택합니다.

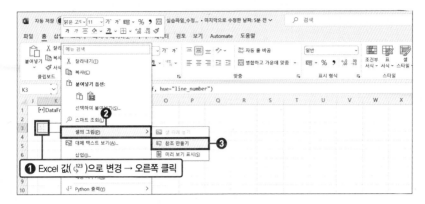

❷ 파이썬 출력 방식을 [Excel 값]으로 변경한 후 셀의 오른쪽 윗부분에 있는 아이콘 🖼을 클릭합니다.

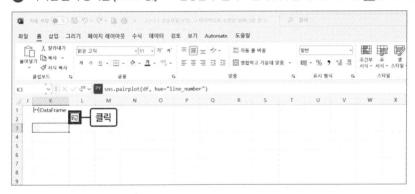

❸ 셀에서 마우스 오른쪽 버튼을 클릭하여 [셀 위에 플롯 표시]를 선택합니다.

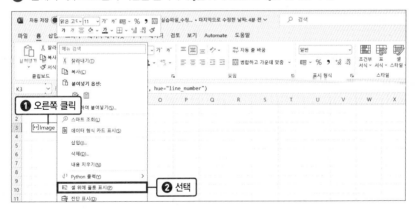

여기서 [셀 위에 플롯 표시]는 파이썬 출력 방식을 [Excel 값]으로 변경하지 않아도 [참조]를 만들 수 있기 때문에 가장 편리하게 활용할 수 있습니다. 이어지는 모든 실습에서는 [셀 위에 플롯 표시]를 활용하며, 메뉴 선택 등의 구체적인 단계는 생략했습니다.

04 CASE 바이올린 차트로 그룹별 분포도 분석하기

seaborn 라이브러리의 바이올린(Violin Plot) 차트는 바이올린 모양을 닮은 분포도 차트로, KDE 차트에 비해 항목이 다양하여 데이터별 분포를 비교할 때 적합한 차트입니다. 이 차트는 엑셀에서는 지원되지 않습니다.

✔ 바이올린 차트를 사용하는 이유

데이터 분석에 통계치만 사용하면 각 통계가 지닌 단점 때문에 함정에 빠지기 쉽습니다. 특히 평균은 첨도와 왜도를 함께 검토하지 않으면 특정 구간의 데이터가 한쪽으로 치우쳐 있더라도 쉽게 발견하기 어렵습니다. 이러한 단점을 보완하기 위해 KDE(커널 밀도 추정) 차트나 히스토그램 차트를 활용할 수도 있지만, 이 두 차트는 항목 하나의 분포만 표현하므로 여러 그룹의 분포를 확인하려면 여러 개의 차트를 생성해야 합니다. 바이올린 차트는 여러 항목의 분포를 비교할 때 적합한 차트로, 하나의 차트에 여러 개의 그룹을 표현하여 그룹별 차이점을 쉽게 파악하도록 도와줍니다.

> **TIP** 첨도와 왜도에 대한 자세한 내용은 107쪽을 참고하세요.

실습 바이올린 차트 생성하기 ⫶ CASE_04

실습 예제는 공공데이터포털의 '국민건강보험공단 건강검진정보' 데이터를 가공한 예제를 사용합니다. 국민건강보험공단 건강검진정보 데이터는 2021년 12월에 측정된 데이터로 건강검진정보는 40세 이상의 일반건강검진 정보 중 100만 건을 무작위로 추출한 데이터입니다. 이렇게 방대한 데이터를 가공하지 않고 사용하면 차트 생성에 많은 시간이 소요됩니다. 그러므로 공공데이터를 적극적으로 사용하되 직접 가공하여 활용하는 것이 좋습니다.

여기서는 국민건강보험공단 건강검진정보 데이터를 시도 코드 49(제주도)로 필터링하고, 가입자 일련번호, 성별 코드, 연령 코드, 혈색소 항목을 추출한 후 항목명을 영어로 변경했습니다.

가입자 일련번호	성별 코드	연령 코드	혈색소
id	gender	age	hemoglobin

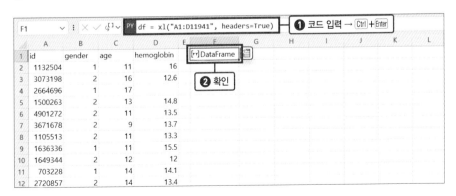

1 | DataFrame을 만들고 변수에 저장하기

① [F1] 셀의 파이썬 코드 입력 창에 다음 코드를 입력하고 실행합니다.

[F1]
=PY(

```
df = xl("A1:D11941", headers=True)
```

② [F1] 셀에 [A1:D1194]의 영역이 변수 'df'로 저장됩니다.

2 | dropna 함수로 빈 값이 포함된 행을 지우고 변수 df_1에 저장하기

① [F3] 셀의 파이썬 코드 입력 창에 다음 코드를 입력하고 실행합니다.

```
[F3]
=PY(    df_1 = df.dropna()
```

② [F3] 셀에 변수 df에서 값이 누락된 행을 제외한 데이터가 변수 'df_1'로 저장됩니다. [F3] 셀의 [▾]를 클릭하면 11,874행만 남겨진 것을 확인할 수 있습니다.

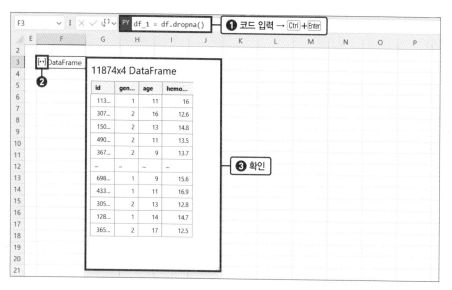

TIP dropna 함수에 대한 자세한 내용은 93쪽을 참고하세요.

3 | 혈색소(hemoglobin)에 대한 기본형 바이올린 차트 생성하기

앞에서 설명했듯이 seaborn 라이브러리는 sns로 표현하며, 바이올린 차트를 생성하는 함수는 violinplot으로, 괄호 안에 DataFrame 변수와 y축 항목을 지정하여 간단하게 생성할 수 있습니다.

① [F5] 셀의 파이썬 코드 입력 창에 다음 코드를 입력하고 실행합니다.

```
[F5]
=PY(    sns.violinplot(data = df_1, y = "hemoglobin")
```

② [F5] 셀을 마우스 오른쪽 버튼으로 클릭한 다음 [셀 위에 플롯 표시]를 선택하면 차트가 표시됩니다.

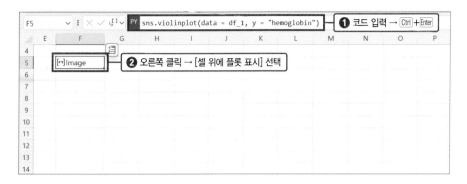

바이올린 차트의 검은색 상자는 상자 수염도 차트처럼 3/4분위수와 1/4분위수를 이어 놓은 것이고 가운데 흰점은 중앙값입니다. 차트를 보면 혈색소(hemoglobin)의 중앙값(14)을 중심으로 데이터가 밀집된 것을 파악할 수 있습니다.

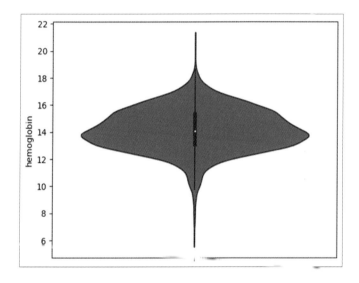

4 | 연령별 혈색소 분포 확인하기

① [F5] 셀의 파이썬 코드 입력 창에 입력된 코드를 다음과 같이 수정하고 실행합니다.

[F5] =PY(	`sns.violinplot(data = df_1, y = "hemoglobin", x = "age")`

TIP 셀에 표시된 차트가 [F5] 셀을 가린다면 차트를 적당한 위치로 옮겨 보세요.

② [F5] 셀을 마우스 오른쪽 버튼으로 클릭한 다음 [셀 위에 플롯 표시]를 선택하면 차트가 표시됩니다.

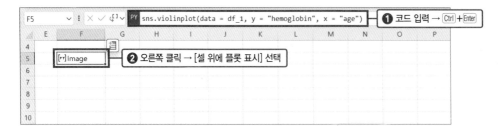

① 코드 입력 → Ctrl + Enter

② 오른쪽 클릭 → [셀 위에 플롯 표시] 선택

기존의 차트에 x축이 추가되어 연령을 확인할 수 있습니다. 예제로 사용한 건강검진정보에서 연령
은 코드로 구분되어 있으며, 각 연령대 코드는 다음 표와 같습니다. 차트를 보면 나이가 많을수록
밀집된 중앙값이 점점 낮아지는 것을 확인할 수 있습니다. 실제로 혈색소는 나이가 듦에 따라 점차
감소합니다.

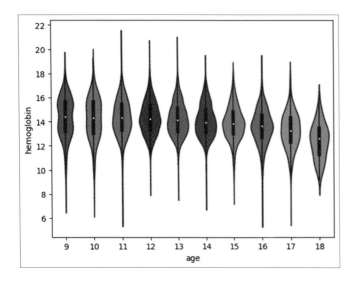

그룹	연령대	그룹	연령대
1	0~4세	10	45~49세
2	5~9세	11	50~54세
3	10~14세	12	55~59세
4	15~19세	13	60~64세
5	20~24세	14	65~69세
6	25~29세	15	70~74세
7	30~34세	16	75~79세
8	35~39세	17	80~84세
9	40~44세	18	85세+

5 │ 성별 혈색소 분포 확인하기

바이올린 차트의 hue 옵션을 이용하면 최대 2개 항목까지 그룹을 색상으로 구분할 수 있습니다.

① [F5] 셀의 파이썬 코드 입력 창에 입력된 코드를 다음과 같이 수정하고 실행합니다.

[F5]
=PY(
```
sns.violinplot(data = df_1, y = "hemoglobin", x = "age", hue = "gender")
```

② [F5] 셀을 마우스 오른쪽 버튼으로 클릭한 다음 **[셀 위에 플롯 표시]**를 선택하면 차트가 표시됩니다.

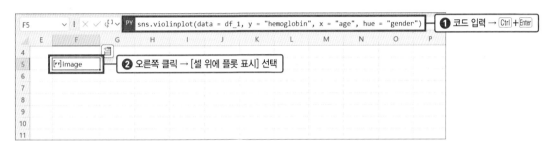

기존 차트에 성별이 추가되어 색상으로 구분됩니다. 추가한 hue 옵션을 사용하기 전에는 전체 데이터가 14에 밀집되어 있었지만, hue 옵션을 사용한 후에는 40대 남성은 15.5, 85세 이상의 여성은 12.5에 데이터가 밀집된 것을 파악할 수 있습니다. 차트를 보면 40대 남녀의 혈색소 분포차가 큰데, 나이가 증가할수록 남성의 혈색소가 크게 하락하면서 성별에 따른 차이가 줄어드는 것을 알수 있습니다.

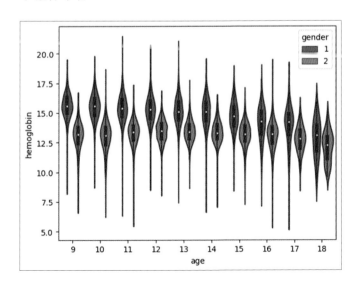

EXCEL ✕ PYTHON

3

장

엑셀 파이썬에서 ChatGPT 활용하기

파이썬의 방대한 오픈소스를 학습한 ChatGPT는 사용자의 복잡한 요청에도 꽤 정확한 답변을 제시합니다. 이번 장에서는 굳이 코드를 외우지 않아도 ChatGPT를 이용하여 필요한 파이썬 코드를 얻는 프롬프트 작성법 을 알아보겠습니다.

01 ChatGPT로 엑셀 파이썬 학습하기

ChatGPT의 학습 데이터 중에는 세계 최대의 개발자 커뮤니티인 스택 오버플로의 질문과 응답도 포함되어 있습니다. ChatGPT를 활용하면 파이썬에 대한 기본적인 코드 생성부터 복잡한 코드의 오류 진단까지 꽤 정확한 답변을 얻을 수 있죠. 아직 파이썬이 낯설다면 ChatGPT를 적극적으로 활용해 보세요. 실시간으로 질문에 대한 답변을 얻을 수 있고, 커뮤니티에 질문하기 부끄러운 간단한 질문에도 답변을 얻을 수 있으므로 코딩을 처음 접하는 사람에게 굉장히 유용합니다.

✔ ChatGPT를 편리하게 사용하는 방법

많은 사람이 ChatGPT를 사용하면서 완벽한 답변을 얻을 수 있는 프롬프트를 만들려고 노력하지만, ChatGPT는 기본적으로 대화의 맥락을 기억하기 때문에 친구와 대화하듯이 짤막한 문장으로 질문해도 필요한 정보와 요청 사항에 대한 답변을 받을 수 있습니다. 또한, 얼마든지 새로운 대화를 시작할 수 있어서 질문을 이어 나가는 중에 대화가 이상하게 흘러가면 앞서 나눈 대화의 질문을 정리하여 새로운 대화에 붙여 넣은 후 다시 대화를 이어 갈 수 있습니다.

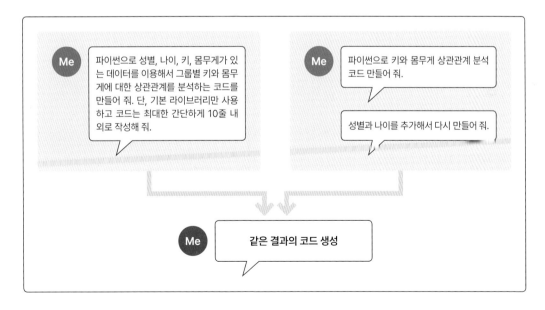

✔ 데이터 분석 단계별 대화 주제

그렇다면 ChatGPT와 어떻게 대화를 시작해야 할까요? 데이터 분석 작업은 크게 8단계로 구분할 수 있습니다. 각 단계에서 코딩을 위해 ChatGPT의 도움이 필요한 단계는 3단계 데이터 전처리부터지만 데이터 분석을 시작하는 1단계 목표 설정 단계에서도 ChatGPT의 도움을 받을 수 있습니다. 다음은 동료와 대화를 나누듯이 구성한 단계별 질문의 예시입니다. 예시를 실제로 ChatGPT에 입력해 보세요. 간단한 질문이라도 상당히 만족스러운 답변을 받을 수 있습니다.

단계	단계별 진행 사항	ChatGPT 질문 예시
1. 목표 설정	이슈 정의나 개선 방향 결정	다음 달 재고를 미리 준비하고 싶은데 데이터를 이용할 수 있을까?
2. 데이터 수집	필요한 데이터 수집	그럼 어떤 데이터가 필요할까?
3. 데이터 전처리	데이터 통합, 빈 값 제거 등 분석을 위한 가공	상품별 판매량을 일 단위로 기록한 데이터가 있는데 어떻게 가공하면 좋을지 추천해 줘
4. 데이터 탐색	기초통계 추출, 분포도를 활용한 기본 현황 파악	상품, 판매량, 판매일자가 들어 있는 데이터를 탐색할 수 있는 파이썬 코드를 만들어 줘
5. 알고리즘 선택	데이터 상태와 목표에 적합한 알고리즘 선택	재고 예측을 위한 파이썬 코드를 만들어 줘
6. 분석 및 평가	데이터 분석 및 실행 결과 평가	모델의 성능은 어떻게 평가해?
7. 결과 해석	최종 실행 결과 해석	결정계수가 0.8이 나왔는데 사용할 수 있는 거야?
8. 보고 및 시각화	결과 요약 및 보고서 작성	예측 모델을 사용하려면 어떻게 보고서를 만드는 게 좋을까?

▲ 데이터 분석 단계별 프롬프트

✔ ChatGPT에 엑셀 파이썬 코드를 요청할 때 주의사항

ChatGPT에 파이썬 코드를 요청할 때 구체적인 요구 사항을 지정하지 않으면 분석 환경이나 사용자의 수준을 고려하지 않은 채 코드를 생성하여 제시합니다. 엑셀 파이썬은 보안을 위해 엑셀 시트를 거치지 않고 외부 데이터를 직접 가져오거나 사용자의 PC에 접근하는 것을 막고 있습니다. 또한, 안정성을 위해 아나콘다에서 제공하는 라이브러리만 사용합니다.

 엑셀 파이썬의 제한 사항에 대한 자세한 내용은 36쪽을 참고하세요.

ChatGPT에게 코드를 요청할 때는 엑셀 파이썬의 제한 사항을 고려하여 시트와의 연동, 결과의 실시간 확인이 가능한 프롬프트를 사용하는 것이 중요합니다. ChatGPT 3.5는 22년 1월까지의 데이터만 학습하여 2023년에 업데이트된 엑셀 파이썬의 정보를 기지고 있지 않습니다. ChatGPT 4와 ChatGPT 4o는 엑셀 파이썬에 대한 학습량이 충분하지 않아 기본적인 답변 외에는 제공되지 않으니 파이썬을 주제로 한 대화를 이어 나가면서 제한 사항을 두는 것이 좋습니다. 다음 장부터는 앞서 진행한 실습 내용을 포함해 데이터 가공과 차트 생성, 복잡한 알고리즘까지 활용할 수 있는 코드를 요청하기 위한 구체적인 프롬프트 작성 방법에 대해 살펴보겠습니다.

데이터 가공을 위한 프롬프트 작성법

CASE 02

ChatGPT를 활용하면 간단한 데이터를 제시하여 해당 데이터를 가공할 수 있는 코드를 얻거나 DataFrame의 기능에 대해 자세히 물어볼 수도 있습니다. 엑셀과 ChatGPT를 동시에 실행한 상태에서 다음 실습을 따라 해 보세요.

실습 샘플 데이터를 업로드하고 파이썬 코드 요청하기 🖉 CASE_02.CSV

ChatGPT에서는 쉼표(,) 등으로 구분된 데이터를 대화 창에 입력하면 별도의 내용을 입력하지 않아도 데이터에 대한 기본 정보를 요약하여 답변합니다. 이어서 추가 질문을 하면 먼저 입력한 데이터를 바탕으로 답변을 생성합니다. 여기서 사용하는 예제는 국민건강보험공단 건강검진정보 파일을 CSV(쉼표로 분리)로 저장한 것입니다.

1 │ 쉼표(,)로 구분된 데이터를 ChatGPT에 붙여 넣기

① 메모장을 실행하고 [파일]-[열기]를 차례대로 선택하여 [열기] 창을 표시합니다.

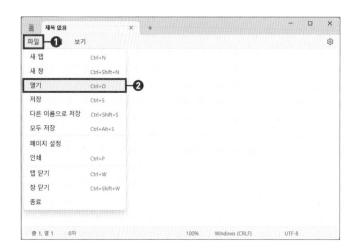

② 'CASE_02.CSV' 파일을 선택하고 **[열기]**를 클릭합니다.

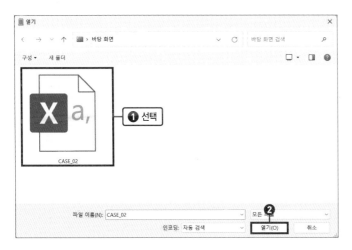

TIP [열기] 창에 'CASE_02.CSV' 파일이 표시되지 않는다면 파일 형식을 [모든 파일]로 변경해 보세요.

③ 메모장 각 열의 데이터가 쉼표(,)로 구분되어 표시됩니다. 메모장의 텍스트를 적당히 선택하고 Ctrl+C를 눌러 복사합니다.

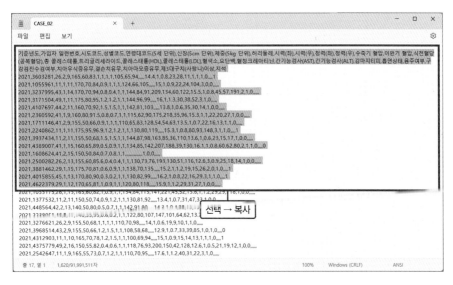

TIP 이어지는 과정에서 복사한 텍스트를 ChatGPT로 붙여 넣어 파이썬 코드를 얻을 것이므로 ChatGPT가 데이터의 형태를 파악할 수 있는 정도만 복사하면 됩니다.

④ ChatGPT(chat.openai.com)에 ③에서 복사한 텍스트를 붙여 넣습니다.

⑤ ⬆ 를 클릭하거나 Enter 를 누르면 ChatGPT가 붙여 넣은 텍스트를 파악하여 각 항목별 정보를 요약해 답변합니다.

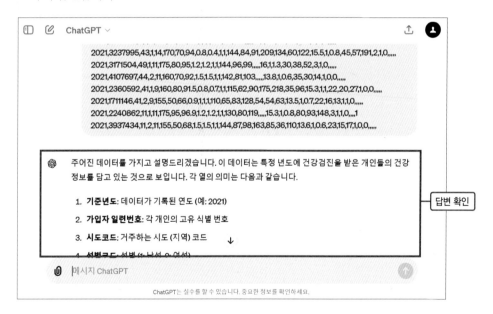

2 | 빈 값을 삭제하는 코드 요청하기

붙여 넣은 텍스트를 바탕으로 실제 사람과 대화하듯 ChatGPT에게 파이썬 코드를 요청할 수 있습니다. 같은 질문을 하더라도 답변이 다를 수 있지만 ChatGPT가 제시하는 파이썬 코드는 크게 다르지 않습니다. 여기서는 '국민건강보험공단 건강검진정보' 데이터 중 빈 값을 삭제하는 코드를 요청해 보겠습니다.

 You

파이썬에서 이 데이터에 있는 빈 값을 삭제하는 코드를 알려 줘.

 ChatGPT

파이썬에서 이 데이터에 있는 빈 값을 삭제하는 코드를 작성할 수 있습니다. 주어진 데이터가 CSV 형식으로 되어 있으므로 pandas 라이브러리를 사용하여 데이터를 로드하고 빈 값을 삭제하는 작업을 수행할 수 있습니다.

```python
import pandas as pd

# CSV 파일에서 데이터 로드
data = pd.read_csv('your_data_file.csv')

# 빈 값이 있는 행 삭제
data_cleaned = data.dropna()

# 결과 확인
print(data_cleaned)
```

위의 코드에서 'your_data_file.csv'는 실제 데이터 파일의 경로 및 파일 이름으로 대체되어야 합니다. dropna 함수는 DataFrame에서 누락된 값이 있는 행을 삭제합니다. 이후 data_cleaned에는 빈 값이 삭제된 데이터프레임이 저장됩니다.

또는 특정 열에서 빈 값을 삭제하려면 dropna 함수에 subset 매개변수를 사용할 수 있습니다. 예를 들어, '체중(5kg 단위)' 열에서 빈 값이 있는 행만 삭제하려면 다음과 같이 할 수 있습니다.

```python
data_cleaned = data.dropna(subset=['체중(5kg 단위)'])
```

데이터프레임에서 특정 열의 빈 값을 삭제하려면 해당 열을 지정하면 됩니다.

엑셀 파이썬에서는 엑셀 시트 데이터를 참조할 때 pandas 라이브러리의 DataFrame을 이용합니다. DataFrame은 파이썬에서 널리 사용되는 라이브러리로, ChatGPT에 별도의 라이브러리를 지정하지 않고 데이터 관련된 질문을 하면 이와 같이 pandas 라이브러리를 기준으로 코드를 생성합니다. 생성된 코드에는 낯선 내용도 포함되어 있지만, 각 코드에 대한 설명이 있어서 빈 값이 있는 행을 삭제하는 코드가 `data_cleaned = data.dropna()`라는 것을 알 수 있습니다. 그리고 특정 열에 빈 값이 있는 행을 삭제하는 코드를 `data_cleaned = data.dropna(subset=['체중(5kg 단위)'])`라고 알려 주는데, 여기서 사용된 항목명은 앞에서 붙여 넣은 데이터를 활용했다는 것을 알 수 있습니다.

TIP isna 함수에 대한 내용은 92쪽, dropna 함수에 대한 내용은 93쪽을 참고하세요.

3 | 조건에 맞는 데이터를 가져오는 코드 요청하기

엑셀 파이썬의 기본 사용법만 알고 있다면 파이썬이나 코드 작성 방법에 익숙하지 않아도 원하는 코드를 요청하여 활용할 수도 있습니다.

 You

허리둘레가 80 이상 또는 몸무게가 100 이상인 데이터를 가져오는 파이썬 코드를 만들어 줘.

 ChatGPT

허리둘레가 80 이상 또는 몸무게가 100 이상인 데이터를 가져오는 파이썬 코드를 작성할 수 있습니다. 아래는 pandas 라이브러리를 사용하여 해당 조건을 만족하는 행을 추출하는 코드입니다.

```
import pandas as pd

# CSV 파일에서 데이터 로드
data = pd.read_csv('your_data_file.csv')

# 허리둘레가 80 이상 또는 몸무게가 100 이상인 조건을 만족하는 행 추출
filtered_data = data[(data['허리둘레'] >= 80) | (data['체중(5kg 단위)'] >=
100)]

# 결과 확인
print(filtered_data)
```

위의 코드에서 'your_data_file.csv'는 실제 데이터 파일의 경로 및 파일 이름으로 대체되어야 합니다. 코드에서는 논리 OR 연산자 |를 사용하여 허리둘레가 80 이상이거나 몸무게가 100 이상인 행을 추출합니다.

조건을 다르게 설정하고 싶다면 해당 열의 이름과 조건을 변경하면 됩니다.

마찬가지로 pandas 라이브러리를 사용한 코드를 제시합니다. 여기서 주목해야 할 부분은 이전 대화에 이어서 질문할 수 있다는 것과 '몸무게'라고 언급한 것과 같이 실제 데이터의 항목명을 잘못 요청해도 답변에서는 '체중(5kg 단위)'으로 항목명을 수정하여 코드를 생성한다는 것입니다.

실습 DataFrame에 대한 파이썬 코드 요청하기

ChatGPT에게 데이터 가공에 대한 질문을 할 때 별도의 요청이 없으면 대부분 DataFrame을 기준으로 답변하지만, 간혹 복잡한 코드를 요청하면 자주 사용하지 않는 라이브러리를 혼용한 코드를 제시하기도 합니다. 물론, 엑셀 파이썬은 다양한 라이브러리를 지원하기 때문에 ChatGPT가 제시한 코드를 그대로 사용할 수는 있지만, 파일을 공유하거나 추가로 수정하기를 원한다면 되도록 간단한 코드를 사용하는 것이 좋습니다. ChatGPT에게 데이터 가공에 관한 질문을 했을 때 복잡한 코드를 제시한다면 다음과 같이 요청을 추가하면 됩니다.

- DataFrame을 기준으로 답변 요청

- 간결한 코드와 함께 주석 제시 요청

- 변수명 등 기타 구체적인 요청

데이터 가공에 DataFrame을 사용할 때는 보통 행/열 선택, 값 일괄 변경, 빈 값 제거, 데이터 병합 등을 수행하는데, 이때 ChatGPT로 1~2줄 이내의 코드를 요청하려면 원하는 사항을 구체적으로 제시하는 것이 좋습니다. 다음은 데이터 가공에 필요한 프롬프트 예시입니다.

TIP ChatGPT의 답변은 사용자마다 다를 수 있습니다.

구분	질문	답변(코드 부분)
행/열 선택	DataFrame에서 마지막 10개의 행을 가져오는 코드를 생성해 줘	`last_10_rows = df.tail(10)`
	DataFrame에서 특정 항목만 제외한 나머지 항목을 가져오는 코드를 생성해 줘	`result_df = df.drop(columns=[제외할_열])`
값 일괄 변경	DataFrame의 도시 항목이 '서울특별시'인 데이터를 '서울'로 변경하는 코드를 생성해 줘	`df['도시'] = df['도시'].replace('서울특별시', '서울')`
	DataFrame에서 소수점으로 저장된 값을 정수로 변경하는 코드를 생성해 줘	`df = df.astype(int)`
빈 값 제거	df에 저장된 DataFrame의 빈 값을 지우고 df_1으로 저장하는 코드를 생성해 줘	`df_1 = df.dropna()`
	DataFrame에서 '나이'와 '체중'이 모두 비어 있으면 행 전체를 삭제하는 코드를 생성해 줘	`df = df.dropna(subset=['나이', '체중'], how='all')`
데이터 병합	DataFrame에서 '이름'과 '나이'가 있는 df_1과 '이름'과 '성별'이 있는 df_2를 이름을 기준으로 병합하는 코드를 생성해 줘	`merged_df = pd.merge(df_1, df_2, on='이름', how='inner')`
데이터 병합	DataFrame에서 df_1에 df_2의 데이터만 추가하는 코드를 생성해 줘. 단, 중복된 행은 삭제해 줘	`df_1 = pd.concat([df_1, df_2], ignore_index=True).drop_duplicates().reset_index(drop=True)`

▲ 데이터 가공 관련 프롬프트와 답변 예시

파이썬 차트 생성을 위한 프롬프트 작성법

엑셀 파이썬에서는 엑셀에서는 생성할 수 없는 다양한 형태의 차트를 생성하거나 하나 이상의 차트를 결합할 수 있습니다. 그리고 차트를 생성할 때도 ChatGPT를 활용할 수 있죠. 이번에는 차트 생성을 위한 프롬프트 작성 방법을 알아보겠습니다.

✔ 파이썬 차트 사용 방법

파이썬에서 차트를 생성할 때는 주로 Matplotlib와 seaborn 라이브러리를 사용합니다. Matplotlib는 DataFrame과 연동되어 DataFrame의 변수명 뒤에 차트 생성을 위한 코드를 추가하는 것만으로도 손쉽게 차트를 생성할 수 있습니다. seaborn 라이브러리 역시 DataFrame에 포함된 통계 기능을 활용하여 손쉽게 차트를 생성할 수 있습니다. 이런 장점 덕분에 시각화 전문가도 여러 개의 차트를 조합하거나 모양이 다른 차트를 하나로 합치는 등 다양한 아이디어를 파이썬으로 구현해냅니다.

실습 ChatGPT로 차트 디자인 바꾸기   🔗 CASE_03_01

일상적인 업무에서 발생할 수 있는 상황을 가정하여 차트 디자인을 변경하는 방법을 알아보겠습니다. 예제 파일은 공공데이터포털의 '서울교통공사 지하철혼잡도 정보'로 요일, 노선별 혼잡도를 30분 간격으로 정리한 데이터입니다. 여기서는 평일 2호선의 데이터만 사용한 예제를 활용하여 실습하겠습니다.

	AI	AJ	AK	AL	AM	AN	AO	AP	AQ	AR	AS	AT	AU	AV	AW	AX	AY	AZ	BA
1	Sindorim	Mullae	Yeongde	Dangsan	Hapjeong	Hongik U	Sinchon		Ewha Wo	Ahyeon	Chungjeo	Yongdap	Sindap		Sinseoldo	Dorimche	Yangcheo	Sinjeongr	Yongdu		
2	24	24.2	26.6	25.3	24.4	18.4	19.1	19.5	18.4	19.5	19.6	15.6	9.5	6.2	7.3	9	12.7		
3	31	30.7	28.8	27.4	25.4	24.8	23.1	23.1	24.6	24.8	15.5	13.3	11.5	10.7	10.8	10.4	12.7		
4	31.4	31.2	29.9	29.8	28.5	31.2	30	29.5	30.6	31.1	17.1	14.5	11.2	9.7	9.4	10.7	12.5		
5	51.7	48.1	49.4	49.2	44	47	45	45.1	43	43.1	23.2	21.1	16.1	14.7	15.3	14.1	18.1		
6	77.4	74.1	74.7	72.2	65.8	73.5	77.9	71.5	74.1	70	43.7	37.7	29.4	23.1	24.1	25.9	32.3		
7	130.9	123.3	119.3	115.2	106.1	114.4	111.4	110.1	113.1	112	76.1	66.4	51.5	36.4	36.4	38.4	58.2		
8	95.2	92.8	85.9	93	86.1	88.4	92.3	94.1	101.1	99	85.3	68	51.4	24.6	20.8	20.9	57.9		
9	73.5	69.8	67.6	69	61.9	63.2	60	59.4	60.1	60.7	46.6	40	31.2	18.5	18.2	18.3	35		
10	47.5	50.9	49.3	52.7	48.6	46.2	41.2	40.9	41.7	44.7	33.7	36.9	26.6	14.1	13	11.6	29		
11	29.6	41.3	40	41.1	36.3	33.5	29.7	28	28.7	29.6	19.1	17.7	13.3	12.5	11.8	10.4	15.4		
12	35.1	41.5	44.6	47.5	44.6	46.4	43.9	39.9	40.7	38.3	15.2	15.7	10.8	11.1	10.1	8.7	12.7		
13	29.3	40.8	40.4	43.7	38.3	39.4	35.8	35.1	35.9	37.1	13	11.9	9.7	12	10.8	9.9	10.7		

TIP 혼잡도는 정원 대비 승차 인원으로, 빈 좌석이 없으면 혼잡도를 34%로 산정합니다.

1 | DataFrame을 만들고 df 변수로 저장하기

① [BA1] 셀의 파이썬 코드 입력 창에 다음 코드를 입력하고 실행합니다.

[BA1] **=PY(**	`df = xl("B1:AY40", headers=True)`

② [BA1] 셀에 [B1:AY40] 영역이 변수 'df'로 저장됩니다.

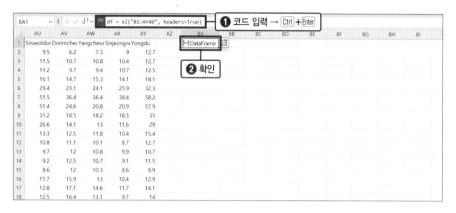

> **TIP** [A] 열은 시간당 혼잡도를 기록한 시간 데이터로 여러 개의 하위 차트를 생성할 때는 오류가 발생할 수 있으므로 Dataframe에서 제외했습니다.

③ [BA3] 셀의 파이썬 코드 입력 창에 다음 코드를 입력하고 실행합니다.

[BA3] **=PY(**	`df.plot()`

④ [BA3] 셀을 마우스 오른쪽 버튼으로 클릭한 다음 **[셀 위에 플롯 표시]**를 선택하면 차트가 표시됩니다.

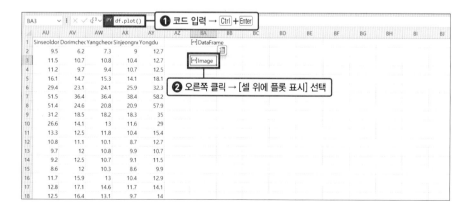

152

차트가 생성되었지만 데이터가 많아 기본 차트로는 전체 데이터를 파악하기 어렵습니다. 이번에는 ChatGPT를 활용하여 새로운 차트를 생성하는 방법을 알아보겠습니다.

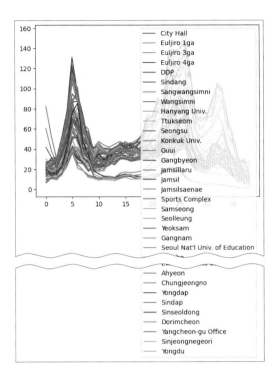

2 | ChatGPT에 차트 생성 코드 요청하기

ChatGPT에 최대한 자세하게 차트 생성 코드를 요청합니다. 같은 질문이라도 답변은 조금씩 다를 수 있으나 대체로 다음과 같이 답변합니다.

 You

50개의 항목이 있는 변수 df의 DataFrame을 이용해서 항목별 선 차트를 생성하여 가로 10개, 세로 5개로 배치하는 코드를 생성해 줘

 ChatGPT

당신이 요청한 것을 수행하기 위해 필요한 라이브러리를 가져와야 합니다. 가장 널리 사용되는 데이터 분석 및 시각화 라이브러리인 pandas와 matplotlib을 사용하겠습니다. 아래는 예제 코드입니다.

```
import pandas as pd
import matplotlib.pyplot as plt
import numpy as np

# 예시 데이터프레임 생성
# 만약 실제 데이터프레임을 사용하려면 이 부분을 해당 데이터프레임으로 변경하세요.
# 여기서는 간단한 랜덤 데이터로 예시를 보여 줍니다.
np.random.seed(42)
data = {'Column': np.random.rand(50)}
df = pd.DataFrame(data)

# 차트 배치 설정
fig, axes = plt.subplots(nrows=5, ncols=10, figsize=(20, 10))

# 항목별 선 차트 생성 및 배치
for i, ax in enumerate(axes.flatten()):
    if i < len(df.columns):
        column_name = df.columns[i]
        ax.plot(df.index, df[column_name])
        ax.set_title(column_name)
    else:
        # 데이터프레임의 열 개수보다 차트가 많을 경우 빈 공간으로 남김
        ax.axis('off')

# 차트 레이아웃 조정
plt.tight_layout()
plt.show()
```

이 코드는 50개의 항목으로 구성된 DataFrame을 기반으로 가로 10개, 세로 5개로 배치된 선 차트를 생성합니다. plt.subplots 함수를 사용하여 차트의 레이아웃을 설정하고, 각각의 차트를 생성하여 적절한 위치에 배치합니다. 데이터프레임의 각 열은 하나의 선 차트로 표시됩니다. 데이터프레임 df가 실제 데이터를 포함하는 경우에는 데이터에 맞게 코드를 수정해야 합니다.

3 | 생성된 코드 붙여 넣기

① [BA51] 셀의 파이썬 코드 입력 창에 ChatGPT가 생성한 코드 중 **#예시 데이터 프레임 생성** 부분을 제외한 코드를 붙여 넣고 실행합니다.

[BA51]
=PY(

```python
import pandas as pd
import matplotlib.pyplot as plt
import numpy as np

# 차트 배치 설정
fig, axes = plt.subplots(nrows=5, ncols=10, figsize=(20, 10))

# 항목별 선 차트 생성 및 배치
for i, ax in enumerate(axes.flatten()):
    if i < len(df.columns):
        column_name = df.columns[i]
        ax.plot(df.index, df[column_name])
        ax.set_title(column_name)
    else:
        # 데이터프레임의 열 개수보다 차트가 많을 경우 빈 공간으로 남김
        ax.axis('off')

# 차트 레이아웃 조정
plt.tight_layout()
plt.show()
```

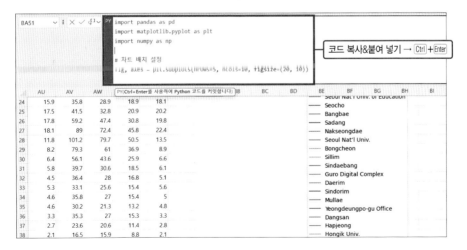

TIP 1~3번 줄의 import 구문은 초기화 설정에 이미 포함된 부분이지만, 그대로 붙여 넣어도 이상 없이 동작합니다.

② **[BA51]** 셀을 마우스 오른쪽 버튼으로 클릭한 다음 **[셀 위에 플롯 표시]**를 선택하면 차트가 표시됩니다.

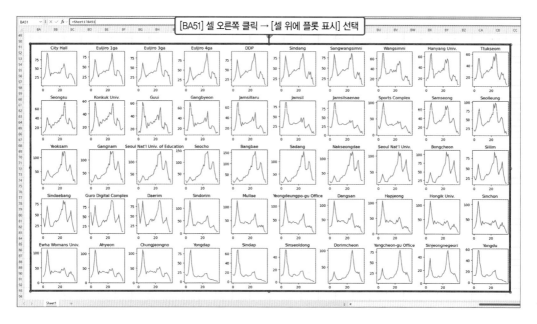

ChatGPT가 제시한 코드가 제대로 동작하지 않는다면 프롬프트를 변경하여 새로운 코드를 요청할 수 있습니다. 새로운 조건을 추가하며 새로운 형태의 차트를 요청할 수 있죠. 또한 Matplotlib 홈페이지(https://matplotlib.org/)의 Plot types 메뉴에서 차트에 대한 다양한 아이디어를 얻을 수 있습니다.

실습 # ChatGPT에 인포그래픽 차트 요청하기   🔗 CASE_03_02

Matplotlib와 seaborn 라이브러리에는 데이터 분석을 위한 범용적인 차트뿐만 아니라 정보를 시각화하는 데 유용한 인포그래픽(infographic) 차트도 포함되어 있습니다. 인포그래픽은 정보 (Information)와 도표(Graphic)의 합성어로 복잡한 데이터를 시각적으로 표현하는 기법입니다. 인포그래픽 차트는 데이터 형태 등의 생성 조건이 까다로워 관련 지식이 부족하면 쉽게 구현하기 어려울 수 있습니다. 이번에는 ChatGPT를 활용하여 인포그래픽 차트에서 자주 사용되는 생키 (Sankey) 차트를 생성하는 방법을 알아보겠습니다.

1 | ChatGPT에 생키 차트 코드와 데이터 요청하기

생키 차트는 고객의 이동이나 자원의 흐름을 시각화하는 유용한 인포그래픽 차트입니다. 최근에는 웹사이트로 유입된 고객이 어떤 서비스를 이용하는지 파악하는 용도로 자주 활용됩니다. ChatGPT에서 다음과 같이 파이썬 코드를 요청해 보겠습니다.

 You

첫 번째 요청: DataFrame과 Matplotlib을 이용하여 생키 차트를 그리는 코드 만들어 줘.

두 번째 요청: orientations도 DataFrame에 넣어 줘.

TIP 첫 번째 요청에서 'orientations을 코드에서 직접 수정하세요'라는 답변을 받은 후, 두 번째 요청을 추가하였습니다. 이처럼 답변을 확인하면서 제한 사항을 추가해도 됩니다.

 ChatGPT

Matplotlib을 사용하여 단순한 Sankey 차트를 그리기 위한 코드를 제공합니다. Sankey 차트는 에너지, 자원 흐름 등을 시각적으로 표현하는 데 사용되는 차트입니다. 아래는 간단한 예제 코드입니다.

📎 CASE_03_02.txt

```python
import pandas as pd
import matplotlib.pyplot as plt
from matplotlib.sankey import Sankey

# 데이터 프레임 생성
data = {
    'flows': [0.2, -0.1, -0.2, -0.1],
    'labels': ['Input', 'Process 1', 'Process 2', 'Output'],
    'orientations': [1, 0, -1, -1]
}

df = pd.DataFrame(data)

# Sankey 차트 생성
fig, ax = plt.subplots()

sankey = Sankey(ax=ax, unit=None)
```

```
# 데이터프레임을 이용하여 flows, labels, orientations 추가
sankey.add(flows=df['flows'], labels=df['labels'], orientations=df['orienta
tions'], color='blue')

diagrams = sankey.finish()

# 차트 출력
plt.show()
```

이 코드는 단순한 Sankey 차트를 생성합니다. flows는 각 흐름의 값이며, labels는 해당 흐름의 레이블입니다. orientations는 각 흐름의 방향을 나타냅니다. flows의 양수 값은 오른쪽으로 향하는 흐름을 의미하고, 음수 값은 왼쪽으로 향하는 흐름을 의미합니다. 이 예제에서는 'Input'은 오른쪽으로 향하고, 'Process 1', 'Process 2', 'Output'은 왼쪽으로 향하도록 설정되어 있습니다. orientations에서 1은 위쪽으로 향하는 흐름을 나타내고, 0은 방향이 변하지 않음을 의미하며, -1은 아래쪽으로 향하는 흐름을 나타냅니다.

필요에 따라 flows, labels, orientations를 조정하여 차트를 원하는 대로 수정할 수 있습니다.

ChatGPT의 답변에 따르면 생키 차트에서 labels, flows, orientations의 역할은 다음과 같습니다.

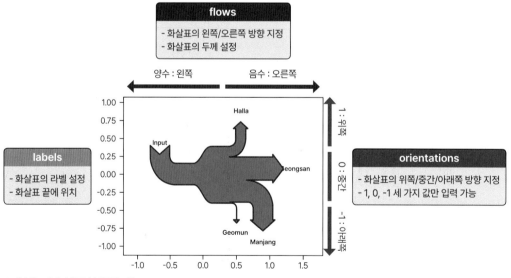

▲ 생키 차트의 데이터 구성과 항목별 역할

여기서는 공공데이터포털의 '제주특별자치도 세계자연유산지구 방문자현황'에서 관광지별 외국인 방문자 수를 가공한 예제를 사용합니다. 2022년 기준 제주시에서 외국인이 가장 많이 방문한 세계자연유산은 성산일출봉, 만장굴, 한라산, 거문오름 순입니다. 이에 따라 생키 차트 구성을 위한 데이터를 만들어 보면 다음과 같습니다.

[label] 열은 외국인 관광객과 대표 관광지 4곳입니다. [flows] 열은 각 관광지를 방문하는 외국인으로 차트의 가시성을 높이기 위해 상대적인 비율을 입력합니다. [orientations] 열은 화살표가 여러 방향으로 분산되도록 입력하였습니다.

labels	flows	orientations
foreign tourist	0.3	1
Halla	-0.15	1
Seongsan	-0.32	0
Manjang	-0.3	-1
Geomun	-0.01	-1

2 | DataFrame을 만들고 df 변수로 저장하기

① [E1] 셀의 파이썬 코드 입력 창에 다음 코드를 입력하고 실행합니다.

```
[E1]
=PY(    df = xl("A1:C6", headers = True)
```

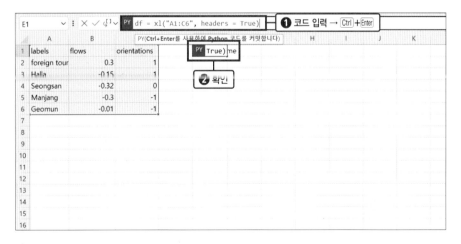

② [E1] 셀에 [A1:C6] 영역이 변수 'df'로 저장됩니다.

3 | 차트를 생성하는 코드 붙여 넣기

① **[E3]** 셀의 파이썬 코드 입력 창에 ChatGPT가 생성한 코드 중 **#데이터 프레임 생성**을 제외한 나머지 부분을 붙여 넣고 코드를 실행합니다.

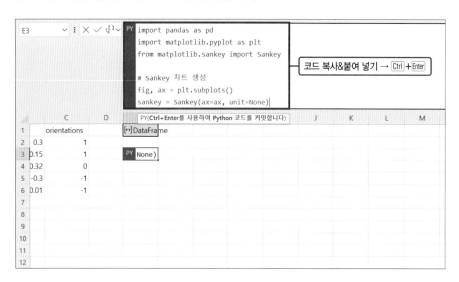

② **[E3]** 셀을 마우스 오른쪽 버튼으로 클릭한 다음 **[셀 위에 플롯 표시]**를 선택하면 차트가 표시됩니다.

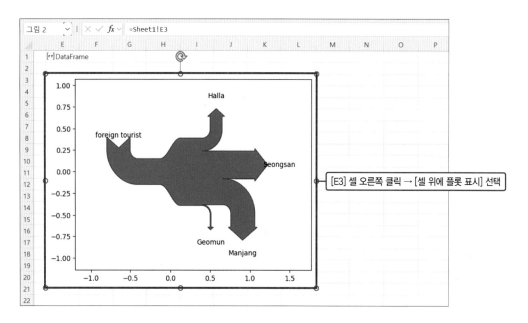

160

생성된 생키 차트는 외국인 관광객의 동선을 나타냅니다. 화살표를 이용해 외국인(foreign tourist)이 유입되면 오른쪽으로 이동하며 각 방향으로 분산되고 있습니다. 방문객 수는 화살표의 두께를 통해 많고 적음을 한눈에 파악할 수 있습니다.

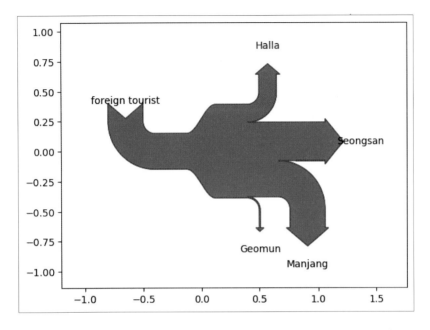

엑셀 시트에서 화살표의 이름(labels), 두께(flows), 방향(orientations)을 수정하면 원하는 형태로 차트를 변경할 수 있습니다. 값을 변경한 후 다시 실행해 보세요.

Data to viz 웹사이트(https://www.data-to-viz.com/)에서는 데이터에 따라 차트를 선택하는 방법을 안내합니다. 또한 Inspiration 메뉴에는 새로운 형태의 차트와 시각화에 대한 아이디어를 제공합니다. 시각화에 관심이 있다면 사이트를 방문해 보세요.

3

셋
째
마
당

실전
엑셀 파이썬

1장   API로 외부 데이터 가져오기

2장   주식 차트와 보조지표 활용하기

3장   보조지표를 활용한 가상 매매 프로그램 만들기

4장   상관관계와 패턴으로 증시 분석하기

5장   유사도로 투자 종목 발굴하기

EXCEL × PYTHON

1 장

API로
외부 데이터
가져오기

API와 엑셀 파워쿼리를 이용하면 별도의 프로그램을 설치하거나 복잡한 코딩 없이
도 공공데이터포털이나 업비트 등의 외부 데이터를 간단하게 엑셀 파이썬으
로 가져올 수 있습니다.

국내 주식 데이터 가져오기

공공데이터포털에서 오픈 API를 신청하면 누구나 국내 주식 데이터를 무료로 활용할 수 있습니다. 여기서는 엑셀 파워쿼리를 이용하여 시세 데이터를 가져오는 방법을 알아보겠습니다.

✔ 공공데이터포털에서 주식시세 API 신청하기

API는 'Application Programming Interface'의 약자로, 소프트웨어나 시스템 간 상호작용을 가능케 하는 도구와 규약의 집합을 말합니다. API는 한 프로그램이 다른 프로그램의 기능이나 데이터에 접근할 수 있도록 연결하는 역할을 하면서 다양한 소프트웨어가 통신할 수 있는 기능을 제공합니다. 과거에는 개인이 국내 주식 데이터를 활용하려면 증권사에 API를 신청하거나 포털사이트에서 시세 정보를 스크래핑해야 했습니다. 그러나 증권사 API는 별도 프로그램 개발이 필요해 개인이 이용하기 어렵고, 스크래핑은 접속이 갑작스레 차단될 위험이 있습니다. 다행히 금융위원회는 2022년 11월부터 공공데이터포털을 통해 주식시세 데이터를 공개하여 현재는 누구나 간편하게 신청한 후 바로 API를 이용할 수 있습니다.

TIP 스크래핑은 컴퓨터 프로그램을 사용해 웹사이트나 애플리케이션에서 필요한 데이터를 추출하는 기술입니다.

여기서는 공공데이터포털에서 주식시세 API를 신청하는 방법을 알아보겠습니다.

1 │ 공공데이터포털에서 주식시세 API 신청하기

① 공공데이터포털(https://www.data.go.kr/)에 접속한 후 [로그인]을 클릭합니다.

TIP 회원가입이 필요하므로 간편 로그인을 사용하거나 [회원가입]을 클릭하여 회원에 가입한 후 로그인합니다.

② 검색창에 '금융위원회 주식시세정보'를 검색합니다.

③ 검색 결과 중 [오픈 API] 탭의 [금융위원회_주식시세정보]를 클릭합니다.

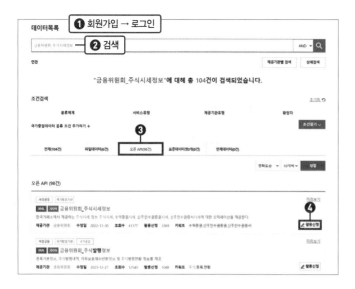

④ '오픈API 상세' 페이지에서 [**활용신청**]을 클릭합니다.

⑤ '활용목적 선택'에서 '활용목적'을 입력하고, 화면 아래 '라이선스 표시'에 동의한 후 [**활용신청**]을 클릭합니다.

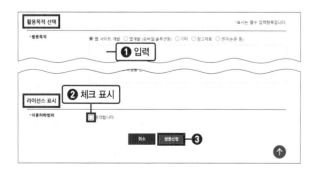

⑥ '활용신청'이 완료되면 즉시 승인되며 [마이페이지]-[데이터 활용]-[Open API]-[활용신청
현황]에서 승인된 API를 확인할 수 있습니다.

이렇게 신청한 API는 '개발계정'으로 승인됩니다. 하루 1만 건씩 2년간 사용할 수 있으며, 기한이
만료되면 연장 신청을 할 수 있습니다. 만약 API를 홈페이지, 앱 등을 운영하는 데 사용한다면 '운
영계정'으로 변경 신청할 수 있습니다. 운영계정은 실제 서비스 여부를 확인한 후 승인되며, 하루
100만 건을 사용할 수 있습니다.

2 | 주식시세 API 호출하기

API 신청이 완료되면 개인별로 API를 호출할 수 있는 인증키가 발급되며, 이 인증키를 이용해서
주식시세 정보를 호출하는 URL을 만들 수 있습니다. 여기서는 인증키를 이용하여 주식시세 정보
를 호출하는 방법을 알아보겠습니다.

① 공공데이터포털의 [마이페이지]-[데이터 활용]-[Open API]-[활용신청 현황]에서 승인된
[금융위원회_주식시세정보]를 선택합니다.

② '서비스정보'에서 '일반 인증키(Encoding)'에 표시된 인증키를 복사합니다. 작업 환경에 따라 적용되는 인증키가 다를 수 있습니다. '일반 인증키(Encoding)'로 데이터를 불러오지 못한다면, '일반 인증키(Decoding)'을 사용해 보세요.

③ '활용신청 상세기능정보'의 첫 번째 항목인 '주식시세'의 **[확인]**을 클릭합니다.

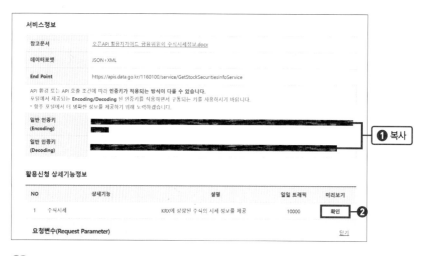

TIP 일반 인증키는 사용자마다 다르며, 인증키가 노출되면 API 사용이 정지될 수 있으므로 유의해야 합니다.

④ '요청변수'에서는 주식시세 정보 중 가져올 데이터를 선택할 수 있습니다. [serviceKey]에 ② 에서 복사한 인증키를 붙여 넣고 가져올 데이터 항목을 입력합니다. 여기서는 2024년 1월 1일부터 3월 31일까지의 삼성전자 시세 데이터를 가져오기 위해 다음과 같이 각 항목을 입력했습니다.

항목명	샘플 데이터	설명
numOfRows	100	한 페이지에 출력되는 결과 값입니다. 예시에서는 넉넉하게 '100'을 입력했습니다.
beginBasDt	20240101	가져오려는 시세의 시작 날짜입니다. 연월일을 8자리로 입력합니다.
endBasDt	20240331	가져오려는 시세의 마지막 날짜입니다. 연월일을 8자리로 입력합니다.
itmsNm	삼성전자	시세를 가져올 주식의 종목명을 입력합니다.

TIP 더 자세한 요청 변수 설정 방법은 '서비스정보'에서 내려받을 수 있는 '오픈API 활용자가이드_금융위원회_주식시세정보.docx'를 참고하세요.

⑤ 요청 변수의 각 항목을 입력하고 아래에 있는 **[미리보기]**를 클릭하면 새 창에 XML 형태의 시세 데이터가 표시됩니다. 새 창의 주소 표시줄에 표시되는 URL을 복사합니다.

주식시세 데이터를 엑셀로 가져오기   🖉 새 통합 문서

엑셀 파워쿼리를 이용하면 XML 형태의 데이터를 엑셀 시트에 표 형태로 가져올 수 있습니다.

1 | 엑셀 파워쿼리로 주식시세 데이터 가져오기

① 엑셀을 실행하고 메뉴에서 [데이터]-[데이터 가져오기]-[기타 원본에서]-[웹]을 선택합니다.

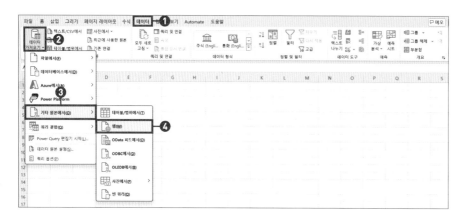

② '웹에서' 창이 표시되면 앞에서 복사한 URL을 붙여 넣고 [확인]을 클릭합니다.

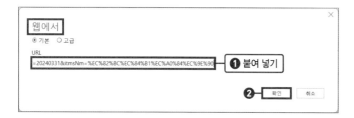

③ '웹 콘텐츠 액세스' 창이 표시되면 '익명' 탭에서 [연결]을 클릭합니다.

TIP 웹 콘텐츠 액세스 창은 처음 방문하는 웹사이트에 한해서만 표시됩니다. 참고로 해당 옵션은 웹 콘텐츠를 액세스하는 데 사용자 이름 및 암호를 입력하는 등의 옵션을 사용할 수 있습니다.

④ '탐색 창'이 표시되면 [body]를 선택하고 [데이터 변환]을 클릭합니다.

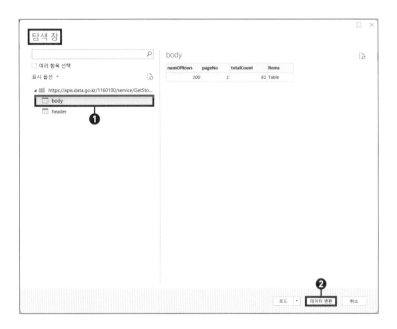

⑤ 자동으로 'Power Query 편집기'가 실행되고 가져올 데이터를 선택할 수 있습니다. 편집기에 표시되는 열 이름 중 [items] 열의 [Table]을 선택합니다.

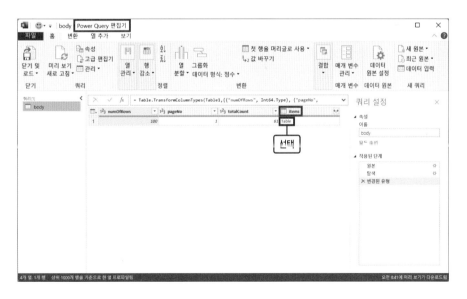

⑥ 편집기에 [item] 열이 표시되면 [Table]을 클릭합니다.

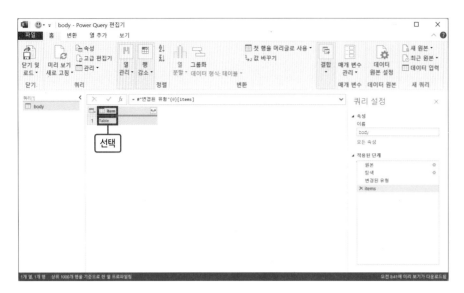

⑦ 날짜별 시세정보가 표시되면 메뉴에 [닫기 및 로드]를 클릭합니다.

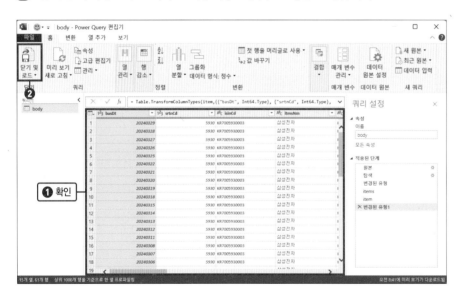

⑧ [body] 시트에 표 형태의 시세정보가 표시되고 [새로 고침]을 클릭할 때마다 데이터가 업데이트됩니다.

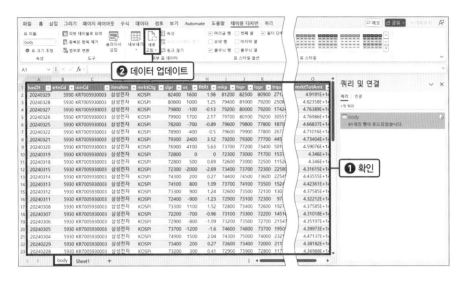

❷ 데이터 업데이트

❶ 확인

시트에 표시되는 각 열의 데이터는 다음과 같습니다.

열 이름	항목명	설명
basDt	기준일자	기준 일자
srtnCd	단축코드	종목 코드보다 짧으면서 유일성이 보장되는 코드(6자리)
isinCd	ISIN코드	국제 채권 식별 번호. 유가증권(채권)의 국제 인증 고유번호
itmsNm	종목명	종목의 명칭
mrktCtg	시장구분	주식의 시장 구분(KOSPI/KOSDAQ/KONEX 중 하나)
clpr	종가	정규 시장의 매매 시간 종료시까지 형성되는 최종 가격
vs	대비	전일 대비 등락
fltRt	등락률	전일 대비 등락에 따른 비율
mkp	시가	정규 시장의 매매 시간 개시 후 형성되는 최초 가격
hipr	고가	하루 가격의 최고치
lopr	저가	하루 가격의 최저치
trqu	거래량	체결 수량의 누적 합계
trPrc	거래대금	거래 건별 체결 가격 * 체결 수량의 누적 합계
lstgStCnt	상장주식수	종목의 상장 주식 수
mrktTotAmt	시가총액	종가 * 상장 주식 수

국내 암호화폐 데이터 가져오기

CASE **02**

앞으로 다룰 차트와 알고리즘은 주식 데이터를 기반으로 설명하지만, 암호화폐 데이터도 같은 방법으로 활용할 수 있습니다. 여기서는 암호화폐 거래소 중 하나인 업비트에서 가상화폐 데이터를 가져오는 방법을 알아보겠습니다.

✔ 업비트에서 암호화폐 시세 API 신청하기

업비트는 개발자 센터를 통해 다양한 API를 제공하며, 시세 데이터는 거래소에 가입하지 않아도 조회할 수 있도록 열어 두었습니다. 또한 별도의 프로그램을 사용하지 않아도 암호화폐 데이터를 엑셀에서 쉽게 가져올 수 있습니다. 우선 업비트 개발자 센터에 접속하여 시세 API를 조회하는 방법을 알아보겠습니다.

1 | 업비트 개발자 센터에서 API 확인하기

① 업비트 개발자 센터(https://docs.upbit.com)로 이동한 후 [API Reference]를 선택합니다.

② 왼쪽 메뉴에서 [QUOTATION API]의 [시세 캔들 조회]를 클릭합니다.

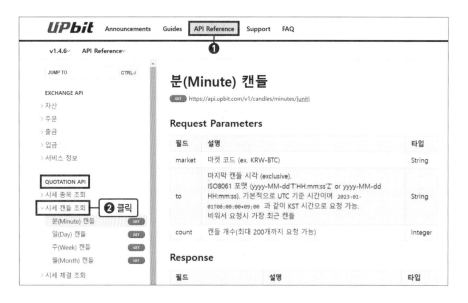

2 | 일 단위 시세 데이터를 조회하는 URL 만들기

업비트의 시세 데이터는 '분', '일', '주', '월'의 4개의 캔들로 구분되어 원하는 간격의 데이터를 가져올 수 있습니다. 캔들이란 주식 또는 암호화폐에서 특정 간격의 가격을 표시하는 방식을 말합니다. 여기서는 일 단위 시세 데이터를 호출하는 방법을 알아보겠습니다.

TIP 캔들에 대한 자세한 내용은 183쪽을 참고하세요.

① 왼쪽 메뉴에서 [일(Day) 캔들]을 클릭합니다.

② 가운데 창을 아래로 스크롤하여 [QUERY PARAMS]에 다음과 같이 각 항목을 입력합니다.

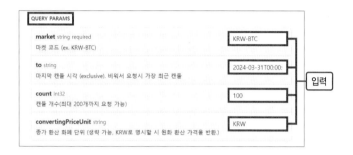

항목명	샘플 데이터	설명
market	KRW-BTC	KRW-BTC(원화 마켓에 상장된 비트코인 코드), 업비트에 상장된 암호화폐의 종목 코드
to	2024-03-31T00: 00:00+ 09:00	시세 데이터를 가져올 시간(yyyy-mm-ddTHH:mm+ 09:00 형태로 입력), 생략 시 가장 최근 시간으로 입력됨
count	100	요청한 시간을 기준으로 최근 시세 데이터를 입력한 개수만큼 가져옴
convertingPriceUnit	KRW	종가의 화폐 단위(KRW 입력 시 원화로 환산된 가격 반환, 생략 가능)

TIP 업비트의 전체 암호화폐 종목 코드는 업비트에서 제공하는 API 주소를 통해 확인할 수 있습니다. https://api.upbit.com/v1/market/all?isDetails=false

③ 오른쪽 창 위의 [LANGUAGE]에서 [Python]을 선택하고 다음 코드 중 3행에 표시된 URL을 복사합니다.

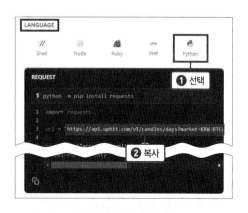

복사한 URL을 활용하여 엑셀로 시세 데이터를 가져오는 방법을 알아보겠습니다.

1 | 엑셀 파워쿼리로 암호화폐 시세 데이터 가져오기

① 엑셀을 실행하고 메뉴에서 [데이터]-[데이터 가져오기]-[기타 원본에서]-[웹]을 선택합니다.

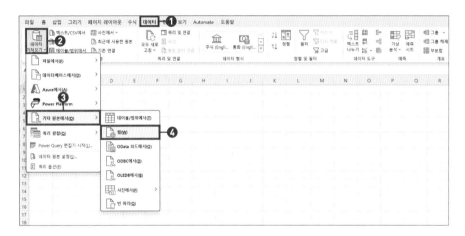

② [웹에서] 창이 표시되면 'URL'에 복사한 URL을 붙여 넣고 [확인]을 클릭합니다.

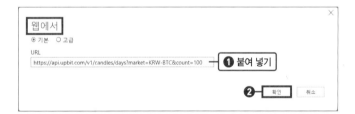

③ '웹 콘텐츠 액세스' 창이 표시되면 '익명' 탭에서 [연결]을 클릭합니다.

④ 자동으로 'Power Query 편집기'가 실행되고 가져올 데이터를 선택할 수 있습니다. 편집기에 표시되는 열 이름(목록)을 마우스 오른쪽 버튼으로 클릭한 다음 [테이블로]를 선택합니다.

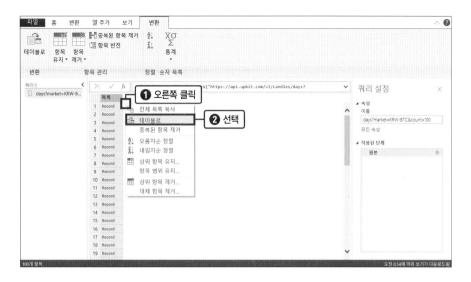

⑤ [테이블로] 창이 표시되면 기본값을 그대로 두고 [확인]을 클릭합니다.

⑥ 열 이름에 표시되는 ⊞를 클릭한 후 팝업 창의 [확인]을 클릭합니다.

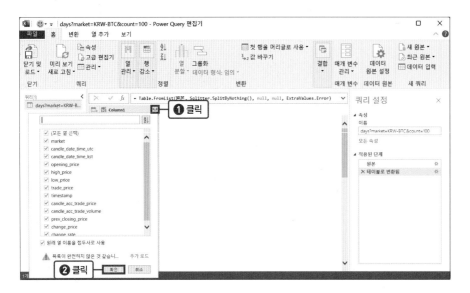

⑦ 날짜별 시세 정보가 표시되면 메뉴에서 [닫기 및 로드]를 클릭합니다.

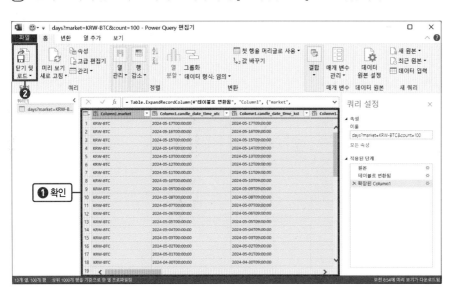

⑧ 엑셀 시트에 표 형태의 시세 정보가 표시되고 [새로 고침]을 클릭할 때마다 데이터가 업데이트됩니다.

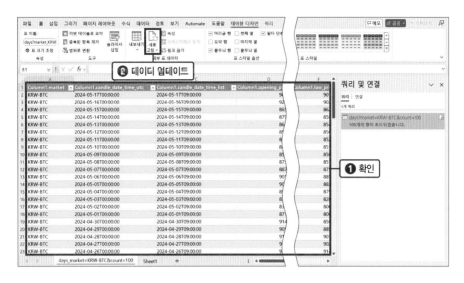

시트에 표시되는 각 열의 데이터는 다음과 같습니다.

열 이름	설명
market	마켓명
candle_date_time_utc	캔들 기준 시각(UTC 기준)
candle_date_time_kst	캔들 기준 시각(KST 기준)
opening_price	시가
high_price	고가
low_price	저가
trade_price	종가
timestamp	마지막 틱이 저장된 시각
candle_acc_trade_price	누적 거래 금액
candle_acc_trade_volume	누적 거래량
prev_closing_price	전일 종가(UTC 0시 기준)
change_price	전일 종가 대비 변화 금액
change_rate	전일 종가 대비 변화량
converted_trade_price	종가를 환산 화폐 단위로 환산한 가격(요청에 convertingPriceUnit 파라미터가 없으면 해당 필드가 포함되지 않음)

2

주식 차트와
보조지표 활용하기

주식 차트는 다양한 선과 막대를 활용해 많은 양의 정보를 시각적으로 표시합니다. 투자자는 주식시세의 움직임, 거래량, 패턴 등을 차트에 표시하고 이를 활용하여 매매 시점을 결정합니다. 이번 장에서는 주식 차트의 기본 구조와 함께 많은 투자자가 실제로 활용하는 이동 평균선과 보조지표에 대해 알아보겠습니다.

시세 데이터의 구조 이해하기

CASE

주식과 암호화폐는 매매 가격을 기준으로 독특한 가격 표시 방법을 가지고 있습니다. 본격적으로 데이터를 분석하기 전에 시세 데이터의 구조를 간단하게 알아보겠습니다.

✔ 시세 데이터의 기본 구조

앞서 엑셀로 가져온 주식과 암호화폐 데이터는 모두 기준 시각, 매매 가격(시가, 고가, 저가, 종가), 거래량과 거래 금액으로 구성되어 있습니다.

1 | 기준 일자/시각

기준 일자/시각은 매매가 이루어진 일자 또는 시각으로 국내 주식시장은 09시부터 15시 30분까지 장이 운영되며, 개장 전후 일정 시간 동안 시간 외 거래가 이루어집니다. 일자별로 기록된 시세 데이터는 시간 외 거래를 제외한 장중 운영 시간(09:00~15:30)의 매매 가격과 거래량을 기준으로 합니다.

암호화폐는 별도의 운영 시간이 정해져 있지 않아 24시간 거래됩니다. 이에 따라 암호화폐의 일자별 시세 데이터는 24시간 동안 매매된 가격과 거래량을 기준으로 합니다. 단, UST(세계 시간)를 기준으로 하기 때문에 국내 시간으로 환산하면 오전 9시부터 다음날 오전 8시 59분 59초까지입니다. 분, 주, 월 시세에서 기준 일자는 시작한 일자/시간을 기준으로 기록됩니다. 예를 들어 10분 단위 시세 데이터에서 9시 0분 0초부터 9시 0분 59초까지 거래된 데이터는 9시 0분 0초로 기록됩니다.

2 | 매매 가격

매매 가격은 시가, 고가, 저가, 종가로 구분하며 각 용어는 다음과 같습니다.

구분	영문 표기	설명
시가	opening price	첫 번째 거래된 가격입니다.
고가	high price	기간 내 거래된 가격 중 가장 높은 가격을 말합니다.

구분	영문 표기	설명
저가	low price	기간 내 거래된 가격 중 가장 낮은 가격을 말합니다.
종가	closing price (trade price)	마지막에 거래된 가격입니다.

3 │ 거래량/거래 금액

거래량은 말 그대로 기준 일자/시간 내 거래된 주식 또는 암호화폐의 개수이고, 거래 금액은 전체 매매된 가격을 합한 금액입니다. 참고로 시세 데이터의 매매 가격은 시가/고가/저가/종가로만 기록하기 때문에 기간 내 평균 매매 금액을 알 수 없지만 거래 금액을 거래량으로 나누어 산출할 수 있습니다.

주식 차트 생성하기

CASE 02

주식 차트는 거래가 발생한 기간 동안 매매된 가격의 변동폭을 한눈에 볼 수 있는 구조를 가지고 있습니다. 여기서는 주식 차트의 구조를 알아보고 엑셀 파이썬으로 직접 차트를 생성하는 방법에 대해 알아보겠습니다.

✔ 캔들 차트의 기본 구조

시세 데이터의 매매 가격은 시가, 고가, 저가, 종가로 구분하며, 캔들 차트는 시세가 기록된 기간 안에서 이 네 가지 가격의 흐름을 자세하게 표현하기 위한 도구입니다. 기본적으로 선 차트 형태이지만, 단순한 점으로 이루어진 선 대신 시가/고가/저가/종가를 압축하여 나타내는 캔들(양초) 모양을 하고 있어 캔들 차트라고 부릅니다.

하나의 캔들 차트는 가격의 흐름에 따라 색깔로 구분합니다. 시가보다 종가가 높을 때 빨간색으로 표시하고 이를 양봉이라고 합니다. 시가가 종가보다 높다는 것은 일별 데이터를 기준으로 했을 때 장을 시작했을 때의 가격보다 장을 마감했을 때의 가격이 높다는 것으로 하루 동안 가격이 상승했다는 것을 의미합니다. 양봉과 반대로 시가보다 종가가 낮을 때는 파란색으로 표시하고 음봉이라고 합니다. 음봉은 하루 동안 가격이 하락했다는 것을 의미합니다. 양봉과 음봉의 구조를 단순하게 표현하면 다음과 같습니다.

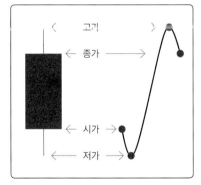 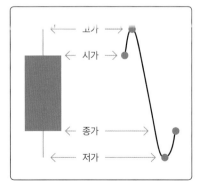

▲ 캔들 차트의 기본 구조

캔들 모양의 가운데 채워진 부분을 몸통이라고 부르며, 윗부분의 선을 윗꼬리, 아랫부분의 선을 아랫꼬리라고 합니다. 만약, 시가와 종가가 같다면 몸통은 얇은 선으로 표시되며 양봉으로 표현합니다. 고가/저가가 시가/종가와 가격이 같다면 꼬리가 사라지기도 합니다.

실습 파이썬으로 기본 주식 차트 생성하기 $\mathscr{O}$ CASE_02

주식 차트는 보통 캔들 차트와 거래량 차트로 구성되어 있으며, 이를 파이썬으로 표현하기 위해서는 여러 개의 하위 차트를 구성해야 합니다. 여기서는 주식 차트를 그리기 위한 데이터 준비 과정부터 차트를 생성하는 방법까지 단계적으로 알아보겠습니다.

1 | 데이터 준비하기

① 예제 데이터를 불러옵니다.

② [basDT] 열의 필터 버튼을 클릭한 다음 데이터를 오름차순으로 정렬합니다.

③ [basDT], [clpr], [mkp], [hipr], [lopr], [trqu] 열을 복사합니다.

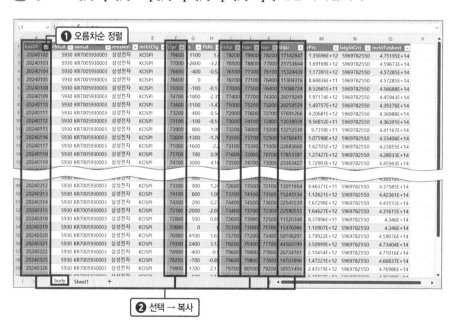

④ 새로운 시트를 생성한 다음 복사한 데이터를 붙여 넣습니다.

basDT	clpr	mkp	hipr	lopr	trqu
Date	Close	Open	High	Low	Volume

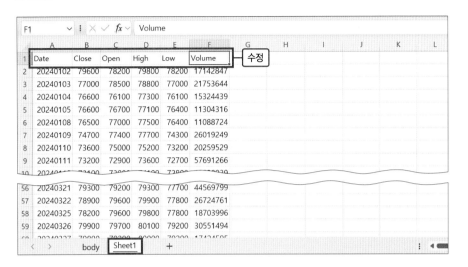

⑥ [H1] 셀의 파이썬 코드 입력 창에 다음 코드를 입력하고 실행합니다.

```
[H1]
=PY(    df = xl("A1:F61", headers = True)
```

⑦ [H1] 셀에 [A1:F61] 영역의 데이터가 변수 'df'로 저장됩니다.

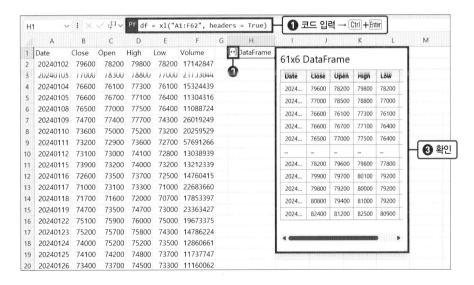

2 | 차트의 가로/세로 비율 바꾸기

`figure` 함수는 차트를 생성하기 전 빈 프레임을 만드는 함수로 인수는 생략할 수 있습니다. 다만, `figure` 함수에서 인수를 입력하면 프레임의 모양을 지정할 수 있습니다. `figsize`는 차트의 가로/세로 크기를 지정하는 인수로, 단위를 인치로 입력하면 됩니다. dpi는 해상도를 지정하는 인수로 기본값은 100이며 단위는 픽셀로 입력합니다.

① [H3] 셀의 파이썬 코드 입력 창에 다음 코드를 입력하고 실행합니다.

```
[H3]     plt.figure(figsize=(15, 5), dpi=300)
=PY(     # 15인치x5인치, 해상도 300px의 빈 프레임을 생성합니다.
```

② [H3] 셀에 Figure 개체가 생성되고 빈 프레임이 준비되었습니다.

3 | 여러 개의 하위 차트를 하나의 차트에 배치하기

주식 차트에서 캔들 차트는 넓은 범위를 차지하고 거래량 차트는 상대적으로 작은 크기로 표시됩니다. Matplotlib 라이브러리의 `gridspec` 클래스를 이용하면 `figure` 함수로 만든 프레임을 여러 개의 캔버스로 나누고 원하는 구조로 배치할 수 있습니다.

`gridspec` 클래스의 `GridSpec` 함수는 프레임을 격자(grid)로 나누고, 캔버스의 비율을 조절하는 인수로 구성되어 있습니다. 주식 차트와 같은 모양으로 캔버스를 만들려면 다음과 같이 인수를 입력합니다.

항목	인수명	주식 차트 기준 예시	비고
격자 행의 개수	nrows	nrows=2	기본 인수
격자 열의 개수	ncols	ncols=1	기본 인수
격자 행의 비율	height_ratios	height_ratios=[3, 1]	위에서부터 비율로 입력
격자 열의 비율	wight_ratios	선택 안 함	왼쪽부터 비율로 입력

인수를 입력한 후 변수 gs에 저장하는 코드는 `gs = gridspec.GridSpec(nrows=2, ncols=1, height_ratios=[3, 1]`입니다. 이 코드를 실행하면 다음 그림과 같이 빈 캔버스 두 개가 생성됩니다. 캔버스는 0번부터 시작하며 변수명 뒤에 대괄호를 붙여 불러올 수 있습니다.

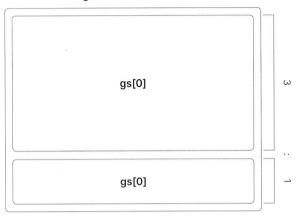

gs 변수에 저장된 캔버스

① [H5] 셀의 파이썬 코드 입력 창에 다음 코드를 입력하고 실행합니다.

```
[H5]    import matplotlib.gridspec as gridspec
=PY(    # matplotlib 라이브러리에서 gridspec 클래스를 가져옵니다.
```

② [H7] 셀의 파이썬 코드 입력 창에 다음 코드를 입력하고 실행합니다.

```
[H7]    gs = gridspec.GridSpec(nrows=2, ncols=1, height_ratios=[3, 1])
=PY(    # 변수 gs에 원하는 비율의 빈 캔버스를 저장합니다.
```

③ [H9] 셀의 파이썬 코드 입력 창에 다음 코드를 입력하고 실행합니다.

```
        ax1 = plt.subplot(gs[0])
        ax2 = plt.subplot(gs[1])
[H9]    # subplot은 차트를 생성하는 함수로 캔버스를 기본 인수로 입력합니다. 이 코드를 실행하
=PY(    면 gs[0]과 gs[1] 캔버스에 각각 차트가 생성됩니다. 변수명으로 사용된 ax1, ax2는 파이썬
        의 차트 개체인 axes의 약자입니다.
```

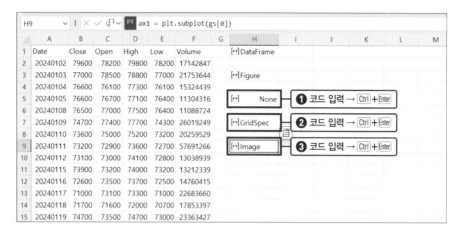

④ **[H9]** 셀의 파이썬 개체를 마우스 오른쪽 버튼으로 클릭한 다음 **[셀 위에 플롯 표시]**를 선택하면 차트가 표시됩니다.

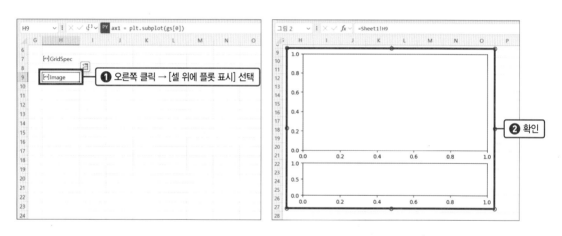

변수 ax1과 ax2는 아직 내용이 채워져 있지 않으므로 빈 차트로 표시됩니다. 이렇게 차트가 완성되지 않은 상태에서 차트 관련 함수를 추가하면 코드가 실행될 때마다 변경된 내용이 자동으로 적용되면서 오류가 발생할 수 있습니다. 이런 경우에는 `ioff` 함수를 이용해 화면에 차트 표시를 중단하는 것이 좋습니다.

⑤ **[H9]** 셀에 표시된 차트를 삭제합니다.

⑥ **[H11]** 셀의 파이썬 코드 입력 창에 다음 코드를 입력하고 실행합니다.

[H11] **=PY(**	`plt.ioff()` # plt.ioff 함수는 interactive-off의 줄임말로 이 코드를 실행하면 사용자가 차트를 다시 표시하기 전까지 차트 관련 함수를 실행해도 차트가 화면에 자동으로 표시되지 않습니다.

H11 | PY plt.ioff() | 코드 입력 → Ctrl + Enter

	F	G	H	I	J	K	L	M	N	O
10	13038939									
11	13212339		[py] ExitStack							
12	14760415									
13	22683660									
14	17853397									
15	23363427									

4 | ChatGPT를 이용하여 캔들 차트 함수 만들기

캔들 차트는 독특한 모양을 하고 있어 조금 복잡한 프로그래밍이 필요합니다. 하지만 이런 경우에는 직접 코드를 작성하지 않고 ChatGPT나 오픈 소스를 활용할 수 있습니다. 여기서는 캔들 차트를 그리기 위해 ChatGPT 프롬프트를 구체적으로 입력하여 코드를 받아 옵니다.

① ChatGPT에 다음과 같이 질문을 입력합니다.

 You

Matplotlib를 이용해 직접 캔들 차트를 그리는 함수를 만들어 줘. 데이터프레임에서 각 행별로 시가(Open), 종가(Close), 최고가(High), 최저가(Low)를 읽어 줘. 시가가 종가보다 높으면 캔들을 파란색으로, 종가가 시가보다 높으면 빨간색으로 표시하고, 각 캔들의 몸통과 심지를 그려 줘. x축은 표시하지 말고 y축은 데이터에 맞게 자동으로 조정해 줘. 차트(ax)와 데이터(data)를 인수로 받아 줘.

 ChatGPT

아래는 Matplotlib를 사용하여 주식 캔들 차트를 그리는 함수입니다. 함수는 주어진 데이터프레임에서 시가, 종가, 최고가, 최저가를 읽어와서 시가가 종가보다 높으면 파란색으로, 종가가 시가보다 높으면 빨간색으로 캔들을 표시입니다.

⌗ CASE_02.txt

```python
import matplotlib.pyplot as plt

def plot_candlestick(ax, data):
    for index, row in data.iterrows():
        if row['Open'] > row['Close']:
            color = 'blue'
        else:
```

```
            color = 'red'

        # Draw candlestick's body
        ax.plot([index, index], [row['Low'], row['High']], color=color)

        # Draw candlestick's wick
        ax.plot([index, index], [row['Open'], row['Close']], color=color,
        linewidth=3)

ax.xaxis.set_visible(False)
    ax.set_ylim(data['Low'].min() * 0.98, data['High'].max() * 1.02)


# Example usage:
# Assuming 'data' is your DataFrame containing Open, Close, High, Low columns
# fig, ax = plt.subplots(figsize=(10, 6))
# plot_candlestick(ax, data)
# plt.show()
```

이 함수는 데이터프레임에서 각 행을 반복하면서 캔들의 몸통과 심지를 그리고 있습니다. 그리고 y축은 데이터에 맞게 자동으로 조정됩니다. 함수는 차트(ax)와 데이터(data)를 인자로 받아들입니다. 예제 사용법은 주석으로 표시되어 있습니다.

TIP ChatGPT에 같은 프롬프트를 입력해도 답변은 조금씩 다를 수 있습니다. ChatGPT가 답변한 코드에서 def로 시작하는 함수 부분만 복사하여 사용하거나, 위의 코드를 그대로 활용해 보세요.

② ChatGPT의 답변에서 코드를 모두 복사합니다.

③ [H13] 셀의 파이썬 코드 입력 창에 복사한 코드를 붙여 넣고 실행합니다.

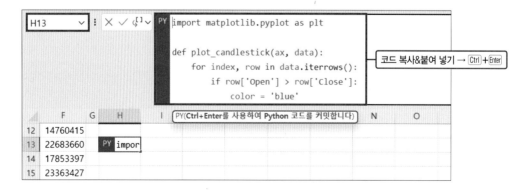

코드가 실행되면 `plot_candlestick` 함수가 생성됩니다. 이 코드는 별도의 출력 값이 없어 [H13] 셀에는 None이 표시됩니다.

> **TIP** 첫 번째 줄의 import 구문은 엑셀 파이썬 초기화 설정에 포함되어 있으므로 삭제해도 됩니다. 함수에 사용된 for, if, else 등 파이썬 기본 구문에 대한 자세한 내용은 216쪽을 참고하세요.

5 | 캔들 차트 그리기

ChatGPT에 캔들 차트 함수를 요청할 때 차트(ax)와 시세 데이터(data)를 인수로 입력 받도록 했습니다. 앞서 캔들 차트를 그리기 위해 만들어둔 차트 ax1과 시세 데이터를 저장한 변수 df를 인수로 입력하여 함수를 실행합니다.

① [H15] 셀의 파이썬 코드 입력 창을 열고 다음 코드를 입력하고 실행합니다.

```
[H15]   plot_candlestick(ax1, df)
=PY(    # def로 생성한 함수는 이와 같이 함수명과 인수를 입력하면 바로 실행할 수 있습니다.
```

6 | 거래량 차트 생성하고 날짜 표시하기

거래량 차트는 x축에 날짜, y축에 거래량을 표시한 막대 차트를 생성합니다. 시세 데이터에는 날짜 [Date] 열과 거래량 [Volume] 열이 모두 포함되어 있지만, [Date] 열은 연월일을 8자리 숫자로 표시하고 있어 x축에 [Date] 열을 그대로 사용하면 달의 마지막 날짜(28, 30, 31일)와 그 다음 달의 첫 번째 날짜(1일) 사이 값을 빈 값으로 인식합니다.

이런 경우에는 우선 x축에 날짜 대신 DataFrame의 행 번호에 해당하는 `index` 함수를 입력하여 차트를 그린 후 x축의 라벨을 변경해야 합니다.

① [H17] 셀의 파이썬 코드 입력 창에 다음 코드를 입력하고 실행합니다.

```
[H17]   ax2.bar(df.index, df['Volume'])
=PY(    # ax2에 bar 함수를 이용해 막대 차트를 그립니다. 첫 번째 인수인 x축에는 index 함수로
        행 번호를 입력하고, 두 번째 인수 y축에는 df['Volume']로 거래량을 입력합니다.
```

> **TIP** bar 함수에 대한 자세한 내용은 108쪽을 참고하세요.

H17 | PY ax2.bar(df.index, df['Volume']) 코드 입력 → Ctrl + Enter

	F	G	H	I	J	K	L	M	N	O
16	19673375									
17	14786224		[··]tuple							
18	12860661									
19	11737747									
20	11160062									
21	13976521									
22	12244418									
23	15703560									
24	19881033									

② 거래량 차트의 x축에 날짜를 표시하려면 다음 함수를 활용합니다. [H19] 셀의 파이썬 코드 입력 창을 열고 다음 코드를 입력하고 실행합니다.

함수명	기능
set_xticks	x축에서 눈금을 표시할 위치를 지정합니다.
set_xticklabels	x축 눈금에 라벨을 표시합니다. rotation 인수를 추가하면 라벨을 반시계 방향으로 회전시킬 수 있습니다.

[H19]
=PY(

```
ax2.set_xticks(df.index)
# 눈금을 표시할 위치를 지정합니다. 인수는 [H17] 셀에서 거래량 차트를 그릴 때 x축에 입
력했던 df.index를 입력합니다.
ax2.set_xticklabels(df['Date'], rotation=90)
# 눈금에 표시할 날짜 값으로 df['Date']를 입력합니다. 단, 날짜가 겹칠 수 있으므로
rotation 인수를 이용하여 90°로 회전시킵니다.
```

H19 | PY ax2.set_xticks(df.index) / ax2.set_xticklabels(df['Date'], rotation=90) 코드 입력 → Ctrl + Enter

	F	G	H	I	J	K	L	M	N	O
18	12860661									
19	11737747		[··]list							
20	11160062									
21	13976521									
22	12244418									
23	15703560									
24	19881033									

7 | 차트 표시하기

이제 만들어 둔 차트를 엑셀 시트에 표시하겠습니다.

① [H21] 셀의 파이썬 코드 입력 창에 다음 코드를 입력하고 실행합니다.

[H21] =PY(	plt.show() # show 함수는 화면에 차트를 표시하는 함수입니다. 앞서 ioff 함수를 이용하여 차트가 자동으로 표시되지 않도록 했기 때문에 그동안 실행했던 내용이 반영된 차트가 화면에 표시됩니다.

② [H21] 셀의 파이썬 개체를 마우스 오른쪽 버튼으로 클릭한 다음 **[셀 위에 플롯 표시]**를 선택하면 차트가 표시됩니다.

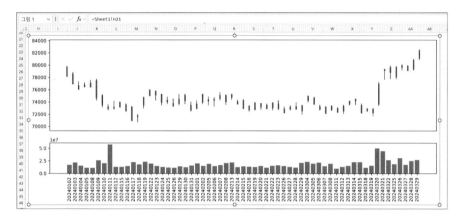

> **TIP** [H21] 셀에 Image 개체가 표시되지 않으면 [수식] 메뉴의 [Python(미리 보기)]에서 [재설정]을 클릭하여 전체 코드를 재실행합니다.

캔들 차트는 종가가 시가보다 높으면 빨간색, 낮으면 파란색으로 표시하여 하루 동안의 가격 흐름을 색으로 표시합니다. 데이터를 보면 24년 3월 20일 삼성전자는 시가 73,700원, 종가 76,900원으로 장중에 크게 상승하였습니다. 이러한 가격 변화가 반영되어 위의 차트에서도 3월 20일에 빨간색 긴 상자가 표시되어 있음을 확인할 수 있습니다. 거래량 차트를 같이 보면 해당 일이 다른 날짜에 비해 거래량이 많은 것도 확인할 수 있습니다.

03 _{CASE} 보조지표 계산하고 주식 차트에 추가하기

보조지표는 데이터 기반의 확률적 투자 의사결정을 돕는 도구로, 주가 동향을 보다 정확히 예측하고 적절한 투자 시기를 판단하는 데 활용됩니다. 여기서는 보조지표를 생성하는 코드와 이를 주식 차트에 적용하는 방법에 대해 알아보겠습니다.

실습 이동평균 계산하기 　　　　　　　　　　　　　　　🔗 CASE_03_01

이동평균(Moving Average)은 시계열 데이터를 사용하는 통계 기법 중 하나로 특정 기간 동안의 평균을 계산하여 전반적인 추세를 파악할 때 사용합니다.

앞서 가져온 삼성전자 시세 데이터로 거래일 기준 5일 이동평균을 계산해 보면, 1월 2일부터 1월 8일까지의 평균 가격이 1월 8일의 이동평균이 되며, 다음 날짜로 이동하여 1월 3일부터 1월 9일까지의 평균 가격이 1월 9일의 이동평균이 됩니다. 이처럼 이동평균은 당일을 포함하여 지난 5일간의 평균 가격을 의미합니다.

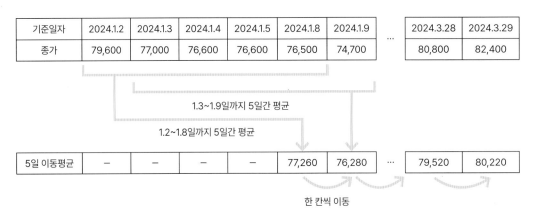

▲ 이동평균 계산 방법

1 | DataFrame에서 이동평균 계산하기

DataFrame에서는 rolling 함수를 이용하여 이동평균을 쉽게 계산할 수 있습니다. 앞에서 실습한 파일에 이어서 실습을 해보도록 하겠습니다. Rolling 함수는 인수로 이동할 기간의 길이를 입력합니다. 예를 들어 5일 단위로 이동평균을 계산하려면 rolling(5)와 같이 5를 인수로 입력합니다. 그러면 데이터를 5일 단위로 묶어 데이터를 집계하고, 하루씩 이동하며 계속해서 5일 단위로 계산을 진행합니다.

이동평균은 `rolling` 함수 뒤에 `mean` 함수를 붙여서 사용합니다. 예를 들어 변수 df의 [Close] 열의 5일 이동평균을 계산하려면 다음과 같이 함수를 붙여 넣으면 됩니다. 여기서 `5MA`는 '5 Moving Average'의 약자를 의미합니다.

df['5MA'] =	df['Close'].	rolling(5).	mean()
DataFrame에 [5MA] 열을 추가하고 함수 실행 결과를 저장	[Close] 열 선택	5칸씩 이동	평균 계산

① [J1] 셀의 파이썬 코드 입력 창에 다음 코드를 입력하고 실행합니다.

[J1]
=PY(

```
df['5MA'] = df['Close'].rolling(5).mean()
#[Close] 열을 한 칸씩 이동하며 다섯 칸의 평균을 계산하고 DataFrame에 [5MA] 열을 추가
하여 저장합니다.
```

② [J3] 셀의 파이썬 코드 입력 창에 다음 코드를 입력하고 실행합니다.

[J3]
=PY(

```
df
```

> **TIP** 엑셀 파이썬은 실행 결과가 셀에 표시되므로 이와 같이 변수명을 기입하면 변수 df에 들어 있는 DataFrame의 내용을 확인할 수 있습니다.

③ [J3] 셀의 변수 df에 **[5MA]** 열이 추가되고 5일 이동평균이 추가된 것을 확인할 수 있습니다.

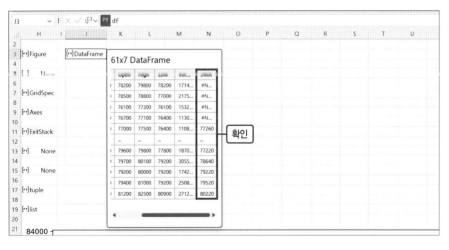

> **TIP** 5일 이동평균선은 5일 단위로 계산하기 때문에 값이 없는 1~4행은 NUM! 오류가 발생합니다. NUM! 오류는 숫자 열에 값이 없거나 숫자가 아닌 값이 들어 있을 때 발생하는 오류입니다.

2 | 캔들 차트에 이동평균선 추가하기

시계열 데이터에서 특정 기간 동안의 이동평균을 선으로 연결한 것을 '이동평균선(Moving Average Line)'이라고 합니다. 이동 평균선은 며칠 동안의 가격을 평균으로 계산하여 일별 변동성이 줄어 시각적으로 추세를 파악하기 편리합니다. 예를 들어 시세 데이터에서 개장일 기준 5일 동안의 이동평균을 연결하여 '5일 이동평균선'을 만든 후 캔들 차트에 추가하면, 선의 기울기를 통해 주가의 단기 추세를 쉽게 파악할 수 있습니다.

① [J15] 셀에서 파이썬 코드 입력 창을 열고 다음 코드를 입력한 후 실행합니다.

[J15] **=PY(**	`ax1.plot(df.index, df['5MA'], color='gray', label='5MA')` # x축에 DataFrame 행 번호, y축에 5일 이동평균을 입력하여 선 차트를 생성합니다. color 인 수로 선을 회색(gray)으로 바꾸고, label 인수로 범례에 '5MA'를 표시합니다.

TIP 앞서 ax1을 [H13] 셀에서 그렸기 때문에 ax1에 이동평균선을 추가하려면 [H13] 셀보다 행 또는 열이 큰 셀에서 실행해야 합니다. 엑셀 파이썬의 작동 방식에 대한 자세한 내용은 46쪽을 참고하세요.

② [J17] 셀의 파이썬 코드 입력 창에 다음 코드를 입력하고 실행합니다.

[J17] **=PY(**	`ax1.legend()` # legend 함수로 범례를 표시합니다.

TIP legend 함수의 loc 인수(`upper right`, `upper left`, `lower right`, `lower left`)를 이용하면 범례의 위치를 지정할 수 있습니다. 인수를 입력하지 않으면 자동으로 위치를 지정합니다.

③ 기존에 그려 둔 차트에 다음과 같이 5일 이동평균선이 추가되었습니다.

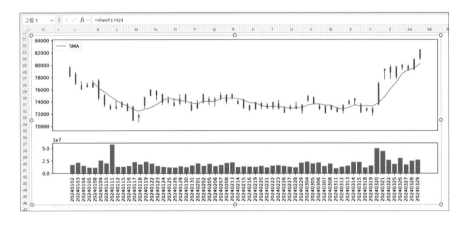

상대강도지수(Relative Strength Index, RSI)는 주식 시장에서 널리 사용되는 모멘텀 지표입니다. 특정 기간 동안 주가의 상승/하락 속도와 변화 정도를 측정하여 주식이 과매수(Overbought) 상태인지 과매도(Oversold) 상태인지를 판단하는 데 활용됩니다.

보조지표는 이동평균선 같은 추세선과 일정한 범위를 가진 오실리에이터(Oscillators)로 구분됩니다. 추세선은 가격 데이터 자체를 기반으로 하여 주로 캔들 차트를 보조하는 수단으로 사용되지만, 오실리에이터는 주가와 거래량을 일정한 범위가 되도록 계산하여 시장의 상대적인 강도나 모멘텀을 측정하는 데 사용합니다. 여기서 모멘텀은 주식 시장에서 추세를 유지하는 동력이나 가속도를 뜻하는 말입니다.

오실리에이터는 보통 0에서 100 사이의 값을 가지며, 특정 값으로 주식의 과매수 또는 과매도 상태를 나타냅니다. 과매수 상태란 과도하게 많은 수요 때문에 가격이 과대평가되었을 때를 가리키며, 과매도는 반대 상황을 말합니다. 이번에 실습할 상대강도지수는 70 이상이면 과매수로, 30 이하이면 과매도로 간주합니다.

보조지표에 관한 코드는 ChatGPT나 오픈 소스를 통해 쉽게 구할 수 있습니다. 여기서는 ChatGPT에 'df에 저장된 DataFrame을 이용해서 상대강도지수를 계산하는 파이썬 코드를 만들어 줘. 종가는 [Close] 열을 이용하고, 계산된 지수는 [RSI] 열로 추가해 줘.'라고 질문하여 답변으로 다음 코드를 받았습니다.

TIP 오실리에이터는 주기적으로 변하는 신호를 생성하는 전자 장치로, 주식 시장에서 주가의 변동성을 분석해 과매수와 과매도를 식별하여 매수 및 매도 신호를 제공하는 도구로 사용합니다.

① [L15] 셀의 파이썬 코드 입력 창에 다음 코드를 입력하고 실행합니다.

```
          n = 14
          # 상대강도지수의 집계 기간을 변수 n에 저장합니다.
          delta = df['Close'].diff()
          # diff 함수는 이전 행과 현재 행의 차이를 계산하는 함수입니다.
          gain = (delta.where(delta > 0, 0)).rolling(n).mean()
          # 14일 동안 가격 상승분의 평균을 계산합니다.
[L15]     loss = (-delta.where(delta < 0, 0)).rolling(n).mean()
=PY(      # 14일 동안 가격 하락분의 평균을 계산합니다.
          rs = gain / loss
          가격 상승분을 하락분으로 나눕니다. 결과 값이 1보다 크면 상승이 컸고, 1보다 작으면 하
          락이 컸음을 의미합니다.
          df['RSI'] = 100 - (100 / (1 + rs))
          # rs 값을 0 ~ 100 사이의 값으로 변환합니다. 이 공식을 대입하면 상승이 클수록 100에 가
          까워지고 하락이 클수록 0에 가까워집니다.
```

TIP 상대강도지수는 지정된 기간 동안의 가격 상승분과 하락분을 비교해 지수화한 것으로 설정된 기간 동안 가격이 매일 상승하고 하락폭은 적다면 100에 가까워집니다.

② [H17] 셀의 파이썬 코드 입력 창을 열고 기존 코드를 아래와 같이 수정한 후 실행합니다.

```
[H17]     ax2.plot(df.index, df['RSI'])
=PY(      # plot 함수로 ax2에 상대강도지수 차트를 그립니다.
```

③ 거래량 차트가 있던 자리가 다음과 같이 상대강도지수 차트로 변경되었습니다.

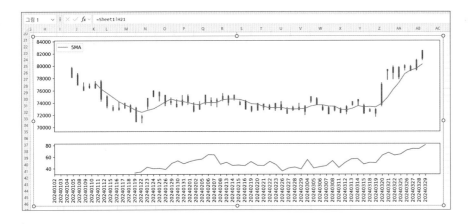

차트를 살펴보면 2024년 주가가 상승한 3월 말 상대강도지수가 70 이상인 것을 볼 수 있습니다. 상대강도지수가 높게 나타난 것은 집계 기간 동안 가격이 크고 빈번하게 상승했음을 의미하며, 상대강도지수가 70 이상이므로 과매수로 간주하여 주식을 매도할 수 있습니다.

주요 보조지표 생성 코드

보조지표는 수학 공식과 유사하여 계산 원리를 깊이 이해하면 기존 지표를 개선하거나 새로운 지표를 개발할 수 있습니다. 그러나 새로운 지표를 개발하는 것보다 여러 기술적 지표가 어떤 상황에서 유용한지 파악하고 차트에 적용하는 것이 주가 데이터 분석 능력 향상에 도움이 됩니다. 투자자 입장에서는 세세한 계산 원리를 이해하는 것보다 다양한 지표의 의미와 활용법을 익히는 것이 훨씬 효과적입니다. 자주 사용하는 보조지표 생성 코드는 다음과 같습니다. 각 지표의 기간은 변수 n에 저장한 후 사용하면 됩니다. 여기서는 변수 n에 일반적으로 사용하는 기간을 저장했습니다.

- **볼린저 밴드(Bollinger Band)**: 중앙의 이동평균선과 이를 기준으로 한 상단 밴드(Upper Band)와 하단 밴드(Lower Band)로 구성됩니다. 이를 통해 주가의 변동 범위를 시각적으로 나타낼 수 있습니다.

```
n = 20
sma = df['Close'].rolling(n).mean()
std = df['Close'].rolling(n).std()
df['Upper Band'] = sma + (std * 2)
df['Lower Band'] = sma - (std * 2)
```

일정한 기간 동안의 평균과 표준편차를 이용하여 계산합니다. 주가가 상단 밴드에 근접할 때 과매수 상태로 매도 신호로 간주하고, 주가가 하단 밴드에 근접할 때 과매도 상태로 매수 신호로 간주합니다. 또한 밴드가 축소될 때 변동성 축소로 해석하고 밴드가 확장할 때 변동성 증가로 해석합니다.

- **엔벨로프(Envelope)**: 주가의 이동평균선을 중심으로 일정 비율의 상하 밴드를 생성하여 주가의 과매수 및 과매도 상태를 파악합니다.

```
n = 20
k = 6
sma = df['Close'].rolling(n).mean()
df['Upper Envelope'] = sma * (1 + k / 100)
df['Lower Envelope'] = sma * (1 - k / 100)
```

일정한 기간 동안의 이동평균과 지정한 비율의 변동 범위를 이용하여 계산합니다. 주가가 상단 밴드에 근접할 때 과매수 상태로 매도 신호로 간주하고, 주가가 하단 밴드에 근접할 때 과매도 상태로 매수 신호로 간주합니다. 주가가 밴드를 벗어나면 추세의 전환 가능성을 의미할 수 있습니다.

- **이동평균 수렴확산지수(MACD)**: 두 개의 이동평균선의 관계를 통해 매수 및 매도 신호를 파악합니다.

```
n_fast = 12
n_slow = 26
```

```
n_signal = 9

ema_fast = df['Close'].ewm(span=n_fast, adjust=False).mean()

ema_slow = df['Close'].ewm(span=n_slow, adjust=False).mean()

df['MACD Line'] = ema_fast - ema_slow

df['Signal Line'] = macd_line.ewm(span=n_signal, adjust=False).mean()
```

단기 이동평균과 장기 이동평균의 차이를 계산합니다. MACD 선과 Signal 선으로 구성되어 있으며, MACD 선이 Signal 선을 상향 돌파할 때 매수 신호, MACD 선이 Signal 선을 하향 돌파할 때 매도 신호로 해석합니다.

- **스토캐스틱스(Stochastics)**: 현재 가격이 일정 기간 동안의 가격 범위 내에서 어디에 위치하는지를 나타냅니다.

```
n = 14

d_period = 3

highest_high = df['High'].rolling(n).max()

lowest_low = df['Low'].rolling(n).min()

df['%K'] = ((df['Close'] - lowest_low) / (highest_high - lowest_low)) * 100

df['%D'] = k_percent.rolling(d_period).mean()
```

최솟값/최댓값과 이동평균을 이용하여 계산합니다. %K와 %D로 구성되어 있으며, %K가 80 이상이면 과매수 구간, 20 이하면 과매도 구간으로 판단합니다. 또한 %K가 %D를 아래에서 위로 상향 교차하면 매수 신호, %K가 %D를 위에서 아래로 하향 교차하면 매도 신호로 간주합니다.

- **상품채널지수(CCI, Commodity Channel Index)**: 당일의 고가/저가/종가를 3으로 나눈 값과 해당 값의 이동평균에 대한 차이를 이용하여 현재 가격이 과매수 또는 과매도 상태인지, 그리고 추세의 전환 가능성을 평가하는 지표입니다.

```
n = 20

tp = (df['High'] + df['Low'] + df['Close']) / 3

sma_tp = tp.rolling(n).mean()

mad = tp.rolling(n).apply(lambda x: np.mean(np.abs(x - np.mean(x))))

df['CCI'] = (tp - sma_tp) / (0.015 * mad)
```

일정 기간 동안의 고가, 저가, 종가의 평균을 이용하여 계산합니다. CCI는 +100 이상일 때 과매수 상태로 매도 신호로 간주하고, -100 이하일 때 과매도 상태로 매수 신호로 간주합니다. 또한, CCI가 0을 중심으로 진동하며, 0을 넘어서거나 하회할 때를 추세의 전환점으로 해석합니다.

• **OBV(On-Balance Volume)**: 거래량을 이용하여 가격의 방향성을 예측하는 지표입니다. 가격 변화와 거래량의 상관관계를 분석하여 매수 및 매도 신호를 제공합니다.

```
change = df['Close'].diff()
vd = np.where(change > 0, df['Volume'], np.where(change < 0, -df['Volume'], 0))
df['OBV'] = vd.cumsum()
```

종가의 변화에 따라 거래량을 누적하여 계산합니다. 주가가 상승할 때 거래량을 더하고, 주가가 하락할 때 거래량을 뺍니다. OBV가 상승하면 매수 신호로, 하락하면 매도 신호로 간주합니다. 또한 OBV가 가격과 동일한 방향으로 움직일 때 추세의 신뢰도가 높다고 해석합니다.

• **자금흐름지수(MFI, Money Flow Index)**: 주가의 상승 및 하락과 거래량의 관계를 분석하여 매수 및 매도 신호를 제공합니다.

```
n = 14
tp = (df['High'] + df['Low'] + df['Close']) / 3
mf = tp* df['Volume']
pmf = np.where(df['TP'].diff() > 0, mf, 0)
nmf = np.where(df['TP'].diff() < 0, mf, 0)
pmf_sum = pmf.rolling(n).sum()
nmf_sum = nmf.rolling(n).sum()
mfr = pmf_sum / nmf_sum
df['MFI'] = 100 - (100 / (1 + mfr))
```

일정한 기간 동안의 전형적인 가격과 거래량을 이용하여 계산합니다. MFI는 80 이상일 때 과매수 상태로 매도 신호로 간주하고, 20 이하일 때 과매도 상태로 매수 신호로 간주합니다. MFI가 50을 기준으로 위아래로 움직이면서 자금의 유입과 유출을 나타냅니다.

3 장

EXCEL × PYTHON

보조지표를
활용한 가상 매매
프로그램 만들기

보조지표를 활용한 매매 방식이 정말 효과가 있을까요? 엑셀 파이썬을 활용하면 보
조지표의 매매 신호를 차트에 표시하고, 직접 가상 매매 프로그램을 만들어 투
자 수익률을 검증할 수 있습니다.

보조지표를 활용한 매매 방법 알아보기

각 보조지표에는 매수와 매도 시점을 알려 주는 신호가 있습니다. 여기서는 이동평균선과 상대강도지수를 활용한 매매 방법과 이 지표를 차트에 표시하는 방법을 알아보겠습니다.

실습 이동평균선을 이용한 골든 크로스 매매 방법 ⌀ CASE_01_01

골든 크로스는 주식 차트에서 단기 이동평균선이 장기 이동평균선을 아래에서 위로 가로지르는 상황을 말합니다. 이는 최근 주가가 상승세를 보이면서 단기 이동평균선이 장기 이동평균선 위로 오르는 것을 의미하며, 이를 장기적 상승 추세로 전환되는 신호로 해석하여 해당 주식을 매수하게 됩니다.

반대로 단기 이동평균선이 장기 이동평균선을 위에서 아래로 가로지르는 상황은 데드 크로스라고 합니다. 이때는 최근 주가가 하락세를 보이면서 단기 이동평균선이 장기 이동평균선 아래로 내려오는 것을 의미하며, 이는 주가 상승세가 꺾이고 하락 추세로 전환될 수 있다는 신호로 해석하여 해당 주식을 매도하게 됩니다.

골든 크로스와 데드 크로스는 이동평균선의 교차 시점을 중요한 매매 신호로 간주하는 매매 방법으로, 단기와 장기 이동평균선의 상대적 위치 변화를 통해 주가 추세 전환을 가늠하는 지표로 활용됩니다.

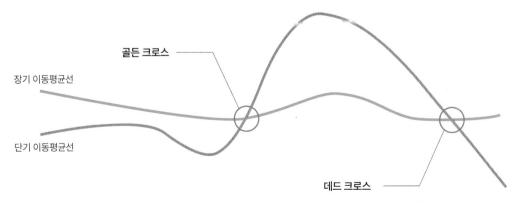

▲ 골든 크로스와 데드 크로스의 교차 시점

1 │ 시세 데이터 가져오기

① 공공데이터포털의 주식시세 API를 활용하여 다음의 데이터를 엑셀로 가져옵니다.

항목명	입력 값
numOfRows	500
beginBasDt	20220501
endBasDt	20240430
itmsNm	삼성전자

TIP 주식시세 데이터를 가져오는 자세한 방법은 165쪽을 참고하세요.

② [basDT] 열을 오름차순으로 정렬하고, [basDT], [clpr], [mkp], [hipr], [lopr], [trqu] 열을 복사합니다.

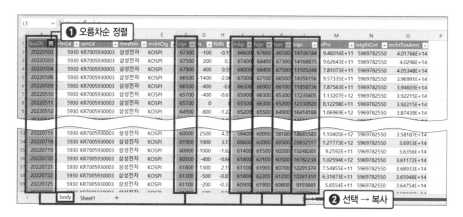

③ 새 시트([Sheet1])에 ②에서 복사한 데이터를 붙여 넣고 열 이름을 다음과 같이 수정합니다.

basDT	clpr	mkp	hipr	lopr	trqu
Date	Close	Open	High	Low	Volume

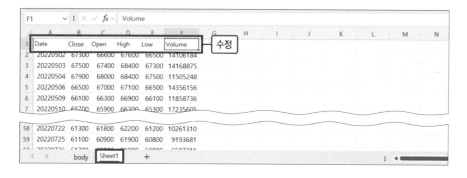

2 | df 변수에 저장하고 이동평균선 추가하기

① [H1] 셀의 파이썬 코드 입력 창에 다음 코드를 입력하고 실행합니다.

[H1]
=PY(

```
df = xl("A1:F493", headers = True)
# [A1:F493] 영역의 데이터가 변수 'df'로 저장됩니다.
df['5MA'] = df['Close'].rolling(5).mean()
# [Close] 열을 5일 단위로 이동평균을 계산하여 [5MA] 열에 저장합니다.
df['20MA'] = df['Close'].rolling(20).mean()
# [Close] 열을 20일 단위로 이동평균을 계산하여 [20MA] 열에 저장합니다.
df
# 변경된 DataFrame의 내용을 확인하기 위해 마지막 줄에 df를 추가합니다.
```

TIP 파이썬 코드를 여러 줄 작성하면 마지막 줄의 결과가 셀에 표시됩니다.

② [H1] 셀에 [A1:F493] 영역의 데이터가 변수 'df'로 저장되고, 5일/20일 이동평균선이 추가되었습니다.

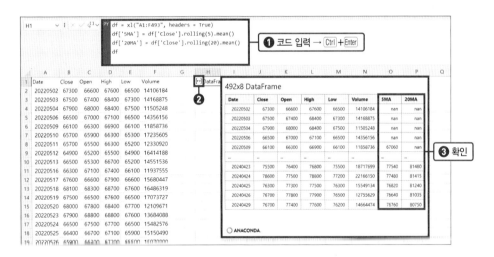

3 | 매매 구간을 저장할 열 만들기

① [H3] 셀의 파이썬 코드 입력 창에 다음 코드를 입력하고 실행합니다.

[H3]
=PY(

```
df['Trade'] = None
# 변수 df에 빈 값이 있는 새 열([Trade])을 추가합니다.
df
# 변경된 DataFrame의 내용을 확인하기 위해 마지막 줄에 df를 추가합니다.
```

TIP 새로운 열에 None을 입력하면 빈 값이 저장된 열을 생성할 수 있습니다.

② [H3] 셀에서 변수 df에 [Trade] 열이 추가된 것을 확인할 수 있습니다.

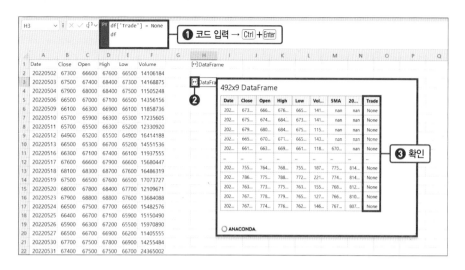

4 │ 매매 구간을 찾아 종가 저장하기

① [H5] 셀의 파이썬 코드 입력 창에 다음 코드를 입력하고 실행합니다.

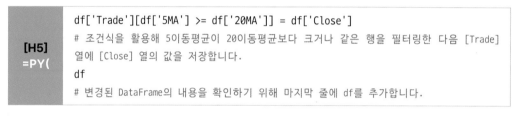

| [H5]<br>=PY( | ```
df['Trade'][df['5MA'] >= df['20MA']] = df['Close']
# 조건식을 활용해 5이동평균이 20이동평균보다 크거나 같은 행을 필터링한 다음 [Trade]
열에 [Close] 열의 값을 저장합니다.
df
# 변경된 DataFrame의 내용을 확인하기 위해 마지막 줄에 df를 추가합니다.
``` |
|---|---|

TIP 조건식을 이용해 값을 바꾸는 방법은 85쪽을 참고하세요.

② [H5] 셀의 [Python 출력]을 ↓¹²³ 으로 변경합니다.

③ [Excel 값]으로 표시된 변수 df의 [Trade] 열에 [Close] 열의 값이 저장된 것을 확인할 수 있습니다.
```

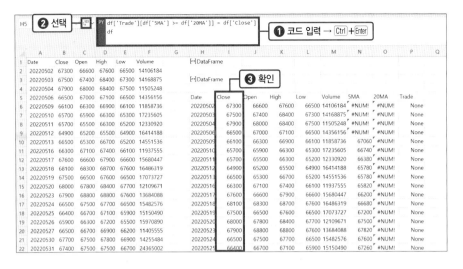

④ 다시 [Python 출력]을 🔲로 변경합니다.

5 | 차트에 표시하기

① [H7] 셀의 파이썬 코드 입력 창에 다음 코드를 입력하고 실행합니다.

[H7] **=PY(**	```df[['Close', '5MA', '20MA', 'Trade']].plot(figsize=(15, 5))``` # DataFrame에서 종가, 5일 이동평균, 20일 이동평균, 매매 구간 열을 선택하고 선 차트를 그립니다.

 figsize는 차트의 가로/세로 크기를 지정하는 인수로 단위는 인치를 사용합니다.

② [H7] 셀의 파이썬 개체를 마우스 오른쪽 버튼으로 클릭한 다음 [셀 위에 플롯 표시]를 선택하면 차트가 표시됩니다.

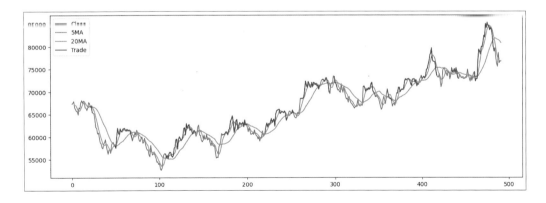

골든 크로스는 단기 이동평균선이 장기 이동평균선 위로 올라갔을 때 발생합니다. 그리고 데드 크로스는 이와 반대 상황에서 발생합니다. 골든 크로스에 주식을 매수하고 데드 크로스에 주식을 매도한다면 투자자는 단기 이동평균선이 장기 이동평균선보다 높은 구간에 주식을 보유하게 됩니다.

앞서 [Trade] 열에서는 이와 같이 단기 이동평균선(5MA)이 장기 이동평균선(20MA)보다 높은 구간에 [Close] 열을 복사했습니다. 그래서 차트에 [Close] 열과 [Trade] 열을 같이 표시하면 위와 같이 주식을 보유하는 구간에 [Trade] 열이 덧써집니다.

[Trade] 열을 살펴보면 일부 구간을 제외하고 대체로 매수 시점보다 매도 시점의 주가가 높은 것을 확인할 수 있습니다. 이처럼 주가가 상승 추세에 있을 때는 골든 크로스 매매 방식을 활용하여 매매 타이밍을 잡아 수익을 극대화할 수 있습니다.

실습 상대강도지수를 활용한 매매 방법

CASE_01_02

상대강도지수(RSI)는 0에서 100 사이로 계산되는데, 30 이하이면 과매도 상태로 간주하고, 70 이상이면 과매수 상태로 간주합니다. 과매도 상태는 투자자들이 적정 수준 이상으로 해당 주식을 팔았다는 신호이고, 과매수 상태는 매수 거래가 지나치게 활발했음을 의미합니다.

전문가의 조언 주식 이동평균선에서 기간이 가지는 의미

주식 차트에서 이동평균선의 기간은 일반적으로 5일, 20일, 60일, 120일, 240일을 사용합니다. 각 이동평균선은 얼핏 기간이 배수로 늘어나는 것처럼 보이지만 사실은 증시 개장일과 연관이 있습니다. 증시는 한 주에 휴일을 제외한 5일간 개장합니다. 즉, 5일 이동평균은 일주일 동안의 평균 시세를 말하며 5일 이동평균선은 주별 평균가격을 연결한 선입니다. 같은 방식으로 20일은 한 달, 60일은 분기, 120일은 반기, 240일은 일 년의 평균 시세입니다. 만약 특정 기업의 20일 이동평균선이 상승하고 있다면 해당 기업이 매월 성장하고 있음을 의미하며, 240일 이동평균선이 상승한다면 매년 성장하는 것을 의미합니다.

위의 예제처럼 5일 이동평균선이 20일 이동평균선 위로 올라가 골든 크로스가 발생했다는 것은 지난 한 주 간의 평균 가격이 최근 한달 간의 평균보다 비싸게 거래되었음을 나타내며, 이를 통해 앞으로 가격이 오를 것이라고 전망하는 것입니다.

상대강도지수를 활용한 매매 전략에서 과매도 때 매수하는 이유는 주가가 너무 낮게 평가되어 있다고 판단하여 반등을 노리는 것이며, 과매수 때 매도하는 이유는 주가가 지나치게 높은 수준에서 거래되고 있다고 보고 조정을 예상하기 때문입니다. 이렇게 과매수/과매도 지점에서 적절히 매매를 반복하면 주가 변동성이 높은 상황에서 수익을 극대화할 수 있습니다.

1 | 시세 데이터 가져오기

① 공공데이터포털의 주식시세 API를 활용하여 다음의 데이터를 엑셀로 가져옵니다.

항목명	입력 값
numOfRows	500
beginBasDt	20220501
endBasDt	20240430
itmsNm	동진쎄미켐

TIP 주식시세 데이터를 가져오는 자세한 방법은 165쪽을 참고하세요.

② [basDT] 열을 오름차순으로 정렬하고, [basDT], [clpr], [mkp], [hipr], [lopr], [trqu] 열을 복사한 후 새 시트([Sheet1])에 붙여 넣습니다.

③ 붙여 넣은 열 이름을 다음과 같이 수정합니다.

basDT	clpr	mkp	hipr	lopr	trqu
Date	Close	Open	High	Low	Volume

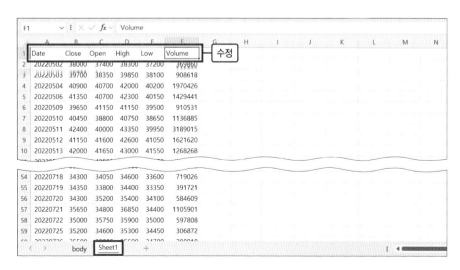

2 | df 변수에 데이터 저장하기

① [H1] 셀의 파이썬 코드 입력 창에 다음 코드를 입력하고 실행합니다.

[H1] =PY(	`df = xl("A1:F493", headers=True)`

② [H1] 셀에 [A1:F493] 영역의 데이터가 변수 'df'로 저장됩니다.

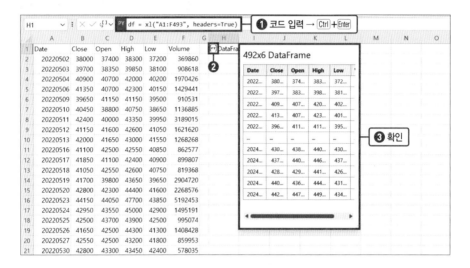

3 | 상대강도지수 추가하기

① [H3] 셀에서 파이썬 코드 입력 창을 열고 다음 코드를 입력한 후 실행합니다.

| [H3]<br>=PY( | ```python
n = 14
delta = df['Close'].diff()
gain = (delta.where(delta > 0, 0)).rolling(n).mean()
loss = (-delta.where(delta < 0, 0)).rolling(n).mean()
rs = gain / loss
df['RSI'] = 100 - (100 / (1 + rs))
df
# 상대강도지수를 생성하는 코드를 입력하고, 변경된 DataFrame을 확인하기 위해 마지막 줄에 df를 추가합니다.
``` |
|---|---|

TIP 주식 지표에 관한 코드는 ChatGPT 또는 오픈 소스를 통해 쉽게 구할 수 있습니다. ChatGPT에서 상대강도지수 생성 코드를 얻는 프롬프트와 해당 코드에 대한 설명은 197쪽을 참고하세요.

② [H3] 셀에서 변수 df에 [RSI] 열이 추가된 것을 확인할 수 있습니다.
```

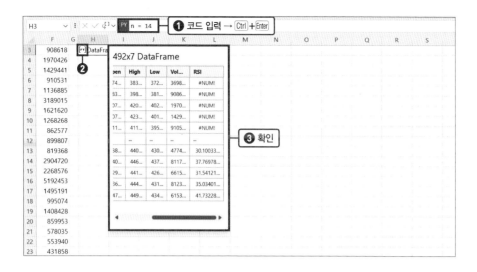

4 | RSI 매수/매도 신호를 저장할 열 만들기

① [H5] 셀의 파이썬 코드 입력 창에 다음 코드를 입력하고 실행합니다.

[H5]
=PY(

```
df['Buy'] = None
df['Sell'] = None
df
# 변수 df에 빈 값이 있는 새 열([Buy], [Sell])을 추가하고, 변경된 DataFrame을 확인하기
위해 마지막 줄에 df를 추가합니다.
```

② [H5] 셀에서 변수 df에 [Buy], [Sell] 열이 추가된 것을 확인할 수 있습니다.

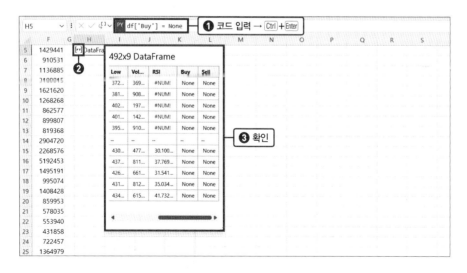

5 | 매매 구간을 찾아 종가 저장하기

① [H7] 셀에서 파이썬 코드 입력 창을 열고 다음 코드를 입력한 후 실행합니다.

[H7]
=PY(

```python
df['Buy'][(df['RSI'] <= 30)] = df['Close']
# 조건식을 활용해 상대강도지수가 30보다 작거나 같은 행을 필터링한 다음 [Buy] 열에
[Close] 열의 값을 저장합니다.
df['Sell'][(df['RSI'] >= 70)] = df['Close']
# 상대강도지수가 70보다 크거나 같은 행을 필터링한 다음 [Sell] 열에 [Close] 열의 값을
저장합니다.
df
# 변경된 DataFrame의 내용을 확인하기 위해 마지막 줄에 df를 추가합니다.
```

② [H7] 셀의 [Python 출력]을 ↕123으로 변경합니다.

③ [Excel 값]으로 표시된 변수 df의 [Trade] 열에 [Close] 열의 값이 저장된 것을 확인할 수 있습니다.

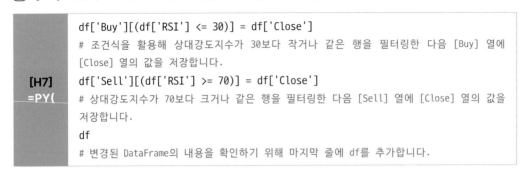

6 | 매매 구간을 차트에 표시하기

① [H9] 셀의 파이썬 코드 입력 창에 다음 코드를 입력하고 실행합니다.

[H9]
=PY(

```python
df[['Close', 'Buy', 'Sell']].plot(figsize=(15, 5))
# DataFrame에서 종가, 매수 구간, 매도 구간 열을 선택하여 선 차트를 그립니다. figsize
인수를 추가하여 15x5인치 크기의 차트를 그립니다.
```

② [H9] 셀의 파이썬 개체를 마우스 오른쪽 버튼으로 클릭한 다음 [셀 위에 플롯 표시]를 선택하면 차트가 표시됩니다.

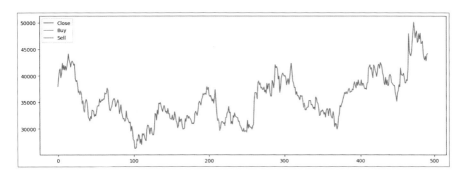

매수 구간(Buy)은 주황색, 매도 구간(Sell)은 녹색으로 표시되었습니다. 이 차트와 RSI를 함께 확인하기 위해 차트를 하나 더 생성하겠습니다.

7 | RSI 차트 그리기

① [H29] 셀의 파이썬 코드 입력 창에 다음 코드를 입력하고 실행합니다.

```
[H29]
=PY(     df[['RSI']].plot(figsize=(15, 2))
         # DataFrame에서 [RSI] 열을 선택하여 선 차트를 그립니다.
```

② [H29] 셀의 파이썬 개체를 마우스 오른쪽 버튼으로 클릭한 다음 [셀 위에 플롯 표시]를 선택하면 차트가 표시됩니다.

③ RSI 차트를 매수 구간 차트의 x축 눈금에 맞춰 크기를 조절합니다.

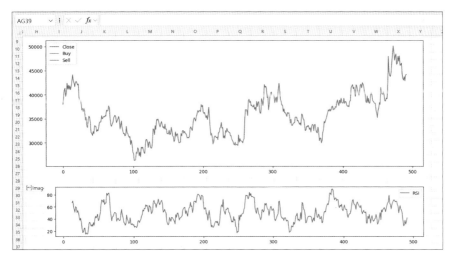

TIP 183쪽의 주식 차트 그리는 방법을 참고하면 매매 구간 차트와 RSI 차트를 하나의 차트로 그릴 수 있습니다. 이번 실습에서는 차트를 원하는 위치와 모양으로 조절할 수 있는 엑셀의 장점을 활용하여 간단하게 구현해 보았습니다.

이 차트에서 동진쎄미캠의 주가는 비슷한 가격대에서 등락을 반복하는 모습을 보입니다. 이러한 경우 RSI 지표를 활용하여 주가가 과매수 구간(주황색 선)에 있을 때 매수하고, 과매도 구간(녹색 선)에 있을 때 매도한다면 양호한 수익을 거둘 것으로 예상됩니다. 하지만 이러한 패턴은 시장 상황에 따라 변할 수 있기 때문에 실제 거래 전에 별도의 백테스팅(Backtesting)을 통해 수익률과 매매 기법을 검증할 필요가 있습니다. 백테스팅이란 과거 주가 데이터를 가지고 가상의 매매를 돌려봄으로써 특정 투자 전략의 성과를 확인하는 과정입니다. 일반적으로 기술적 분석 기반 주식 투자 전략은 백테스팅을 통한 수익성 평가 단계를 거쳐 최적화한 후 실전에 적용됩니다. 다음 장에서는 가상 매매 프로그램을 만들어 상대강도지수를 활용한 동진쎄미캠의 기술적 매매 전략의 실제 수익률을 확인하고 전략을 보완하는 방법을 알아보겠습니다.

전문가의 조언 | **파이썬 코드를 간편하게 입력하는 방법**

파이썬 코드 입력 창에 코드를 입력하거나 개체명을 구분하기 위해 점(.)을 입력하면 해당 코드와 관련된 코드 목록이 드롭다운 메뉴로 나타납니다. 드롭다운 메뉴에서 방향키로 원하는 코드를 선택한 후, Tab 키를 누르거나 마우스로 클릭하면 해당 코드가 자동으로 완성됩니다. 파이썬은 복잡한 프로그래밍보다 라이브러리 활용에 중점을 두는 언어로, 이 기능을 사용하면 코드 작성이 용이할 뿐만 아니라 라이브러리에 포함된 다양한 기능을 손쉽게 사용할 수 있습니다.

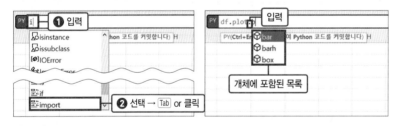

드롭다운 목록에는 코드와 함께 다양한 유형의 아이콘이 표시되며 각 아이콘은 코드의 유형을 의미합니다.

아이콘	유형	설명
	명령어	파이썬 기본 코드로 자체 기능이나 제어문 등의 명령어
	라이브러리, 패키지, 모듈	라이브러리, 패키지, 모듈을 의미하며 각 유형을 구분하지 않음
	함수	라이브러리, 패키지, 모듈 또는 파이썬 기본 함수
	변수, 개체	사용자가 생성한 변수나 개체
	개체의 함수(기능)	개체에 포함된 특정 기능을 실행하는 함수
	개체의 함수(속성)	개체의 이름, 크기 등의 속성을 표시하는 함수

가상 매매 프로그램 만들기

보조지표를 활용한 주식 매매는 데이터를 기반으로 한 거래이므로 거래 당사자가 감정에 휘둘러서 제때 매매하지 못하는 등의 단점을 보완할 수 있습니다. 또한 실제 거래에 적용하기 전에 수익이 발생하는지 검증하여 완성도 높은 매매 기법을 완성할 수도 있죠. 여기서는 엑셀 파이썬을 활용하여 가상 매매하는 프로그램을 만들고 수익률을 계산하며 매매 기법을 보완하는 방법을 알아보겠습니다.

✓ 파이썬을 이용한 프로그래밍의 장점

파이썬은 다른 프로그래밍 언어보다 간단하고 유연하기 때문에 문법을 조금만 익혀도 고급 프로그램을 쉽게 만들 수 있고, 엑셀 파이썬은 엑셀의 기능을 함께 사용할 수 있기 때문에 간단한 파이썬 프로그램만으로도 완성도 높은 결과물을 얻을 수 있습니다. 또한 엑셀에서 자주 반복하는 작업을 파이썬으로 자동화하면 생산성을 크게 향상시킬 수 있습니다. 별도의 개발 환경을 갖출 필요가 없어서 파이썬을 사용하지 않는 동료에게 파일만 전달하면 편리하게 작업물을 공유할 수 있으며, 공동 작업을 수행할 수도 있습니다. 이번 장에서는 주식 가상 매매 프로그램을 만들어 보면서 파이썬에서 자주 사용되는 제어문과 데이터를 중심으로 한 프로그래밍 방법을 배우겠습니다.

✓ 가상 매매 프로그램의 구조

본격적으로 코딩을 하기에 앞서 프로그램의 흐름을 정의하고, 세부 동작 방식을 짚어 보겠습니다.

1 | 보조지표를 이용한 주식 매매의 흐름

보조지표를 활용한 주식 매매는 시세 데이터를 분석하여 매매 신호를 포착하고 그에 따라 주식을 매수 또는 매도하는 방식입니다. 실제 매매에서는 장중 시세를 실시간으로 모니터링하면서 골든 크로스나 상대강도지수 30 이하 등의 매수 신호가 발생하면 주식을 매수하고, 데드 크로스나 상대강도지수 70 초과 등의 매도 신호가 발생하면 주식을 매도합니다.

한편, 가상 매매는 과거 시세 데이터를 바탕으로 매수/매도 신호가 발생하면 가격을 기록하고 수익률을 계산하는 방식으로, 가상 매매의 수익률이 낮으면 매매 전략을 보완하고 수익률이 높으면 그 매매 전략을 실전에 활용할 수 있습니다.

구분	실제 매매	가상 매매
사용 데이터	현재 시세 데이터	과거 시세 데이터
주식 매수	장중 골든 크로스 발생 또는 상대강도지수가 30 이하로 떨어지면 주식 매수	시세 데이터에서 매수 신호가 발생하면 가격을 기록
주식 매도	장중 데드 크로스 발생 또는 상대강도지수가 70을 초과하면 주식 매도	시세 데이터에서 매도 신호가 발생하면 가격을 기록
수익률 계산	주식 거래 프로그램으로 확인	수익률을 계산하고 자산 업데이트

▲ 실제 매매와 가상 매매의 차이

2 | 가상 매매 프로그램의 동작 방식 짚어 보기

가상 매매는 과거의 데이터로 매일 주식 시장이 열리고 닫히는 것처럼 매매를 진행합니다. 가상 매매가 끝난 후, 가상 매매의 수익률이 낮으면 매매 전략을 보완하고, 수익률이 높으면 그 매매 전략을 실전에 활용할 수 있습니다.

	Date	Close	5MA	20MA	매매
① 데이터를 한 행씩 누적	2050.03.13	74100	73060	73250	대기
	2050.03.14	74300	73480	73265	매수
	2050.03.15	72300	73280	73230	보유
	2050.03.18	72800	73360	73230	보유

○ ○ ○

② 조건에 따라 대기/매수/보유/매도 실행

Date	Close	5MA	20MA	매매
2025.04.15	82200	83620	81040	보유
2025.04.16	80000	82720	81400	보유
2025.04.17	78900	81780	71705	매도

③ 매매가 끝나면 수익률을 계산하고 기록

▲ 가상 매매 프로그램의 동작 방식

3 | 세부 동작 단위에 따른 제어문 살펴보기

가상 매매 프로그램이 제대로 동작할 수 있도록 데이터를 누적하려면 파이썬의 제어문을 사용해야 합니다. 제어문이란 프로그램의 실행 흐름을 제어하는 구문으로, 실행할 명령과 순서를 결정하는 중요한 역할을 합니다.

파이썬에서 주요 제어문은 반복문 for와 조건문 if로 나눠집니다. for문은 일련의 코드를 반복적으로 수행하며, if문은 주어진 조건에 따라 코드 블록을 실행할지 결정합니다. 가상 매매 프로그램에서는 시세 데이터를 누적하면서 특정 조건에 따라 매수/매도 시점을 판단하는 알고리즘을 구현해야 하므로 이러한 제어문을 적절히 활용하는 것이 중요합니다.

❶ for문: 목록의 요소에 처음부터 끝까지 순차적으로 접근하여 반복 작업을 수행합니다. for문의 기본 문법은 다음과 같습니다.

for문	for 반복 변수 in 목록: 　　실행 문장(반복 변수)

for문이 있는 줄은 콜론(:)으로 마감하며, 실행 문장은 for문이 시작되는 열에서 일정한 간격으로 들여쓰기를 해야 합니다. 다음은 for문을 이용하여 과일 목록을 처음부터 끝까지 하나씩 출력하는 예시입니다.

for문 예시	예시 코드 실행 결과
과일들 = ['사과', '바나나', '체리'] for 과일 in 과일들: 　　print(과일)	사과 바나나 체리

for문을 이용하면 데이터를 한 행씩 누적하면서 문장을 실행할 수 있습니다. 여기서는 하루 단위의 시세 데이터를 누적하기 위해 for문을 사용하며, DataFrame의 행 번호인 index를 목록으로 사용하면 전체 행만큼 문장을 반복해서 실행할 수 있습니다. 사용되는 코드는 다음과 같습니다.

for문	for 행 번호 in 시세 데이터.index: 　　실행 문장(행 번호)

❶
데이터를
한 행씩 누적

Date	Close	5MA	20MA	매매
2050.03.13	74100	73060	73250	대기
2050.03.14	74300	73480	73265	매수
2050.03.15	72300	73280	73230	보유
2050.03.18	72800	73360	73230	보유

▲ for문으로 시세 데이터를 한 행씩 누적

❷ if 문: 특정 조건을 검사하여 그 조건에 따라 코드의 실행 여부를 결정합니다. 주어진 조건이 참일 경우 if문 내부의 코드 블록이 실행되며, 거짓일 경우에는 else에 있는 코드를 실행합니다. 만약 조건을 여러 개 사용하려면 두 번째 조건부터는 elif를 사용합니다. 기본 구문은 다음과 같습니다.

if문	if 조건문1:
	    실행 문장1
	elif 조건문2:
	    실행 문장2
	else:
	    실행 문장3

if, elif, else문이 있는 줄은 콜론(:)으로 마감하며, 실행 문장은 if문이 시작되는 열에서 일정한 간격으로 들여쓰기를 해야 합니다. 다음은 나이 조건에 따른 입장료를 출력하는 예시입니다.

if문 예시	예시 코드 실행 결과

나이 = 25
if 나이 < 8:
    print("유치원생 입장료는 1000원 입니다.")
elif 나이 < 14:
    print("초등학생 입장료는 2000원 입니다.")
elif 나이 < 20:
    print("중,고등학생 입장료는 3000원 입니다.")
else:
    print("성인 입장료는 5000원 입니다.")
	성인 입장료는 5000원 입니다.

가상 매매 프로그램은 for문으로 시세 데이터를 한 행씩 누적하면서 if문으로 행마다 보조지표에 따른 매수/매도 신호를 확인한 후 주식을 매매하는 방식으로 동작합니다. 보조지표의 매매 조건을 확인하는 코드는 다음과 같습니다.

if문	if 매수신호 == True:
	    주식 매수 실행
	elif 매도신호 == True:
	    주식 매도 실행
	    매매 결과에 따른 수익률 저장

Date	Close	5MA	20MA	매매
2050.03.13	74100	73060	73250	대기
2050.03.14	74300	73480	73265	매수
2050.03.15	72300	73280	73230	보유
2050.03.18	72800	73360	73230	보유

❷
조건에 따라
대기/매수/보유/매도 실행

▲ if문으로 조건에 따라 매매 실행

❸ **append 문**: 매매가 종료되면 거래 내역을 기록하고 수익률을 업데이트해야 합니다. 거래 내역은 list 변수에 기록하고 수익률은 가상의 자본금에 누적으로 적용합니다. `list` 변수에 값을 추가하는 문장은 다음과 같습니다.

append 함수	`list 변수.append({'열 이름1':값1, '열 이름2':값2})` # 거래 내역 기록

Date	Close	5MA	20MA	매매
2025.04.15	82200	83620	81040	보유
2025.04.16	80000	82720	81400	보유
2025.04.17	78900	81780	71705	매도

← ❸ 매매가 끝나면
수익률을 계산하고 기록

▲ 매매 종료 후 거래 내역 기록

전문가의 조언 │ **파이썬의 들여쓰기 문법**

파이썬의 조건문, 제어문 그리고 함수에서는 들여쓰기를 이용해 실행 문장을 구분합니다. 예를 들어 if문을 작성한다면 첫 줄에 조건을 입력한 후 이에 따른 실행 문장은 if문을 시작했던 줄보다 한 칸 이상 들여 써야 합니다. 또한 실행 문장이 여러 줄이라면 모두 같은 간격의 들여쓰기를 해야 합니다. 실행 문장에 조건문이 추가된다면 새로운 조건문의 실행 문장은 한 번 더 들여쓰기를 합니다. 아래는 22시 이후 입장 시 심야 가격이 책정되도록 조건문을 작성한 예시입니다.

```
if 나이 < 8:
    print("유치원생 입장료는 1000원 입니다.")
elif 나이 < 14:
    print("초등학생 입장료는 2000원 입니다.")
elif 나이 < 20:
    print("중,고등학생 입장료는 3000원 입니다.")
else:
    if 현재시간 >= 22:
        print("심야 입장료는 4000원 입니다.")
    else:
        print("성인 입장료는 5000원 입니다.")
```

들여쓰기는 공백(Spacebar) 또는 탭(Tab)을 하나 이상 사용하며, 들여쓰기가 다르면 오류가 발생합니다.

앞 장에서 사용했던 동진쎄미켐 시세 데이터와 상대강도지수를 활용하여 가상 매매 프로그램을 만들겠습니다.

1 | df 변수에 시세 데이터를 저장하고 상대강도지수 추가하기

① [H1] 셀의 파이썬 코드 입력 창에 다음 코드를 입력하고 실행합니다.

[H1]
=PY(
	``python
	df = xl("A1:F493", headers=True)
	# [A1:F740] 영역의 데이터를 변수 df에 저장합니다.
	n = 14
	delta = df['Close'].diff()
	gain = (delta.where(delta > 0, 0)).rolling(n).mean()
	loss = (-delta.where(delta < 0, 0)).rolling(n).mean()
	rs = gain / loss
	df['RSI'] = 100 - (100 / (1 + rs))
	df
	``

TIP RSI 지표 생성 코드에 대한 내용은 197쪽을 참고하세요.

② [H1] 셀에 [A1:F493] 영역이 변수 'df'로 저장되고, 계산된 상대강도지수가 포함된 [RSI] 열이 'df'에 새롭게 추가됩니다.

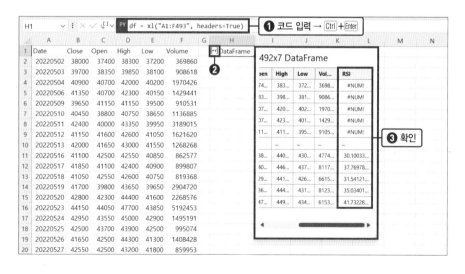

2 | 가상 매매 프로그램 만들기

① [H3] 셀의 파이썬 코드 입력 창에 다음 코드를 입력하고 실행합니다.

TIP 완성된 파이썬 코드를 사용하려면 CASE_02_01 메모장 파일을 참고하세요.

구분	#	파이썬 코드
❶ 초기화	1 #1	`money = 100` # 변수 money에 매매에 따른 자산을 저장합니다. 초기 자본금은 100으로 설정합니다.
	2 #2	`state = 'sell'` # 변수 state에 매매 상태를 저장합니다. 'sell', 'buy' 값을 가지며, 처음에는 주식을 보유하지 않은 상태이므로 'sell'로 설정합니다.
	3 #3	`hist = []` # 변수 hist에 거래 기록을 저장하며 빈 값으로 시작합니다.
❷ 반복문	4 #4	`for idx in df.index:` # for문에 DataFrame 행 번호 목록(df.index)을 사용하여 시세 데이터를 처음부터 끝까지 반복합니다. 행 번호는 변수 idx에 저장합니다.

❸ 매수	5
	#5
	6
	#6
	7
	#7
	8
	#8
		`    if state == 'sell' and df['RSI'][idx] <= 30:`
		# 주식이 매도(sell) 상태일 때 행 번호(idx)를 이용하여 df에서 상대강도지수를 가져옵니다. 가져온 값이 30 이상이면 주식을 매수합니다.
		`        buy_price = df['Close'][idx]`
		# 매수 가격을 변수 buy_price에 저장합니다.
		`        buy_date = df['Date'][idx]`
		# 매수 날짜를 변수 buy_date에 저장합니다.
		`        state = 'buy'`
		# 거래 상태를 매수(buy)로 변경합니다.

❹ 매도 및
수익률 기록
	9
	#9
	10
	#10
	11
	#11
	12
	#12
	13
	#13
		`    elif state == 'buy' and df['RSI'][idx] > 70:`
		# 주식이 매수(buy) 상태이고 상대강도지수가 70 초과이면 보유한 주식을 매도합니다.
		`        sell_price = df['Close'][idx]`
		# 매도 가격을 변수 sell_price에 저장합니다.
		`        sell_date = df['Date'][idx]`
		# 매도 날짜를 변수 sell_date에 저장합니다.
		`        profit_rate = sell_price / buy_price`
		# 수익률을 계산하여 변수 profit_rate에 저장합니다.
		`        money = money * profit_rate`
		# 보유 자산에 수익률을 업데이트합니다.

구분	#	파이썬 코드
❹ 매도 및 수익률 기록	14	hist.append({'매수일':buy_date, 　　　　　　　'매도일':sell_date, 　　　　　　　'매수가': buy_price, 　　　　　　　'매도가': sell_price, 　　　　　　　'수익률': profit_rate, 　　　　　　　'자산': money})
	#14	# 변수 hist에 거래 기록을 저장합니다. hist는 history의 약어입니다.
	15	state = 'sell'
❺ 마무리	16	df_hist = pd.DataFrame(hist)
	#16	# 변수 hist로 DataFrame을 생성하여 변수 df_hist에 저장합니다.

[H3] 셀의 코드는 가상 매매 프로그램의 주요 코드로 다음 5개의 단락으로 구성되어 있습니다.

❶ 초기화: 자산 변수(money)에 초기 자산 값(100)을 넣고, 매매 상태 변수(state)는 매도 상태 (sell)로 시작합니다.

❷ 반복문: 변수 df의 index를 하나씩 꺼내어 idx에 저장하면서 반복문이 실행됩니다.

❸ 매수: 매매 상태 변수가 매도 상태(sell)이고 상대강도지수(RSI)가 30보다 작으면 주식을 매수합니다. 매수 가격(buy_price)과 매수 날짜(buy_date)를 변수에 저장하고 매매 상태 변수 (state)를 '매수(buy)'로 바꿉니다.

❹ 매도: 매매 상태 변수가 매수 상태(buy)일 때 상대강도지수가 70보다 크면 보유 주식을 매도 합니다. 매도 가격(sell_price)과 매도 날짜(sell_date)를 저장하고, 매수 가격(buy_price)을 이용해 수익률(profit_rate)을 계산한 후 자산 변수(money)를 업데이트합니다. 그리고 거래 기록 변수(hist)에 매매 내역을 저장하고, 매매 상태 변수(state)를 다시 매도 상태(sell)로 바꾸면 한 번의 거래가 완료됩니다.

❺ 마무리: 반복문이 끝난 후 변수 hist를 DataFrame으로 전환합니다. 위와 같이 변수 hist에 {'열 이름':값}의 형태로 데이터를 추가한 후 pd.DataFrame 함수를 활용하면 DataFrame을 생성 할 수 있습니다.

② [H3] 셀의 파이썬 개체를 [Excel 값](↩123)으로 표시합니다.

매수일	매도일	매수가	매도가	수익률	자산
20220613	20220721	36850	35650	0.967436	96.74355
20220907	20221109	31400	32750	1.042994	100.9029
20230309	20230403	31550	33150	1.050713	106.02
20230427	20230519	30100	35200	1.169435	123.9835
20230818	20231115	36100	36600	1.01385	125.7008

22년 5월부터 24년 4월까지 2년간 동진쎄미켐의 시세 데이터를 이용하여 상대강도지수 기반으로 매매한 결과, 위와 같이 총 5번의 거래가 발생하며 최종적으로는 25.7%의 수익률이 발생하였습니다. 특히, 네 번째 거래가 진행된 23년 4월의 매매 기록을 살펴보면 수익률이 16.9%로 크게 증가한 것을 볼 수 있습니다.

실습 **가상 매매 프로그램 수정하기** 🔗 CASE_02_02

이번에는 프로그램을 보완하기 위해 코드를 일부 수정해 보겠습니다. 우선, 상대강도지수 매도 조건을 70에서 80으로 상향 조정합니다. 상대강도지수를 높이면 80에 도달하지 못할 때 매매 타이밍을 놓칠 수 있지만, 상승세가 충분할 때는 더 높은 가격에서 매도할 수 있습니다. 두 번째는 주식을 매수한 후 상대강도지수를 통한 매도 신호가 발생하지 않아도 수익률이 3%를 초과하여 하락하면 주식을 손절하는 조건을 추가해 보겠습니다.

1 | 매도 시점 조정 및 손절 기능 추가하기

① [H11] 셀의 파이썬 코드 입력 창에 다음 코드를 입력하고 실행합니다.

TIP 완성된 파이썬 코드를 사용하려면 CASE_02_02 메모장 파일을 참고하세요.

구분	#	파이썬 코드
❶ 초기화	1	`money = 100`
	2	`state = 'sell'`
	3	`hist = []`
❷ 반복문	4	`for idx in df.index:`
❸ 매수	5	`    if state == 'sell' and df['RSI'][idx] <= 30:`
	6	`        buy_price = df['Close'][idx]`
	7	`        buy_date = df['Date'][idx]`
	8	`        state = 'buy'`
❹ 매도 및 수익률 기록	9	`    elif state == 'buy' and (df['RSI'][idx] > 80 or df['Close'][idx] / buy_price < 0.97):`
	#9	`    # 상대강도지수를 80으로 수정하고, or 연산자를 활용하여 수익률이 97%까지 하락했는지 중복으로 체크합니다.`
	10	`        sell_price = df['Close'][idx]`
	11	`        sell_date = df['Date'][idx]`
	12	`        profit_rate = sell_price / buy_price`
	13	`        money = money * profit_rate`

	14	`        hist.append({'매수일':buy_date,`
		`                   '매도일':sell_date,`
		`                   '매수가': buy_price,`
		`                   '매도가': sell_price,`
		`                   '수익률': profit_rate,`
		`                   '자산': money})`

	15	`        state = 'sell'`
❺ 마무리	16	`df_hist = pd.DataFrame(hist)`

② [H11] 셀의 파이썬 개체를 [Excel 값]으로 표시합니다.

매수일	매도일	매수가	매도가	수익률	자산
20220613	20220620	36850	34750	0.943012	94.30122
20220621	20220622	35300	33500	0.949008	89.49266
20220623	20220630	33150	32100	0.968326	86.65805
20220704	20220801	31500	36800	1.168254	101.2386
20220907	20220921	31400	29600	0.942675	95.43512
20220926	20220928	28000	26350	0.941071	89.81127
20220929	20230209	26300	36700	1.395437	125.326
20230309	20230314	31550	29700	0.941363	117.9772
20230315	20230530	30150	39050	1.295191	152.803
20230818	20230823	36100	34050	0.943213	144.1258
20230824	20230825	34850	33600	0.964132	138.9563
20230828	20230921	33550	32500	0.968703	134.6075

매도 조건을 변경하자 총 12번의 거래가 발생하였습니다. 매매 초반에는 자산이 감소하였으나 중반부터는 수익률이 급등하여 최종 수익률이 34.6%로 이전보다 증가하였습니다.

이 매매 기법은 실습을 위해 간단하게 구성한 것으로, 일반적으로 보조지표를 활용한 주식 매매는 다양한 지표와 매매 방법을 테스트하면서 수익률을 극대화할 수 있습니다. 더 많은 투자 방법에 관심이 있다면 Investing.com과 Tradingview.com에서 일반 투자자와 전문 투자자가 등록한 투자 아이디어를 참고해 보세요.

TIP Investing.com과 Tradingview.com은 다양한 금융 시장 정보를 제공하는 사이트로, 주식/채권/암호화폐 등의 다양한 금융 자산 정보와 매매 전략을 제공합니다.

4 장

EXCEL × PYTHON

상관관계와
패턴으로
증시 분석하기

증권시장(이하 증시)은 금리와 환율의 변동, 산업의 기술 발전과 혁신에 따라 성장
과 침체를 반복합니다. KRX 지수는 증시 전체의 성과를 요약해 보여 주는 지
표로, 이를 활용하면 시장의 트렌드와 성장 산업을 파악할 수 있습니다.

지수 데이터 가져오기

01 CASE

국내 금융 상품 거래를 총괄하는 한국거래소(Korea Exchange, KRX)에서는 대형주, 중형주, 소형주를 포함한 300개 기업을 선정하여 'KRX 300' 지수를 제공합니다. KRX 300 지수는 현재 국내 증시를 가장 잘 반영하고 있으며, 8개의 산업군으로 분류되어 산업별 추세를 파악하는 데 유용합니다.

✓ 공공데이터포털에서 지수 시세 데이터 API 신청하기

KRX 300은 한국거래소 홈페이지와 공공데이터포털에서 조회할 수 있습니다. 여기서는 공공데이터포털에서 API를 신청하는 방법을 알아보겠습니다.

1 | 공공데이터포털에서 지수 시세 데이터 API 신청하기

① 공공데이터포털에서 '금융위원회_지수시세정보'를 검색한 후 API 활용을 신청합니다.

TIP API 활용 신청에 대한 자세한 내용은 165쪽을 참고하세요.

② 공공데이터포털의 [마이페이지]-[데이터 활용]-[Open API]-[활용신청 현황]에서 승인된 [금융위원회_지수시세정보]를 선택합니다.

③ '개발계정 상세보기'의 '서비스정보'에서 [일반 인증키(Encoding)]를 복사합니다.

④ '활용신청 상세기능정보'의 '주가지수시세'의 [확인]을 클릭합니다.

⑤ 앞에서 복사한 인증키를 붙여 넣고 다음과 같이 각 항목을 입력합니다.

항목명	샘플데이터	설명
numOfRows	100	한 페이지에 출력되는 결과 값입니다. 예시에서는 넉넉하게 100을 입력하였습니다.
beginBasDt	20231001	시세를 가져오려는 시작 날짜입니다. 연월일을 8자리로 입력합니다.
endBasDt	20231231	시세를 가져오려는 마지막 날짜입니다. 연월일을 8자리로 입력합니다.
idxNm	KRX 300 정보기술	시세를 가져올 지수명을 입력합니다.

TIP 더 자세한 요청 변수 추가 설정 방법은 '서비스정보'에서 내려받을 수 있는 '오픈API 활용자가이드_금융위원회_지수시세정보.docx'를 참고하세요.

⑥ 요청 변수의 각 항목을 입력한 다음 아래에 있는 [미리보기]를 클릭하면 새 창에 XML 형태의 시세 데이터가 표시됩니다. 새 창의 주소 표시줄에 표시되는 URL을 복사합니다.

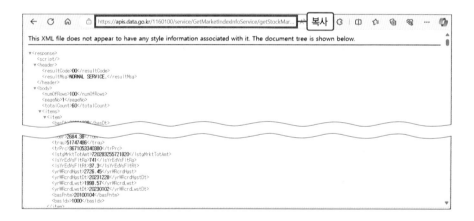

실습 → **산업별 지수 데이터를 엑셀로 한꺼번에 가져오기**　　🔗 새 통합 문서

KRX 300 산업지수는 총 8개의 업종으로 구성되어 있으므로 KRX 300에 포함된 업종을 모두 엑셀로 가져오려면 API도 8번 호출해야 합니다. 하지만 엑셀 파워쿼리의 '매개변수'와 '사용자 함수' 기능을 이용하면 API 호출을 반복할 필요 없이 자동화할 수 있습니다. 우선, 복사한 URL로 데이터를 가져온 후 자동화 방법을 알아보겠습니다.

1 | 엑셀로 KRX 300 정보기술 지수 시세 데이터 가져오기

① 엑셀을 실행한 다음 메뉴에서 [데이터]-[데이터 가져오기]-[기타 원본에서]-[웹]을 차례대로 선택합니다.

② '웹에서' 창에 복사한 URL을 붙여 넣고 [확인]을 클릭합니다.

③ '탐색 창'에서 [body]를 선택하고 [데이터 변환]을 클릭합니다.

④ [Power Query 편집기]가 실행되면 편집기에 표시되는 열 이름 중 [items] 열의 [Table]을 선택합니다.

⑤ 편집기에 [item] 열이 표시되면 [Table]을 클릭합니다.

⑥ 날짜별 시세 정보가 표시되면 메뉴에서 [닫기 및 로드]를 클릭합니다.

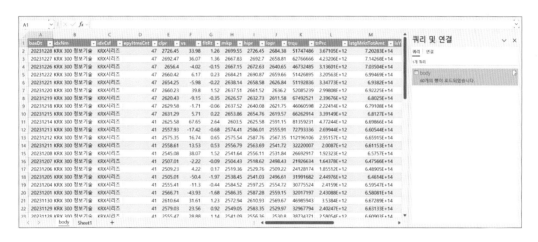

시트에 표시되는 각 열의 데이터는 다음과 같습니다.

열 이름	항목명	설명
basDt	기준일자	기준 일자
idxNm	지수명	지수의 명칭
idxCsf	지수분류명	지수의 분류 명칭
epyItmsCnt	채용종목수	지수가 채용한 종목 수
clpr	종가	정규 시장의 매매 시간 종료 시까지 형성되는 최종 가격
vs	대비	전일 대비 등락
fltRt	등락률	전일 대비 등락에 따른 비율
mkp	시가	정규 시장의 매매 시간 개시 후 형성되는 최초 가격

열 이름	항목명	설명
hipr	고가	하루 중 지수의 최고치
lopr	저가	하루 중 지수의 최저치
trqu	거래량	지수에 포함된 종목의 거래량 총합
trPrc	거래대금	지수에 포함된 종목의 거래 대금 총합
lstgMrktTotAmt	상장시가총액	지수에 포함된 종목의 시가총액
lsYrEdVsFltRg	전년말대비_등락폭	지수의 전년 말 대비 등락폭
lsYrEdVsFltRt	전년말대비_등락률	지수의 전년 말 대비 등락률
yrWRcrdHgst	연중기록최고	지수의 연중 최고치
yrWRcrdHgstDt	연중기록최고일자	지수가 연중 최고치를 기록한 날짜
yrWRcrdLwst	연중기록최저	지수의 연중 최저치
yrWRcrdLwstDt	연중기록최저일자	지수가 연중 최저치를 기록한 날짜
basPntm	기준시점	지수를 산출하기 위한 기준 시점
basIdx	기준지수	기준 시점의 지수 값

2 | 데이터 API의 URL 구조 확인하기

공공데이터포털에서 복사한 API의 URL은 매번 미리보기를 통해 가져오지 않아도 요청 변수명과 값을 변경하면 URL을 직접 수정할 수 있습니다. 실습에 사용한 KRX 지수 데이터 API URL은 다음과 같으며, 모든 API URL 구조는 공통적입니다.

https://apis.data.go.kr/1160100/service/GetMarketIndexInfoService/getStockMarketIndex?serviceKey=(사용자 인증키)&numOfRows=100&beginBasDt=20231001&endBasDt=20231231&idxNm=KRX%20300%20%EC%A0%95%EB%B3%B4%EA%B8%B0%EC%88%A0

http://홈페이지 주소/API명	?	요청 변수명1=값1	&	요청 변수명2=값2
'http://' 뒤에 사용할 API의 홈페이지 주소와 이름을 적습니다.	첫 번째 요청 변수 앞에는 ?를 붙입니다.	요청 변수명과 값을 등호(=)로 입력합니다.	두 번째 요청 변수부터 &를 붙입니다.	추가로 사용할 요청 변수와 값을 이어서 입력합니다.

이 중 idxNm은 '지수명'을 전달하는 요청 변수로 특수문자, 숫자, 알파벳으로 보이는 값은 'KRX 300 정보기술'이 'UTF-8'로 변환된 것입니다. 이 값을 변경하면 필요한 지수를 반복 작업 없이 엑셀로 가져올 수 있으며 특수한 상황이 아니라면 한글을 그대로 입력해도 정상적으로 동작합니다.

또한, 엑셀 파워쿼리에서 '매개변수'와 '사용자 함수'를 이용하면 값을 자동으로 변경하면서 데이터를 불러올 수 있습니다.

TIP UTF-8(8-bit Unicode Transformation Format)은 전 세계 모든 글자를 컴퓨터가 이해할 수 있도록 변환하는 데 사용하는 표준 포맷 중 하나입니다.

3 | Power Query 편집기에서 '새 매개변수' 추가

① 엑셀 창 오른쪽의 [쿼리 및 연결]에서 [body]를 마우스 오른쪽으로 클릭한 다음 [편집]을 선택합니다.

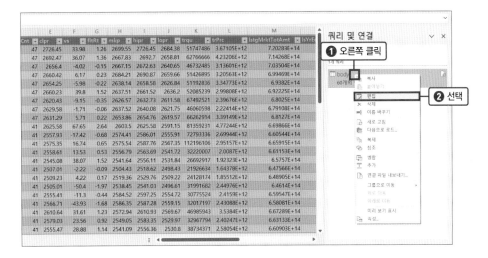

② [Power Query 편집기] 창의 메뉴에서 [매개 변수 관리]-[새 매개 변수]를 차례대로 선택합니다.

③ [매개 변수 관리] 창에서 이름 항목에 '지수명', 현재 값에 'KRX 300 정보기술'을 입력하고 [확인]을 클릭합니다.

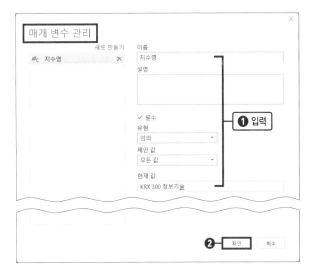

4 | 데이터 원본 설정에서 '매개변수' 추가

① [Power Query 편집기] 창의 메뉴에서 [데이터 원본 설정]을 클릭합니다.

② [데이터 원본 설정] 창에서 [원본 변경] 버튼을 클릭합니다.

③ [XML] 창에서 [고급]을 선택하고 URL 파트 항목의 끝부분에서 'KRX'로 시작하는 값을 삭제합니다.

④ **[파트 추가]** 버튼을 클릭한 후 추가된 URL 파트의 에서 **[매개 변수]**를 선택합니다.

⑤ 새로 등록한 매개변수 **[지수명]**을 선택한 후 **[확인]**을 클릭합니다.

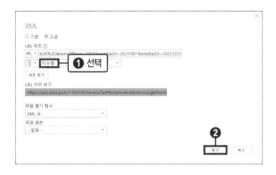

5 │ 사용자 함수 만들기

① **[body]**를 마우스 오른쪽으로 클릭한 다음 **[함수 만들기]**를 선택합니다.

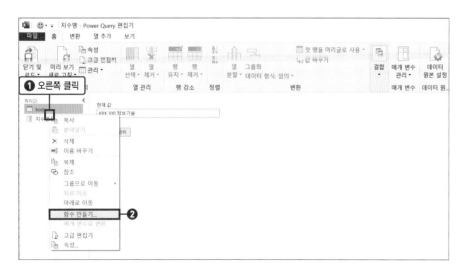

② 함수 이름에 원하는 이름을 입력한 다음 [확인]을 클릭합니다. 여기서는 함수 이름에 '자동으로가져오기'를 입력했습니다.

6 │ 지수명 '데이터 입력'하여 사용자 함수 등록하기

① [Power Query 편집기] 창의 메뉴에서 [데이터 입력]을 선택합니다.

② 메모장을 실행하고 열 이름(지수명)을 포함하여 엑셀로 가져올 KRX 300 산업지수의 지수명을 입력한 다음 복사합니다.

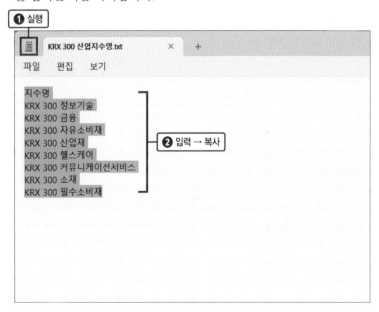

③ [테이블 만들기] 창에 ②에서 복사한 지수명 목록을 붙여 넣고 [확인] 버튼을 클릭합니다.

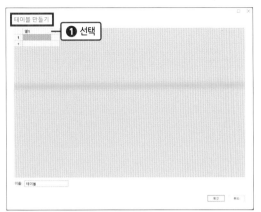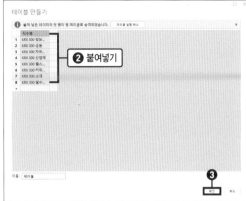

TIP [테이블 만들기] 창에서 열 이름(지수명)을 포함한 각 지수명을 직접 입력해도 됩니다.

④ 메뉴에서 [열 추가]-[사용자 지정 함수 호출]을 선택합니다.

⑤ [사용자 지점 함수 호출] 창의 '함수 쿼리'에서 [자동으로가져오기]를 선택하고 [확인]을 클릭합니다.

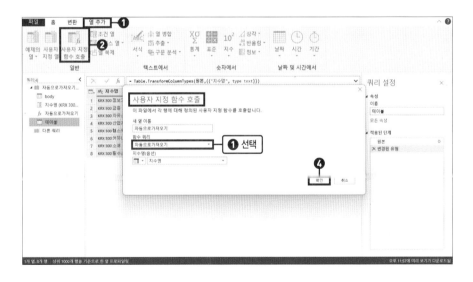

⑥ [자동으로 가져오기] 열에서 ⊞ 아이콘을 클릭한 후 [원래 열 이름을 접두사로 사용]의 체크를 해제하고 [확인]을 클릭합니다.

⑦ [테이블]의 미리보기에서 [clpr] 열의 ᴬᴮ꜀ 아이콘을 클릭한 후 [10진수]를 선택하고 메뉴에서 [닫기 및 로드]를 선택합니다.

⑧ **[테이블]** 시트에 KRX 300에 포함된 데이터가 표시됩니다.

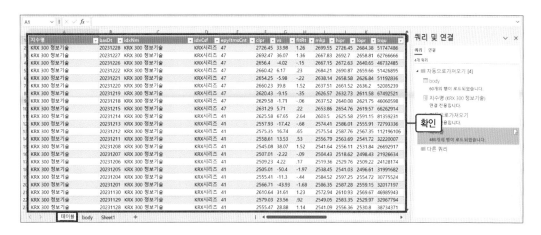

다음 CASE에서는 이렇게 가져온 KRX 300 산업별 지수를 활용하여 각 산업의 상관관계를 알아
보겠습니다.

지수 간 상관관계 분석하기

KRX 300 산업 지수 간 상관관계 분석은 국내 증시의 다양한 산업 분야의 동향을 이해하고, 투자 전략을 수립하는 데 도움이 됩니다. 소재, 정보기술, 금융업 등 다양한 산업 부문의 지수의 관계를 파악하면 산업 간 영향력과 시장 내 동조화 현상을 확인할 수 있으며, 이를 통해 각 산업이 국내 경제 변동과 글로벌 이슈에 어떻게 반응하는지 확인할 수 있습니다.

✔ 지수 데이터의 상관관계 분석

지수 간 상관관계는 키와 몸무게처럼 일정하지 않고 시간에 따라 관계가 변화할 수 있습니다. 물론 산업 자체의 연관성이 높을 경우에는 특정 산업이 발달하면 관련 산업도 함께 성장하며 장기적으로 상관관계가 발생합니다. 하지만, 일부 상관 관계는 전반적인 경제 상황에 따라 발생하기도 합니다. 예를 들어 경기가 좋아지면 경기 민감 산업이 같이 성장하면서 상관관계가 높아지는 반면, 경기가 나빠지면 방어적 산업이 동조하여 상관관계가 높아지는 경향이 있습니다. 이외에도 투자자 심리나 유동성 등 시장 요인에 의해 특정 업종 간 상관관계가 일시적으로 높아지기도 합니다. 왜 이러한 현상이 발생하는지 알아보기 위해 우선 KRX 300 산업 지수의 세부 구성 종목을 살펴보겠습니다.

지수명	지수 구성 기업(24년 2월 기준 상위 5개)
KRX 300 정보기술	삼성전자, SK하이닉스, 삼성SDI, 삼성에스디에스, 삼성전기
KRX 300 금융	KB금융, 신한지주, 하나금융지주, 삼성생명, 메리츠금융지주
KRX 300 자유소비재	현대차, 기아, 현대모비스, LG전자, 한국타이어앤테크놀로지
KRX 300 산업재	삼성물산, 에코프로비엠, 포스코퓨처엠, LG, SK
KRX 300 헬스케어	삼성바이오로직스, 셀트리온, HLB, SK바이오팜, 유한양행
KRX 300 커뮤니케이션서비스	NAVER, 카카오, SK텔레콤, 크래프톤, KT
KRX 300 소재	POSCO홀딩스, LG화학, 에코프로, 고려아연, 롯데케미칼
KRX 300 필수소비재	KT&G, 아모레퍼시픽, LG생활건강, CJ제일제당, 오리온

TIP 지수별 구성 종목은 한국거래소 정보 데이터 시스템에서 확인할 수 있습니다.

일반적으로 정보 기술 산업은 삼성전자의 비중이 높아 스마트폰과 관련된 커뮤니케이션서비스와 밀접한 연관관계를 맺고 있습니다. 또한 삼성전자와 SK하이닉스는 반도체를 생산하므로 산업재

와도 높은 연관성을 가집니다. 한편 산업재와 자유소비재는 둘 다 경기 민감성이 높아 직접적인 연관성은 없어도 경기 변동에 따라 동조화될 수 있습니다. 예를 들어 경기가 호황일 때는 산업재에 속한 삼성물산의 무역이 활성화되고, 자유소비재에 속한 LG전자와 현대, 기아차의 판매가 증가하여 두 분야 모두 성장할 수 있습니다. 그렇다면, 실제 지수 분석 결과에서도 이런 현상이 발생하는지 실습을 통해 알아보겠습니다.

실습 KRX 300 산업 지수 상관관계 분석하기 ⌀ CASE_02

1 | 엑셀로 KRX 300 정보기술 지수 시세 데이터 가져오기

이전 장에서 시트별로 가져온 KRX 300 산업 지수에서 필요한 열을 정리한 후 분석을 시작하겠습니다.

① [테이블] 시트의 [삽입] 메뉴에서 [피벗 테이블]을 클릭한 후 팝업 창에서 [새 워크시트]를 선택하고 [확인] 버튼을 누릅니다.

② 피벗 테이블 필드에서 [basDT]를 [행], [idxNm]을 [열], [clpr]을 [값]으로 드래그합니다.

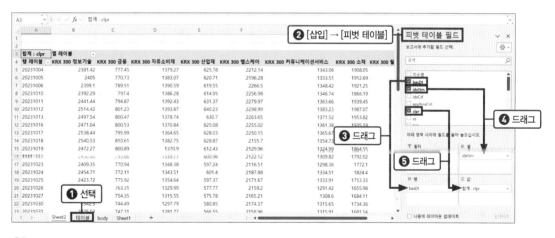

TIP 값으로 드래그한 [clpr] 열에는 지수마다 날짜별로 하나의 값만 있으므로 요약 방식은 중요하지 않습니다.

③ [B4:I64] 셀을 복사하여 [Sheet1] 시트의 [A1] 셀에 붙여 넣습니다.

④ [Sheet1] 시트에 붙여 넣은 데이터의 열 이름을 다음과 같이 약어로 변경합니다.

지수명	약어
KRX 300 정보기술	IT
KRX 300 금융	FN
KRX 300 자유소비재	CD
KRX 300 산업재	IN
KRX 300 헬스케어	HC
KRX 300 커뮤니케이션서비스	CM
KRX 300 소재	MT
KRX 300 필수소비재	CS

⑤ [J1] 셀의 파이썬 코드 입력 창에 다음 코드를 입력하고 실행합니다.

```
[J1]
=PY(    df = xl("A1:H61", headers=True)
```

⑥ [J1] 셀에 [A1:H61] 영역의 데이터가 변수 'df'로 저장됩니다.

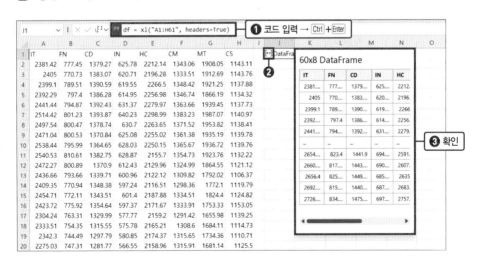

2 | 선 차트로 추세 살펴보기

① [J3] 셀의 파이썬 코드 입력 창에 다음 코드를 입력하고 실행합니다.

[J3] =PY(	`df.plot()`
	`# plot 함수를 이용하여 변수 df의 전체 열을 선 차트로 그립니다.`

② [J3] 셀의 파이썬 개체를 마우스 오른쪽으로 클릭한 다음 **[셀 위에 플롯 표시]**를 선택하면 차트가 표시됩니다.

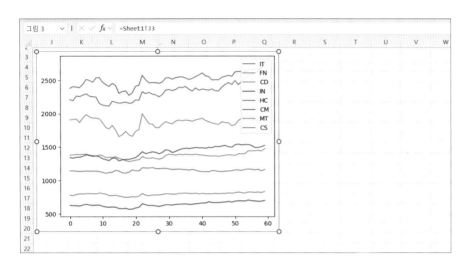

차트를 보면 x축의 0을 기준으로 정보기술(IT), 헬스케어(HC), 소재(MT) 지수가 초반에 동반 하락하다가 20 부근에서 일시적으로 상승한 후 다시 하락하며 비슷한 흐름을 보이고 있습니다. 시계열 차트에서 이러한 흐름이 나타나는 것은 두 산업이 상관관계에 있거나 시장 변화에 동일한 영향을 받는 것을 나타냅니다. 다만, 위의 차트는 지수별 수치의 범위가 달라 정확한 상관관계를 확인하기 어렵습니다.

3 | 전체 기간(23년 10월 ~ 12월)에 대한 상관관계 살펴보기

데이터의 상관관계는 상관계수를 통해 정량화할 수 있습니다. 상관계수는 -1에서 +1 사이의 값을 가지며, 값이 +1에 가까울수록 완벽한 양의 상관관계, -1에 가까울수록 완벽한 음의 상관관계를 의미합니다. 0은 상관관계가 없음을 나타냅니다. KRX 300 산업 지수에서 정보기술 산업이 성장할수록 소재 산업도 같이 성장하는 양의 상관관계라면 상관계수는 +1에 가까운 값을 가지게 됩니다. 반대로, 정보기술 산업이 성장할수록 소재 산업이 위축되는 음의 상관관계라면 상관계수는 -1에 가까운 값을 가지게 됩니다. 상관계수는 DataFrame의 corr 함수로 추출할 수 있으며, Seaborn 라이브러리의 Pair Plot(여러 변수 간 산점도) 차트로 시각화할 수 있습니다.

① **[J21]** 셀의 파이썬 코드 입력 창에 다음 코드를 입력하고 실행합니다.

```
[J21]
=PY(    sns.pairplot(df)
        # sns는 초기화 설정에 포함된 Seaborn 라이브러리의 별칭입니다.
```

TIP 파이썬 코드를 실행하고 TIMEOUT 오류가 발생한다면 파이썬 수식 시간 제한을 360초로 변경한 후 다시 코드를 실행해 보세요. 파이썬 실행 환경의 옵션 설정 방법에 대한 자세한 내용은 47쪽을 참고하세요.

② **[J21]** 셀의 파이썬 개체를 마우스 오른쪽으로 클릭한 다음 **[셀 위에 플롯 표시]**를 선택하면 차트가 표시됩니다.

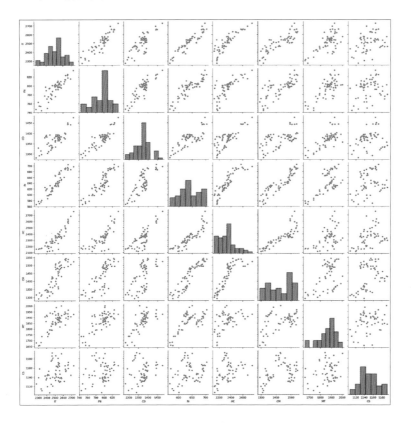

산점도 차트는 여러 변수 사이의 상관관계가 높을수록 산점도에 점들이 밀집되어 보입니다. 한 변수가 증가할 때 다른 변수도 함께 증가하면 양의 상관관계, 한 변수가 증가할 때 다른 변수는 감소하면 음의 상관관계를 가지며, 이는 밀집된 점들이 오른쪽 위로 올라가면 양의 상관관계를, 아래로 내려가면 음의 상관관계로 나타납니다. 위의 차트를 보면 8개 산업 지수 중 필수소비재(CS)를 제외한 대부분이 양의 상관관계로 보이며, 일부 산업은 밀집도가 강해 높은 상관관계에 있음을 파악할 수 있습니다.

③ **[J106]** 셀의 파이썬 코드 입력 창에 다음 코드를 입력하고 실행합니다.

```
[J106]
=PY(      df.corr()
          # corr 함수는 DataFrame의 열별 상관계수를 추출하는 함수입니다.
```

④ **[J106]** 셀의 파이썬 개체를 **[Excel 값]**으로 표시합니다.

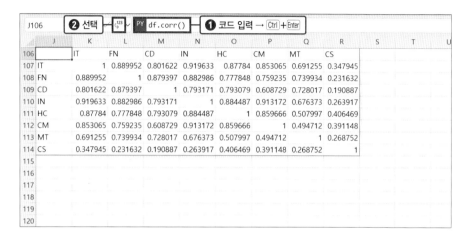

	IT	FN	CD	IN	HC	CM	MT	CS
IT	1	0.889952	0.801622	0.919633	0.87784	0.853065	0.691255	0.347945
FN	0.889952	1	0.879397	0.882986	0.777848	0.759235	0.739934	0.231632
CD	0.801622	0.879397	1	0.793171	0.793079	0.608729	0.728017	0.190887
IN	0.919633	0.882986	0.793171	1	0.884487	0.913172	0.676373	0.263917
HC	0.87784	0.777848	0.793079	0.884487	1	0.859666	0.507997	0.406469
CM	0.853065	0.759235	0.608729	0.913172	0.859666	1	0.494712	0.391148
MT	0.691255	0.739934	0.728017	0.676373	0.507997	0.494712	1	0.268752
CS	0.347945	0.231632	0.190887	0.263917	0.406469	0.391148	0.268752	1

상관계수 추출 결과 Pair Plot에서 확인한 것처럼 모든 산업 지수가 양의 상관관계를 보이고 있습니다. 우선, 차트에서도 밀집도가 낮았던 필수소비재(CS)는 상관계수에서도 0.19~0.39로 낮은 상관관계로 나타났습니다. 그리고 앞서 시계열 차트에서 비슷한 추세를 보였던 정보기술(IT), 헬스케어(HC), 소재(MT)도 0.51~0.88로 양의 상관관계를 보였습니다. 하지만 시계열 차트에서는 잘 보이지 않던 정보기술(IT)과 산업재(IN), 그리고 커뮤니케이션서비스(CM)와 산업재(IN)가 모두 0.9 이상으로 가장 높은 양의 상관관계로 나타났습니다. 이번에는 기간을 변경하여 상관관계가 변하는지 살펴보겠습니다.

4 | 기간을 나눠서 상관관계 살펴보기

① [J115] 셀의 파이썬 코드 입력 창에 다음 코드를 입력하고 실행합니다.

[J115] =PY(

```
df[:30].corr()
```
#df[:30]은 DataFrame에서 30번째 행까지 가져오는 코드로, 실제 날짜로는 10월 4일부터 11월 15일까지의 데이터입니다.

 TIP DataFrame에서 데이터를 가져오는 자세한 내용은 56쪽을 참고하세요.

② [J116] 셀의 파이썬 개체를 [Excel 값]으로 표시합니다.

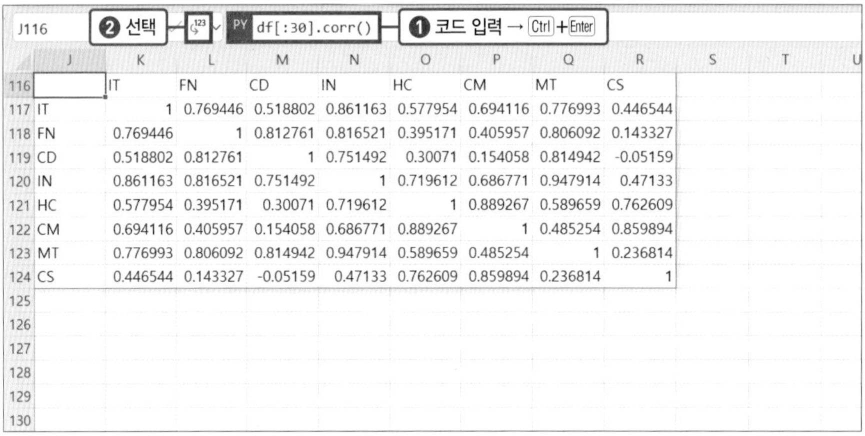

| J116 | ② 선택 | 123 | PY | df[:30].corr() | ① 코드 입력 → Ctrl + Enter |

	J	K	L	M	N	O	P	Q	R	S	T	U
116		IT	FN	CD	IN	HC	CM	MT	CS			
117	IT	1	0.769446	0.518802	0.861163	0.577954	0.694116	0.776993	0.446544			
118	FN	0.769446	1	0.812761	0.816521	0.395171	0.405957	0.806092	0.143327			
119	CD	0.518802	0.812761	1	0.751492	0.30071	0.154058	0.814942	-0.05159			
120	IN	0.861163	0.816521	0.751492	1	0.719612	0.686771	0.947914	0.47133			
121	HC	0.577954	0.395171	0.30071	0.719612	1	0.889267	0.589659	0.762609			
122	CM	0.694116	0.405957	0.154058	0.686771	0.889267	1	0.485254	0.859894			
123	MT	0.776993	0.806092	0.814942	0.947914	0.589659	0.485254	1	0.236814			
124	CS	0.446544	0.143327	-0.05159	0.47133	0.762609	0.859894	0.236814	1			
125												
126												
127												
128												
129												
130												

	IT	FN	CD	IN	HC	CM	MT	CS
IT	1	0.769446	0.518802	0.861163	0.577954	0.694116	0.776993	0.446544
FN	0.769446	1	0.812761	0.816521	0.395171	0.405957	0.806092	0.143327
CD	0.518802	0.812761	1	0.751492	0.30071	0.154058	0.814942	-0.05159
IN	0.861163	0.816521	0.751492	1	0.719612	0.686771	0.947914	0.47133
HC	0.577954	0.395171	0.30071	0.719612	1	0.889267	0.589659	0.762609
CM	0.694116	0.405957	0.154058	0.686771	0.889267	1	0.485254	0.859894
MT	0.776993	0.806092	0.814942	0.947914	0.589659	0.485254	1	0.236814
CS	0.446544	0.143327	-0.05159	0.47133	0.762609	0.859894	0.236814	1

추출 기간을 변경한 결과, 소재(MT)와 산업재(IN)의 상관관계가 0.948까지 오르고, 나머지 산업의 상관관계는 전반적으로 하락하였습니다. 앞서 전체 기간에서는 소재(MT)와 산업재(IN)의 상관관계가 0.676으로 낮았기 때문에 이 현상이 해당 기간에만 국한된 것으로 볼 수 있는데, 실제로 해당 현상이 발생한 원인은 당시 2차전지 산업이 급격하게 등락하면서 소재(MT)와 산업재(IN)로

분산되어 있던 관련 기업이 영향을 받았기 때문입니다.

지수 간 상관관계를 분석할 때는 이처럼 기간을 고려하여 분석해야 합니다. 또한 중장기적인 관점에서 상관관계를 파악하고자 할 때는 기간을 충분히 확보하여 분석해야 합니다. 예를 들어 산업재(IN)는 전체 기간에서는 정보기술(IT), 커뮤니케이션서비스(CM)와 높은 상관관계를 보였는데, 이는 제조와 기술에 관련된 기업이 동조하는 현상으로 비교적 장기적으로 나타나는 현상입니다.

상관관계는 산업 간 관계를 고려하여 투자 비중을 조절하는 데 사용될 수 있습니다. 예를 들어 상관관계가 높은 기업은 호재가 있을 경우 서로 연관되어 상승하기 때문에 분산 투자하여 안정적인 수익을 얻을 수 있습니다. 반면, 커뮤니케이션서비스(CS)와 같이 다른 산업과 상관관계가 적은 기업에 분산 투자하면 악재에 의한 손실을 줄일 수 있습니다.

추세와 패턴 분석하기

시계열 데이터는 시간을 중심축으로 계절과 경제지표의 변화, 산업의 재편 등 다양한 요인에 영향을 받습니다. 그리고 이러한 특성을 추세와 패턴으로 표현하면 주식 시장의 가격을 예측하는 데 활용할 수 있습니다. 엑셀 파이썬에서는 주식, 지수와 같은 시계열 데이터를 추세와 패턴으로 분류할 수 있으며, 이를 통해 주식 시장의 흐름을 이해하는 데 도움을 받을 수 있습니다.

✔ 시계열 데이터의 추세와 패턴

시계열 데이터는 추세, 패턴, 그리고 기타로 나눠집니다. 먼저, 추세는 장기적인 방향성을 말하며, 상승과 하락 또는 장기적인 등락을 나타냅니다. 패턴은 특정 시기에 발생하는 주기적인 움직임으로, 연간, 분기별 또는 월별로 반복되는 계절성이나 시장 경제의 흐름에 따라 주가가 상승하거나 하락하는 주기성을 파악하는 데 유용합니다. 마지막으로 기타는 추세와 패턴으로 설명되지 않는 값으로 보통 일시적인 요인에 의해 발생합니다. 이번 장에서는 Statsmodels 라이브러리의 시계열 분해 알고리즘을 활용하여 시계열 데이터(지수 데이터)를 추세, 패턴, 기타로 분해하여 분석하는 방법을 알아보겠습니다.

실습 시계열 분해 알고리즘 활용하기   🔗 CASE_03

1 | KRX 300 산업 지수 데이터 가져오기

이전 장에 사용했던 지수 데이터에서 파이썬 코드를 모두 지운 후 실습에 활용하겠습니다.

① [J1] 셀의 파이썬 코드 입력 창에 다음 코드를 입력하고 실행합니다.

```
[J1]
=PY(    df = xl("A1:H61", headers=True)
```

② [J1] 셀에 [A1:H61] 영역의 데이터가 변수 'df'로 저장됩니다.

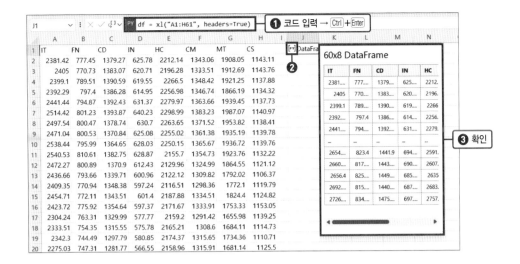

2 | 산업재 지수 시계열 분해하기

앞에서 상관관계가 가장 높았던 산업재(IN)과 상관관계가 가장 적었던 필수소비재(CS) 지수를 시계열 분해해 보겠습니다. 시계열 분해에 사용하는 함수는 `seasonal_decompose`로 세 개의 인수를 사용합니다.

첫 번째 인수는 시계열 데이터로 DataFrame에서 하나의 열만 지정하여 입력합니다. 두 번째 인수는 시계열 분해에 사용할 공식입니다. addictive(덧셈)와 multiplicative(곱셈) 중 하나를 선택할 수 있는데, 대부분의 시계열 데이터는 addictive를 사용하며, 결과가 제대로 나오지 않을 경우 multiplicative를 선택할 수 있습니다. 세 번째 인수는 패턴이 발생하는 주기로 일별 데이터의 경우 주, 월, 분기 단위로 주기를 입력하고, 시간 데이터일 경우 분, 시간, 오전/오후 등을 입력할 수 있습니다.

먼저, 산업재(IN) 지수를 시계열 분해하고 그 결과를 살펴보겠습니다.

① **[J3]** 셀의 파이썬 코드 입력 창에 다음 코드를 입력하고 실행합니다.

```
[J3]     from statsmodels.tsa.seasonal import seasonal_decompose
=PY(     # statsmodels 라이브러리의 seasonal decompose 함수를 가져오는 코드입니다.
```

② **[J5]** 셀의 파이썬 코드 입력 창에 다음 코드를 입력하고 실행합니다.

```
         sd = seasonal_decompose(df['IN'], model='addictive', period=5)
         # 첫 번째 인수는 데이터로 DataFrame의 [IN] 열을 입력했습니다.
         # 두 번째 인수는 시계열 분해에 사용할 공식으로 addictive를 입력했습니다.
[J5]     # 세 번째 인수는 패턴이 발생하는 주기로, 증시 개장일을 기준으로 주를 구분하기 위해 5
=PY(     를 입력했습니다.
         sd.plot()
         # seasonal decompose 함수를 실행한 후 변수 sd에 저장한 실행 결과를 차트로 생성합니다.
```

③ **[J5]** 셀의 파이썬 개체를 마우스 오른쪽으로 클릭한 다음 **[셀 위에 플롯 표시]**를 선택합니다.

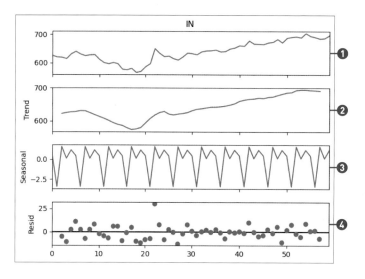

시계열 분해 차트는 총 4개로 구성되며 각 차트의 결과는 다음과 같습니다.

❶ **원본 차트**: 23년 10월부터 12월까지의 산업재 지수 원본 데이터로 600~700 사이의 값을 가집니다.

❷ **추세(Trend)**: 데이터의 장기적인 방향성이나 경향을 나타냅니다. 패턴과 기타 값의 영향을 제거하고 전체적인 방향을 보여 줍니다. 초기에는 약간의 하락이 보이지만 전반적으로는 상승 추세에 있습니다. 이는 해당 기간 동안 지수가 점진적으로 증가했음을 나타냅니다.

❸ **패턴(Seasonal)**: 데이터의 주기적인 변동 패턴을 나타냅니다. 여기서는 5일 주기로 구분하였으며, 매주 반복되는 주기적인 상승과 하락이 나타납니다. 이는 지수가 주기적으로 변동할 수 있음을 시사하며, 특정 요일에 가격이 상승하는 경향이 있습니다.

❹ **기타(Resid)**: 기타는 원본 데이터에서 추세와 패턴을 제거한 후 남은 불규칙한 변동을 나타냅니다. 기타가 크거나 불규칙하면 변동성이 높아져 예측이 어려워집니다. 위에서는 기타가 작고 일정해 추세와 패턴을 활용하여 비교적 정확하게 시장을 예측할 수 있습니다.

3 | 필수소비재 지수와 비교하기

이번에는 상관관계가 적었던 필수소비재(CS) 지수를 시계열 분해하여 산업재(IN)와 어떤 차이가 있는지 확인해 보겠습니다.

① [J26] 셀의 파이썬 코드 입력 창에 다음 코드를 입력하고 실행합니다.

[J26] **=PY(**	``` sd = seasonal_decompose(df['CS'], model='addictive', period=5) # 첫 번째 인수인 데이터에 DataFrame의 [CS] 열을 입력했습니다. 나머지 인수는 앞의 실습 에서 입력한 인수와 동일합니다. sd.plot() # seasonal_decompose 함수를 실행한 후 변수 sd에 저장한 실행 결과를 차트로 생성합니다. ```

② [J26] 셀의 파이썬 개체를 마우스 오른쪽으로 클릭한 다음 [셀 위에 플롯 표시]를 선택합니다.

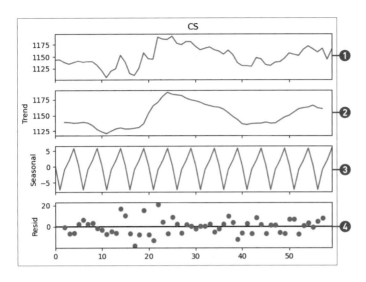

필수소비재의 시계열 분해 결과는 다음과 같습니다.

❶ **원본 차트**: 필수소비재 지수는 1100~1200 사이의 값을 가집니다.

❷ **추세(Trend)**: 중반에 크게 상승하였으나 전반적인 추세의 흐름상 등락을 반복하고 있습니다.

❸ **패턴(Seasonal)**: 5일 주기로 안정적인 패턴을 보이고 있으며, 특정 요일에 가격이 상승하는 모습을 보입니다.

❹ **기타(Resid)**: 일부 시점에서 큰 값이 있으나 대부분 안정적인 모습을 보입니다. 이에 따라 추세와 패턴을 활용하여 시장을 비교적 정확하게 예측할 수 있습니다.

산업재(IN)와 필수소비재(CS)의 시계열 분해 결과를 비교해 보겠습니다.

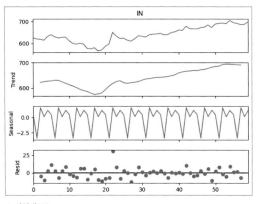

▲ 산업재(IN)

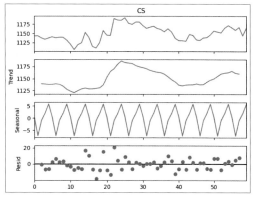

▲ 필수소비재(CS)

추세를 보면 산업재(IN) 지수는 초반 하락 후 상승 추세를 이어가고 있으나 필수소비재(CS)는 등락을 반복하여 추세를 확인하기 어렵습니다. 그러나 패턴에서는 필수소비재(CS)가 특정 요일에 집중적으로 상승하며 좀 더 명확한 패턴을 가지고 있습니다. 기타 값으로는 필수소비재(CS)에서 예외 사항이 좀 더 발생하였으나 두 지수 모두 전반적으로 안정되어 있습니다.

이 분석 결과를 토대로 투자를 진행한다면 산업재(IN)는 상승 추세에 있으므로 중장기 투자 관점에서 개별 종목을 검토할 수 있으며, 필수소비재(CS)는 단기적인 등락에 따라 매매를 진행할 수 있습니다. 만약 보조지표를 적용한다면 상승 추세에 있는 산업재(IN)는 이동평균선을 활용하여 골든/데드 크로스에 따라 매매하고, 등락이 잦은 필수소비재(CS)는 상대강도지수를 활용하여 매매 타이밍을 결정할 수 있습니다. 시계열 분해는 개별 주식의 추세와 패턴을 찾는 데 유용하게 활용할 수 있으며, 데이터 수집 기간과 패턴 단위를 늘리며 중장기 추세와 패턴을 분석할 수 있습니다.

5

EXCEL X PYTHON

장

유사도로
투자 종목 발굴하기

거액의 투자금이 오가는 주식 시장에서는 특정 종목의 가격이 급등하는 데 영향을 미친 사건이 충분히 알려지기 전에 이미 주가에 반영되고, 관련 종목까지 덩달아 오르는 경우가 종종 있습니다. 이 때문에 기술적 매매를 선호하는 투자자는 차트의 형태를 우선시하여 투자 종목을 찾기도 합니다. 이번 장에서는 유사도를 활용해 투자 종목을 발굴하는 방법을 알아보겠습니다.

유사도 분석을 위한 데이터 정리하기

시세 데이터에서 유사도란 추세와 패턴의 유사성을 말합니다. 시세 데이터는 일별 가격 변동성이 높기 때문에 유사도를 비교하기 위해서는 데이터를 정리해야 합니다. 이번 장에서는 종목별 유사도 분석을 위해 데이터를 정리하는 방법을 알아보겠습니다.

✔ 유사도에 대한 상식과 활용 방법

데이터의 유사도는 각 데이터 항목들이 서로 얼마나 비슷한지를 측정하는 방법입니다. 유사도 측정 방식은 데이터의 종류와 목적에 따라 다양할 수 있지만, 일반적으로 데이터 사이의 거리와 방향성을 활용합니다. 여기서 데이터 사이의 거리란 데이터를 좌표상의 점으로 표현했을 때 각 점 간의 거리를 의미합니다. 데이터의 방향성은 증가/감소 추세나 물리적인 이동 방향 등을 나타냅니다.

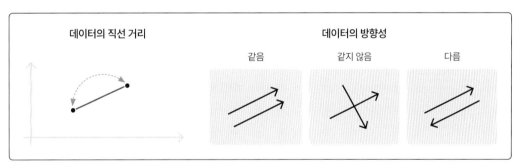

▲ 유사도 측정 방법

이러한 유사도의 특성을 이용하여 시세 데이터의 추세와 패턴, 그리고 변동성을 비교해 유사한 종목을 찾아낼 수 있습니다. 데이터 간 유사도는 다양한 분야에서 활용됩니다. 특히, 넷플릭스, 아마존의 추천 알고리즘에 사용될 만큼 활용 방식에 따라 강력한 기능을 발휘하기도 합니다.

데이터 준비하기

2022년 말을 기준으로 코스피 시가총액 상위 30개 종목의 2023년의 시세 데이터를 활용하여 실습하겠습니다.

1 | 코스피 기준 상위 30개 종목 시세 데이터 가져오기

2022년 12월 29일 기준, 우선주를 제외한 시가총액 상위 30개 종목은 다음과 같습니다.

순위	종목명	시총(조)	순위	종목명	시총(조)	순위	종목명	시총(조)
1	삼성전자	330.1	12	POSCO홀딩스	23.4	22	한국전력	14.0
2	LG에너지솔루션	101.9	13	셀트리온	22.6	23	포스코케미칼	13.9
3	삼성바이오로직스	58.4	14	삼성물산	21.2	24	KT&G	12.6
4	SK하이닉스	54.6	15	KB금융	19.8	25	하나금융지주	12.4
5	LG화학	42.4	16	현대모비스	18.9	26	LG	12.3
7	삼성SDI	40.6	17	신한지주	17.9	27	카카오뱅크	11.6
8	현대차	32.3	18	SK이노베이션	14.2	28	LG생활건강	11.3
9	NAVER	29.1	19	삼성생명	14.2	29	고려아연	11.2
10	기아	24.0	20	LG전자	14.2	30	SK텔레콤	10.4
11	카카오	23.7	21	SK	14.0	31	현대중공업	10.3

TIP 주식 순위는 한국거래소 정보 데이터 시스템의 [쉽게 보는 통계] - [순위 통계]에서 확인할 수 있습니다.

예제의 [Sheet1]은 공공데이터포털의 금융위원회_주식시세정보 API를 활용하여 23년 1월부터 12월까지 상위 30개 종목의 시세 데이터를 엑셀로 가져와 종목명을 약자로 변경한 것입니다.

TIP 주식시세 데이터를 한꺼번에 가져오는 자세한 방법은 228쪽을 참고하세요. 단, 포스코케미칼과 현대중공업은 각각 포스코퓨처엠, HD현대중공업으로 종목명이 변경되어 이후 데이터는 로드되지 않습니다. 이와 같은 경우에는 변경된 종목명의 데이터를 같이 가져온 후 일자별로 데이터를 추가하세요.

종목명	약자	종목명	약자	종목명	약자
삼성전자	SS	POSCO홀딩스	PH	한국전력	KEPCO
LG에너지솔루션	LGEN	셀트리온	CLN	포스코케미칼	PC
삼성바이오로직스	SSB	삼성물산	SMI	KT&G	KT&G
SK하이닉스	SKH	KB금융	KB	하나금융지주	HFG
LG화학	LGC	현대모비스	HMM	LG	LG
삼성SDI	SSD	신한지주	SHJ	카카오뱅크	KKOB

종목명	약자	종목명	약자	종목명	약자
현대차	HM	SK이노베이션	SKI	LG생활건강	LGH
NAVER	NVR	삼성생명	SSL	고려아연	KOZ
기아	KIA	LG전자	LGEL	SK텔레콤	SKT
카카오	KKO	SK	SK	현대중공업	HHI

 전문가의 조언

넷플릭스와 아마존의 추천 알고리즘과 유사도

넷플릭스는 사용자가 영화에 매긴 평점을 통해 비슷한 취향을 가진 회원을 찾아 해당 회원이 먼저 시청했던 영화를 사용자에게 추천합니다. 즉, 비슷한 취향을 가진 회원이 선호하는 영화를 추천하는 것이죠. 이러한 방식을 사용자 기반 추천이라고 합니다. 아마존은 상품 페이지에 해당 상품을 구매한 회원이 선호하는 다른 상품을 같이 보여 줍니다. 이는 상품을 기준으로 구매 기록을 찾아 추천하는 것으로 상품 기반 추천이라고 합니다.

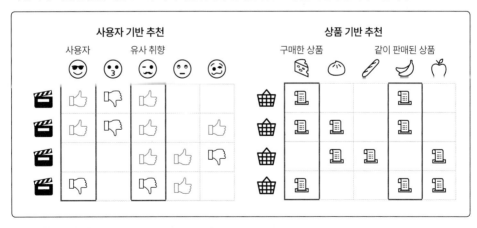

넷플릭스와 아마존의 추천 알고리즘은 모두 유사도를 사용합니다. 회원의 시청 기록 또는 상품의 구매 기록을 바탕으로 유사한 데이터를 찾아 아직 안 본 영화를 추천하거나 같이 구매할 상품을 추천하는 것입니다.

2 | 기본 현황 확인하기

① [AF1] 셀의 파이썬 입력 창에 다음 코드를 입력하고 실행합니다.

**[AF1]
=PY(**
```
df = xl("A1:AD246", headers=True)
```

② [AF1] 셀에 [A1:AD246] 영역의 데이터가 변수 'df'로 저장됩니다.

③ [AF3] 셀의 파이썬 코드 입력 창에 다음 코드를 입력하고 실행합니다.

**[AF3]
=PY(**
```
df.plot(subplots=True, layout=(6, 5), figsize=(15, 10))
# 15x10인치 크기의 차트를 생성한 후 변수 df의 각 열을 가로 6, 세로 5의 배열로 배치합
니다.
```

④ [AF3] 셀의 파이썬 개체를 마우스 오른쪽으로 클릭한 다음 [셀 위에 플롯 표시]를 선택합니다.

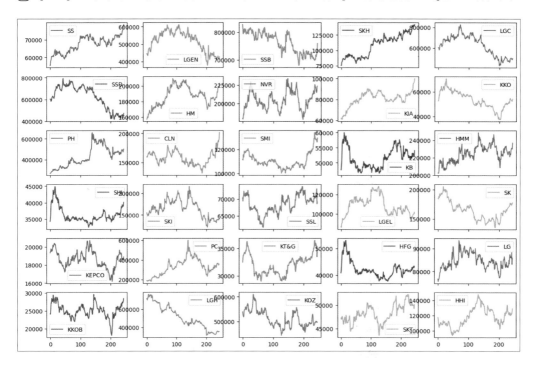

변수 df에 열별로 들어 있는 30개 종목의 시세 데이터가 바둑판 모양으로 배치되었습니다. y축
에 종목별 시세 데이터 범위가 자동으로 조절되어 종목별 추세가 한눈에 파악됩니다. 차트를 보면,
SK하이닉스(SKH)가 다른 종목에 비해 큰 등락 없이 꾸준히 상승하고, LG생활건강(LGH)은 꾸준
히 하락하는 등 간단한 흐름을 파악할 수 있습니다. 하지만 그 외 등락을 반복하는 종목의 흐름을

찾아 비슷한 종목끼리 분류하기는 어려워 보입니다.

3 | 20일 이동평균선 추가하기

추세가 비슷한 종목을 찾기 위해서는 일별 변동성을 제거할 필요가 있습니다. 일별 시세 데이터를 그대로 활용하면 일시적인 변동성까지 유사도에 반영되어 정확한 추세를 파악하기 어렵습니다. 일반적으로 많이 사용하는 20일 이동평균선을 이용하여 일별 변동성을 최소화한 후 다시 차트를 확인해 보겠습니다.

① [AF39] 셀의 파이썬 코드 입력 창에 다음 코드를 입력하고 실행합니다.

```
[AF39]     df_ma = df.rolling(20).mean()
=PY(       # 변수 df의 20일 이동평균이 변수 'df_ma'에 저장됩니다.
```

② [AF41] 셀의 파이썬 코드 입력 창에 다음 코드를 입력하고 실행합니다.

```
[AF41]     df_ma.plot(subplots=True, layout=(6, 5), figsize=(15, 10))
=PY(       # 15x10인치 크기의 차트를 생성한 후 변수 df의 각 열을 가로 6, 세로 5의 배열로 배치합
           니다.
```

③ [AF41] 셀의 파이썬 개체를 마우스 오른쪽으로 클릭한 다음 [셀 위에 플롯 표시]를 선택합니다.

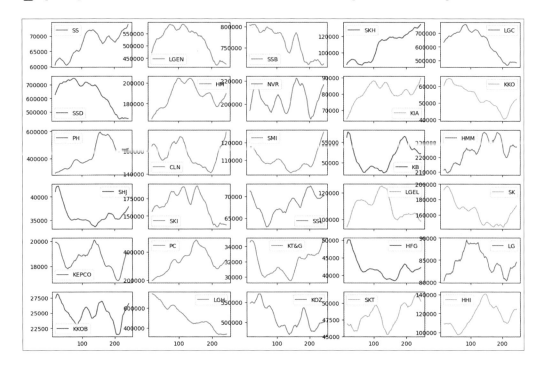

이동평균선으로 차트를 생성한 결과 일별 시세 데이터를 그대로 사용하는 것보다 추세가 좀 더 명확해진 것을 볼 수 있습니다. 특히 추세가 뚜렷했던 SK하이닉스(SKH)와 LG생활건강(LGH)은 좀 더 간결한 선으로 표시되었습니다. 20일 이동평균선을 채택하기로 하고 다음 단계로 넘어가 보겠습니다.

4 | 종목별 시세 데이터 표준화하기

이동평균선으로 시세 데이터의 일별 변동성은 완화되었지만, 유사도를 분석하려면 데이터의 크기 차이를 줄여야만 안정적인 결과를 얻을 수 있습니다. 단, 이 과정에서 상승률처럼 수익에 밀접한 변동성은 유지되어야만 합니다. 그래서 시세 데이터의 크기를 맞출 때는 주로 '표준화(Standardization)' 방식을 적용합니다. 표준화란 데이터를 평균이 0이고 표준편차가 1이 되도록 조정하는 것으로, 데이터의 크기는 조절되지만 상대적인 변동성은 유지되는 방법입니다. 엑셀 파이썬에서 표준화는 scikit-learn 라이브러리의 StandardScaler 함수를 이용합니다.

① [AF77] 셀의 파이썬 코드 입력 창에 다음 코드를 입력하고 실행합니다.

```
from sklearn.preprocessing import StandardScaler
# StandardScaler 클래스를 가져옵니다.
```
[AF77] =PY(

② [AF79] 셀의 파이썬 코드 입력 창에 다음 코드를 입력하고 실행합니다.

```
std_data = StandardScaler().fit_transform(df_ma[20:])
# fit_transform 함수로 변수 df_ma에서 20일 이동평균의 값이 들어 있는 20행부터 끝 행까지의 데이터를 표준화하여 변수 std_data에 저장합니다.
```
[AF79] =PY(

③ [AF79] 셀에 fit_transform 함수의 결과 값이 행렬로 반환되어 ndarray로 표시됩니다.

TIP ndarray 개체의 array(배열)는 같은 형태의 값을 연속적으로 저장하는 자료구조를 의미합니다.

④ [AF81] 셀의 파이썬 코드 입력 창에 다음 코드를 입력하고 실행합니다.

```
df_std = pd.DataFrame(std_data, columns=df.columns)
# 행렬 데이터를 편하게 사용하기 위해 변수 std_data를 변수 df와 같은 열 이름의 DataFrame으로 전환합니다.
```
[AF81] =PY(

⑤ [AF81] 셀에 변수 df_std가 DataFrame으로 저장됩니다.

⑥ [AF83] 셀의 파이썬 코드 입력 창에 다음 코드를 입력하고 실행합니다.

[AF83] =PY(	`df_std.plot(subplots=True, layout=(6, 5), figsize=(15, 10))` # 15x10인치 크기의 차트를 생성한 후 변수 df_std의 각 열을 가로 6, 세로 5의 배열로 배 치합니다.

⑦ [AF83] 셀의 파이썬 개체를 마우스 오른쪽으로 클릭한 다음 [셀 위에 플롯 표시]를 선택합니다.

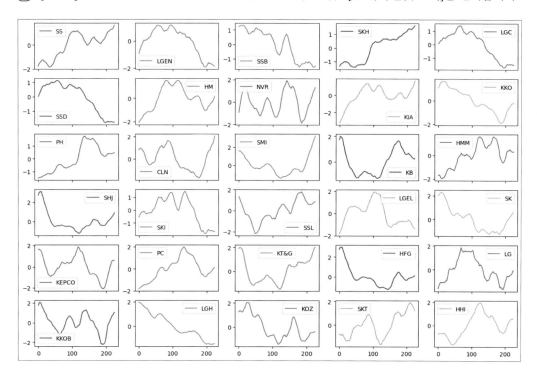

표준화 견과를 반영한 차트를 보면 종목별 치프 형대기 그대로 유지된 깃을 볼 수 있습니다. 나만, 각 차트의 y축을 보면 값의 범위가 -2~2 내외로 조절되었습니다. 앞서 살펴본 두 기업을 비교해 보면 SK하이닉스(SKH)는 -1.4~+1.6의 값을 가지는 데 반해 LG생활건강(LGH)은 -1.5~+1.9로 값의 범위가 다릅니다. 이는 상승률에 대한 변동성이 그대로 유지되며 발생하는 현상입니다. 다음 CASE에서는 가공된 데이터를 활용하여 유사도를 추출해 보겠습니다.

종목별 유사도 추출하기

이번 장에서 실습할 내용은 종목별 유사도를 추출하는 방법입니다. 종목별로 유사도를 추출하면 관심 종목과 추세가 비슷한 종목을 간단하게 발굴할 수 있습니다.

실습 **종목별 유사도 추출하기**   🔗 CASE_02

1 │ 유사도 분석을 위한 행/열 바꾸기

API로 가져온 주식 시세 데이터는 날짜별로 데이터가 누적되어 있습니다. 하지만 종목별 시세 데이터의 유사도를 분석하려면 날짜별로 누적된 데이터의 행과 열을 새로 구성해야 합니다.

엑셀에서 행과 열의 데이터를 변경하려면 **[선택하여 붙여넣기]**의 **[행/열 바꿈]** 기능을 이용하면 되지만, 실습 데이터는 이미 이동평균선과 `StadardScaler` 함수가 적용된 상태이므로 DataFrame에 포함된 `transpose` 함수를 이용하여 DataFrame의 행과 열의 위치를 전환하겠습니다.

① 새 시트를 추가하고 [A1] 셀의 파이썬 코드 입력 창에 다음 코드를 입력하고 실행합니다.

[A1] **=PY(**	`df_trs = df_std.transpose()` `# DataFrame df_std의 행과 열의 위치를 전환하여 변수 df_trs에 저장합니다.`

② [A1] 셀의 [⟲]를 클릭하면 행과 열의 위치가 전환된 것을 확인할 수 있습니다.

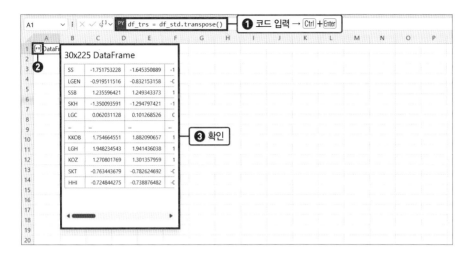

2 | 코사인 유사도 추출하기

① [A3] 셀의 파이썬 코드 입력 창에 다음 코드를 입력하고 실행합니다.

```
[A3]     from sklearn.metrics.pairwise import cosine_similarity
=PY(     # scikit-learn 라이브러리에서 cosine_similarity 함수를 가져옵니다.
```

② [B6] 셀의 파이썬 코드 입력 창에 다음 코드를 입력하고 실행합니다.

```
[B6]     cosine_similarity(df_trs)
=PY(     # cosine_similarity 함수를 사용하여 df_trs에 대한 유사도를 계산합니다.
```

③ [B6] 셀의 파이썬 개체를 [Excel 값]으로 표시합니다.

④ [Sheet1]에서 열 이름이 들어 있는 [A1:AD1] 영역을 복사하여 [Sheet3] 시트의 [B5] 셀에 붙여 넣습니다.

⑤ [A6] 셀을 마우스 오른쪽으로 클릭한 다음 [선택하여 붙여넣기]-[행/열 바꿈]을 차례대로 선택하여 열 이름을 세로로 바꾸어 붙여 넣습니다.

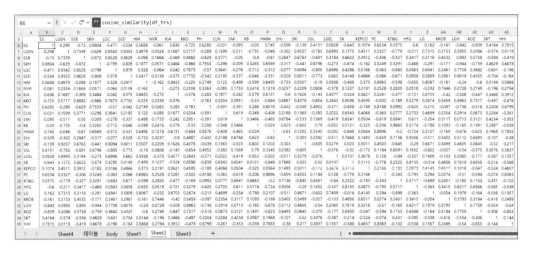

DataFrame을 이용하여 `cosine_similarity` 함수를 실행하면 위와 같이 DataFrame에 포함되어 있는 모든 열에 대한 유사도가 가로, 세로를 교차하며 표시됩니다. 이는 각 열을 기준으로 다른 행의 데이터에 대한 유사도가 표시된 것으로, 여기서는 열을 기준으로 유사도를 살펴보겠습니다.

3 │ 삼성전자의 종목별 유사도를 색조로 표시하기

엑셀의 조건부 서식을 이용해 삼성전자와 다른 종목의 유사도를 간단하게 살펴보겠습니다. [녹색 - 흰색 색조]는 서식이 적용된 범위의 숫자가 클수록 진한 녹색으로 표시됩니다.

① [B6:B35] 영역을 선택한 후 메뉴에서 [홈]-[조건부 서식]-[색조]-[녹색 - 흰색 색조]를 차례대로 선택합니다.

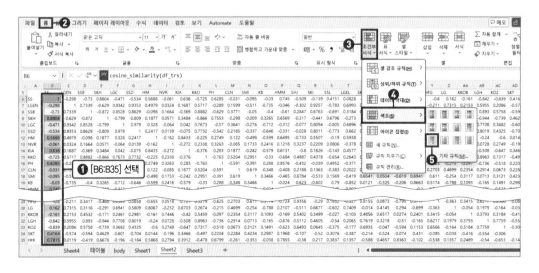

cosine_similarity 함수를 이용하여 추출한 유사도는 -1부터 +1의 값을 갖습니다. +1이 가장 높은 유사도를 의미하며, -1은 정반대의 유사도를 나타냅니다.

삼성전자(SS)와 가장 유사도가 높은 종목은 SK하이닉스(SKH)로 유사도 값은 0.88입니다. 두 종목은 국내 반도체 1, 2위 기업으로 23년 한해 동안 가장 유사한 추세를 보였습니다. 두 번째로 유사도가 높은 종목은 현대중공업(HHI)으로 삼성전자와 다른 업종이지만, 조선업이 활기를 띄며 삼성전자와 유사한 상승 추세를 보였습니다. 반면 유사도가 반대인 종목은 LG생활건강(LGH)으로 23년 한해 동안 지속적으로 하락하며 정반대의 유사도를 나타냈습니다.

cosine_similarity 함수는 사용이 간편하여 관심 종목의 유사도를 쉽게 계산할 수 있습니다. 또한 계산 속도가 빠르기 때문에 다수의 종목에 대해 유사도를 추출한 후, 유사도가 높은 종목만 선별하여 분산 투자함으로써 개별 종목의 리스크를 줄일 수 있습니다.

	SS
SS	1
LGEN	-0.29791
SSB	-0.72995
SKH	0.880439
LGC	-0.47123
SSD	-0.53388
HM	0.56883
NVR	-0.06104
KIA	0.636013
KKO	-0.72519
PH	0.628521
CLN	-0.03103
SMI	-0.09451
KB	-0.03033
HMM	0.74496
SHJ	-0.50858
SKI	-0.13906
SSL	0.415061
LGEL	0.082777
SK	-0.64332
KEPCO	0.107378
PC	0.653386
KT&G	0.037517
HFG	-0.59968
LG	0.161979
KKOB	-0.16069
LGH	-0.84171
KOZ	-0.83878
SKT	0.416404
HHI	0.781509

종목별 유사도 분류하기

유사도 분류 알고리즘을 활용하면 추세와 패턴이 비슷한 종목을 그룹별로 분류할 수 있습니다. 이번에는 시세 데이터의 유사도 분류에 적합한 알고리즘과 그 사용 방법을 알아보겠습니다.

실습 종목별 유사도 분류하기   ✎ CASE_03

1 │ 유사도 전파 알고리즘으로 유사도별 종목 분류하기

유사도 전파(Affinity Propagation) 알고리즘은 유사도에 따라 데이터를 분류하는 알고리즘입니다. 이 알고리즘은 형태가 다양한 데이터의 경우 너무 많은 그룹을 생성하고 연산 속도가 느리다는 단점이 있지만, 시세 데이터처럼 같은 형태의 데이터는 자동으로 그룹을 분류하는 장점이 있습니다. 이전 장에서 사용했던 df_trs의 데이터를 활용하여 실습을 이어서 진행해 보겠습니다.

① 새 시트를 추가하고, [A1] 셀의 파이썬 코드 입력 창에 다음 코드를 입력하고 실행합니다.

[A1]
=PY(
```
from sklearn.cluster import AffinityPropagation
# scikit-learn 라이브러리의 AffinityPropagation 클래스를 가져옵니다.
```

② [A3] 셀의 파이썬 코드 입력 창에 다음 코드를 입력하고 실행합니다.

[A3]
=PY(
```
clt = AffinityPropagation()
# AffinityPropagation 클래스를 변수 clt에 저장합니다. 클래스를 변수에 저장하면 독립된
프로그램으로 동작합니다.
clt.fit(df_trs)
# fit 함수로 변수 clt에 저장된 클래스의 군집화를 실행하고 결과를 저장합니다.
```

③ [A3] 셀에 변수 clt에 저장한 `AffinityPropagation` 클래스가 표시됩니다.

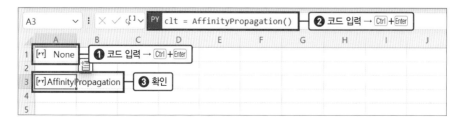

④ [A5] 셀의 파이썬 코드 입력 창에 다음 코드를 입력하고 실행합니다.

[A5]
=PY(

```
df_trs['Pattern'] = clt.labels_
```
\# 변수 clt에 저장된 AffinityPropagation 클래스에서 labels_를 이용하여 분류 결과를 가져옵니다. label_는 AffinityPropagation 클래스의 속성으로 fit 함수를 실행한 이후에 군집화 결과를 불러올 수 있습니다.
\# 군집화 결과를 사용하기 쉽도록 df_trs['Pattern']에 저장합니다.

⑤ [A7] 셀의 파이썬 코드 입력 창에 다음 코드를 입력하고 실행합니다.

[A7]
=PY(

```
df_trs['Pattern'].unique()
```
\# unique 함수는 중복을 제거하는 함수로, 군집화 결과 0~4번까지 5개의 그룹이 생성되었습니다.

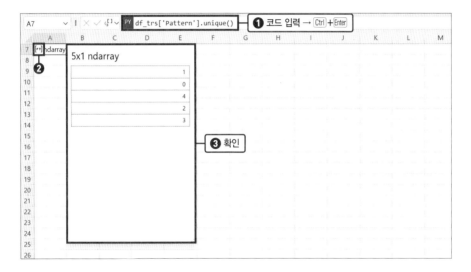

2 │ 분류 결과 확인하기

이제 분류된 결과를 차트로 확인해 보겠습니다. [Pattern] 열에 저장해 둔 그룹 번호로 데이터를 필터링한 후 plot 함수를 이용하면 간단하게 그룹별 차트를 생성할 수 있습니다. 단, 5개의 그룹으로 구분되어 있으니 한눈에 볼 수 있도록 각 셀에 차트를 생성해 보겠습니다.

① [A9] 셀의 파이썬 코드 입력 창에 다음 코드를 입력하고 실행합니다.

[A9]
=PY(

```
df_trs[df_trs['Pattern']==0].drop('Pattern', axis=1).transpose().plot()
```
\# 먼저 Pattern이 0인 값을 필터링한 후 결과 값에 3개의 함수를 순차적으로 적용합니다.
\# 첫 번째로 drop 함수를 이용해 Pattern 열을 삭제하고, 두 번째로 transpose 함수로 행/열을 바꿉니다. 그리고 마지막으로 plot 함수를 이용하여 선 차트를 생성합니다.

② 다음과 같이 각 셀의 파이썬 코드 입력 창에 코드를 입력하고 실행하여 차트를 생성합니다.

```
[I9]
=PY(    df_trs[df_trs['Pattern']==1].drop('Pattern', axis=1).transpose().plot()
```

```
[Q9]
=PY(    df_trs[df_trs['Pattern']==2].drop('Pattern', axis=1).transpose().plot()
```

```
[A20]
=PY(    df_trs[df_trs['Pattern']==3].drop('Pattern', axis=1).transpose().plot()
```

```
[I20]
=PY(    df_trs[df_trs['Pattern']==4].drop('Pattern', axis=1).transpose().plot()
```

③ 생성된 각 셀의 파이썬 개체를 마우스 오른쪽 버튼으로 클릭한 다음 **[셀 위에 플롯 표시]**를 클릭하여 차트를 표시합니다.

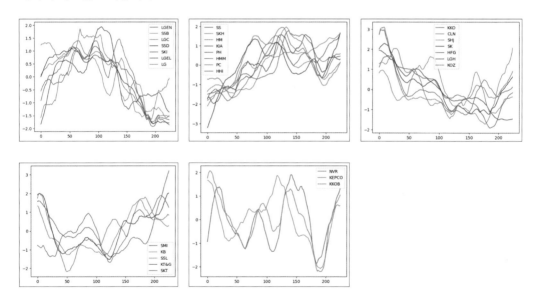

0번 그룹을 시작으로 왼쪽 첫 번째 줄부터 오른쪽 아래로 차트가 배치되었습니다. 각 차트를 보면 종목별로 조금씩 차이는 나지만 대체로 비슷한 추세끼리 그룹으로 분류되었습니다.

우선 첫 번째 그룹(0번)을 살펴보겠습니다. 모두 7개 기업으로 LG에너지솔루션(LGEN), 삼성바이오로직스(SSB), LG화학(LGC), 삼성SDI(SSD), SK이노베이션(SKI), LG전자(LGEL), LG(LG)입니다. 삼성바이오로직스를 제외하면 2차전지와 관련된 기업들로 연초에는 상승하였지만 중반부터 하락한 모습입니다.

두 번째 그룹(1번)은 8개 기업으로 삼성전자(SS), SK하이닉스(SKH), 현대차(HM), 기아차(KIA), POSCO홀딩스(PH), 현대모비스(HMM), 포스코케미칼(PC), 현대중공업(HHI)입니다. 대부분 반도체와 자동차로 구성된 그룹으로 연초부터 지속적으로 상승한 종목입니다. 특히 뚜렷한 상승 추세를 이어 갔던 SK하이닉스가 포함되어 있습니다.

세 번째 그룹(2번)은 7개 기업으로 카카오(KKO), 셀트리온(CLN), 신한지주(SHJ), SK(SK), 하나 금융지주(HFG), LG생활건강(LGH), 고려아연(KOZ)입니다. 꾸준히 하락하다가 연말에 일부 반 등한 모습으로 금리 또는 경기에 민감한 종목들로 구성되어 있습니다.

네 번째 그룹(3번)은 5개 기업으로 삼성물산(SMI), KB금융(KB), 삼성생명(SSL), KT&G(KT&G), SK텔레콤(SKT)입니다. 이 그룹은 세 번째 그룹과 비슷하게 경기에 민감한 종목으로 구성되어 있 지만 연말의 반등폭이 좀 더 크게 발생했습니다.

마지막으로 다섯 번째 그룹(4번)은 3개 기업으로 네이버(NVR), 한국전력(KEPCO), 카카오뱅크 (KKOB)입니다. 이 기업들은 모두 연초에 급격히 하락한 후 등락을 반복하고 있습니다.

5개 그룹을 모두 살펴본 결과 2차전지 관련주와 금리/경기 민감주는 하락하고 반도체와 자동차 기업이 상승하였습니다. 이렇게 추세가 비슷한 그룹을 묶으면 각 기업의 공통점을 통해 개별 기업 의 상승 요인이나 시장 변화를 파악할 수 있습니다. 또한, 새로운 종목을 발굴함으로써 투자에 활 용할 수 있습니다.

4

넷째마당

엑셀 파이썬 제대로 활용하기

1장   사용하기 쉬운 예측 모델 만들기

2장   군집화로 데이터 분석하기

3장   이상 탐지 모델로 시스템 장애와 부정 거래 찾기

4장   ChatGPT로 오픈소스 사용하기

사용하기 쉬운
예측 모델 만들기

예측 모델은 데이터를 기반으로 한 정교한 확률 계산을 통해 만들어집니다. 그러나 데이터
와 예측 방식을 명확히 설명하지 못하면 신뢰를 얻지 못해 활용이 제한될 수도 있습니다.
이번 장에서는 의사결정나무 알고리즘을 사용해 예측 과정을 시각화하여 설명하기
쉽고 편리하게 활용할 수 있는 예측 모델을 만들어 보겠습니다.

예측 모델을 만들기 위한 데이터 구성 방법

예측 모델은 데이터를 기반으로 AI를 학습시키는 과정으로, 문제와 정답을 통해 학생을 가르치는 것과 유사하게 만들어집니다. 여기서 데이터는 문제와 정답에 해당하며, AI는 학생, 학습 방법은 알고리즘에 해당합니다. 이번 CASE에서는 예측 모델의 기본 개념과 학습용 데이터를 구성하는 방법을 살펴보겠습니다.

✓ 데이터 분석 알고리즘의 정의와 활용 범위

알고리즘은 특정한 문제를 해결하기 위한 단계별 절차를 말합니다. 데이터 분석 알고리즘은 통계학, 사회과학, 뇌과학, 언어학 등의 학문에서 발전한 데이터 분석 이론과 공식을 토대로 만들어졌으며, 주된 목적은 데이터를 기반으로 한 예측, 분류, 추천 등의 문제를 자동으로 처리하는 것입니다.

데이터 분석 알고리즘은 2000년대 이후 머신러닝(Machine Learning, 기계학습) 분야에 활용되면서 더욱 빠르게 발전했습니다. 머신러닝이란 AI가 목적에 맞게 동작할 수 있도록 가르치는 것으로 크게는 지도학습과 비지도학습으로 나눌 수 있습니다.

지도학습(Supervised Learning)은 문제와 정답으로 구성된 데이터로, 정답을 맞추는 모델을 만드는 방법입니다. 주로 예측과 분류 알고리즘이 사용되며, 질병 예측 및 개와 고양이 이미지 분류 등에 사용됩니다.

비지도학습(Unsupervised Learning)은 지도학습과 달리 정답이 없는 데이터를 수치적인 특성에 따라 묶거나 특성이 상이한 데이터를 찾아내는 방식입니다. 비지도학습에 사용되는 알고리즘은 군집 분석과 이상지 탐지가 있으며, 고객 분류와 금융사기 탐지 등의 분야에 활용됩니다.

✓ 데이터 기반 예측

데이터 기반 예측이란 지도학습의 일종으로 과거 데이터를 기반으로 현재로서는 알 수 없는 사실에 대해 예측하는 것을 말합니다. 예를 들어, 은행이 고객에게 대출을 제공할 때 미래에 그 고객이 대출금을 제대로 상환할 수 있을지는 정확히 알기 어렵습니다. 그러나 과거의 금융 이용 내역과 대출 상환 이력 데이터를 바탕으로 분석해 보면 대출을 상환한 고객과 그렇지 않은 고객의 차이를 발견할 수 있으며, 이러한 차이를 바탕으로 신규 고객이 대출금을 상환할 확률을 계산할 수 있습니다. 즉, 과거 데이터를 기반으로 예측하고자 하는 사건에 대한 예측 모델을 만들 수 있으며, 이를 활용하여 미래에 발생할 상환 여부를 계산할 수 있는 것입니다. 대출 상환 여부에 대한 예측 모델은 실제로 신용평가 점수 등에서 활용되고 있습니다.

✔ 예측 모델의 데이터 구성 방식

예측 모델에서는 예측하고자 하는 값 또는 사건을 '목표 변수'라고 부릅니다. 앞서 설명한 예시에서는 대출 상환 여부가 목표 변수가 됩니다. 목표 변수에는 대출 상환 여부처럼 단순히 사건 발생 여부만 정할 수도 있고, 미상환 금액과 연체 개월 수처럼 구체적인 값으로도 정할 수 있습니다.

목표 변수가 정해지면 목표 변수에 영향을 끼치는 데이터를 찾습니다. 이러한 데이터를 '설명 변수'라고 부르는데, 대출 상환 여부에 영향을 끼치는 값은 연체 횟수, 대출 총액, 월 소득 금액 등을 예로 들 수 있습니다.

예측 모델을 만들 때는 설명 변수와 목표 변수를 모두 가진 데이터를 사용합니다. 그리고 설명 변수만 있는 데이터에 예측 모델을 적용하여 목표 변수를 계산합니다. 만약, 목표 변수 값이 미래라면 각 데이터의 시점은 다음과 같습니다.

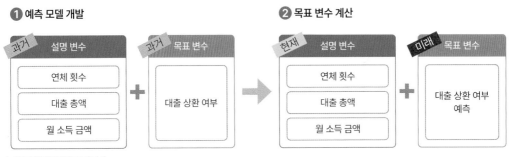

▲ 예측 모델의 데이터 구성 방식

예측 모델의 데이터 구성 방식은 지도학습의 관점에서는 문제와 정답으로 구성된 데이터로 AI를 학습한 후 문제를 푸는 것과 같습니다. 개와 고양이 사진을 분류하는 AI 개발을 예로 들면, 다음과 같이 사진에 대한 정보와 분류 값으로 AI를 개발한 후 이미지 자동 분류에 활용하는 것입니다.

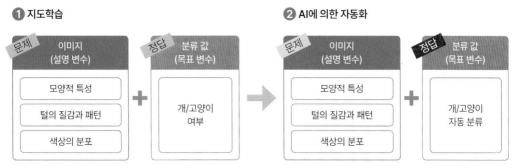

▲ 지도 학습의 데이터 구성 방식

✓ 예측 모델 개발을 위한 예시 데이터 살펴보기

여기서는 글로벌 데이터 경진대회 플랫폼인 '캐글(Kaggle)'에서 제공하는 타이타닉 생존자 예측 데이터가 어떻게 구성되어 있는지 알아보겠습니다. 이어지는 실습에서도 이 데이터를 사용하므로 주의 깊게 살펴보세요.

> **TIP** 캐글에서는 예제로 제공하는 타이타닉 생존자 예측 데이터 외에도 다양한 알고리즘을 연습하기에 적합한 데이터를 제공합니다. 특히 기업에서 제공하는 데이터는 산업별 과제와 해결 방법까지 참고할 수 있으므로 매우 유용합니다.

타이타닉 생존자 예측 데이터는 총 3개의 CSV 파일로 구성됩니다. 우선, 예측 모델 개발을 위한 설명 변수와 목표 변수가 모두 포함된 학습 데이터(train.csv)와 예측 모델의 성능을 확인할 수 있는 검증 데이터(test.csv)가 있습니다. 단, 검증 데이터에는 설명 변수만 들어 있으며, 모델이 예측한 값을 실제 값과 비교할 수 있도록 별도의 파일(submission.csv)에 목표 변수가 들어 있습니다.

파일명	설명
train.csv 학습 데이터	예측 모델 개발용 데이터로, 열 이름을 포함하여 총 892개의 행으로 구성되어 있습니다.
test.csv 검증 데이터(설명 변수)	개발된 모델의 성능을 확인하기 위한 데이터로, 열 이름을 포함하여 총 419개의 행으로 구성되어 있으며, 테스트를 위해 실제 생존 여부가 기록된 열은 제외되어 있습니다.
submission.csv 검증 데이터(목표 변수)	test.csv 파일에서 실제 생존 여부를 분리해 둔 파일입니다. 캐글의 데이터에는 실제 생존 여부가 포함되어 있지 않아 여기서는 만점자의 데이터를 활용합니다.

학습 데이터는 일련번호(PassengerId)를 포함하여 총 11개의 항목으로 구성되어 있습니다. 이 중 생존 여부(Survived) 항목이 목표 변수이고, 나머지 10개 항목이 설명 변수입니다.

	A	B	C	D	E	F	G	H	I	J	K	L
1	Passenger	Survived	Pclass	Name	Sex	Age	SibSp	Parch	Ticket	Fare	Cabin	Embarked
2	1	0	3	Braund, M	male	22	1	0	A/5 21171	7.25		S
3	2	1	1	Cumings, I	female	38	1	0	PC 17599	71.2833	C85	C
4	3	1	3	Heikkinen,	female	26	0	0	STON/O2.	7.925		S
5	4	1	1	Futrelle, M	female	35	1	0	113803	53.1	C123	S
6	5	0	3	Allen, Mr.	male	35	0	0	373450	8.05		S
7	6	0	3	Moran, Mı	male		0	0	330877	8.4583		Q
8	7	0	1	McCarthy,	male	54	0	0	17463	51.8625	E46	S
9	8	0	3	Palsson, M	male	2	3	1	349909	21.075		S
10	9	1	3	Johnson, N	female	27	0	2	347742	11.1333		S

A1 셀: PassengerId

열 이름	설명	코드 및 데이터 설명	변수 구분
Survived	생존 여부	0 = 사망, 1 = 생존	목표 변수
Pclass	티켓 등급	1 = 1등석, 2 = 2등석, 3 = 3등석	설명 변수
Name	이름	영문으로 구성	
Sex	성별	male=남성, female=여성	
Age	나이	0.42 ~ 80 (0.42=5개월)	
Sibsp	동승한 형제자매, 배우자의 수	0 ~ 8	
Parch	동승한 부모, 자식의 수	0 ~ 6	
Ticket	티켓 번호	영문, 숫자 등으로 구성(예: A/5 21171)	
Fare	승객 요금	0 ~ 512.3292	
Cabin	방 호수	영문, 숫자로 구성(예: C85)	
Embarked	탑승지	C = Cherbourg(세르부르) Q = Queenstown(퀸즈타운) S = Southampton(사우샘프턴)	

의사결정나무로 사용하기 쉬운 예측 모델 만들기

CASE 02

일부 예측 모델은 복잡한 수학 공식을 사용하거나 모델 개발에 사용된 데이터가 명확하지 않아 사용자가 이해하기 어렵다는 단점이 있습니다. 그러나 의사결정나무는 예측에 사용된 데이터와 확률을 명확하게 제시하여 모델을 쉽게 설명할 수 있고, 여러 사람이 편리하게 활용할 수 있습니다.

✔ 간단히 알아보는 의사결정나무

의사결정나무(Decision Tree)는 '질문'을 던져가며 데이터를 분류하는 알고리즘입니다. 예를 들어, 타이타닉 생존자를 예측하는 모델을 만든다고 하면, 우선 "생존자는 여성인가요?"라고 물어본 후 남성과 여성을 나눌 수 있습니다. 그런 다음 "생존자는 2등석 이상의 티켓을 가지고 있나요?"라는 식의 질문을 반복해 물어본 후 그룹을 더 작게 분류합니다. 이러한 과정이 반복되면 세부 그룹은 점점 사망자 또는 생존자로 쏠리게 되는데 이를 활용하면 특정 비율이 높아지는 질문을 얻을 수 있습니다.

아래의 예시는 의사결정나무를 이용하여 타이타닉 생존자 예측 모델을 간단하게 구성한 것입니다. 모델에 입력한 데이터는 각 질문에 따라서 "예/아니오"로 나눠지며, 연결된 질문으로 이동하다 보면 마지막에 특정 값의 비율이 높아진 상자에 도착하게 됩니다. 예를 들어 빨간색 화살표를 따라서 [여성] → [2등석 이상 티켓 소지]로 이동하면 생존율은 94.3%가 됩니다. 하지만 파란색 화살표를 따라 [남성] → [6.5세 초과]로 이동하면 사망률이 82.1%(생존율 17.9%)인 상자에 도착합니다.

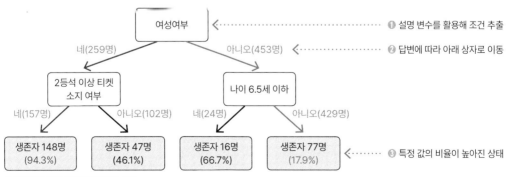

▲ 의사결정나무를 이용한 예측 모델 예시

의사결정나무는 질문이 연결된 모습이 마치 나뭇가지가 자라는 모습과 비슷하여 붙여진 이름입니다. 실제로 모델을 생성하면 위와 같은 차트를 출력할 수 있으며, 이를 활용해 예측 방식을 쉽게 확인할 수 있습니다.

실습 ## 예측 모델 개발을 위한 데이터 정리   🔗 train.csv

예측 모델을 개발하려면 수치 계산에 오류가 발생할 수 있는 빈 값을 제거하고, 모델 개발에 사용되지 않는 불필요한 열을 삭제해야 합니다. 그리고 알고리즘이 동작할 수 있는 형태로 데이터를 정리해야 합니다. 여기서는 다음 순서에 따라 데이터를 정리해 보겠습니다.

1 | 불필요한 열 삭제하기

우선 타이타닉 생존자 예측 데이터의 train.csv 파일을 불러옵니다. 데이터를 살펴보면 [Name] 과 [Ticket] 열의 데이터는 생존 여부 예측과는 관련이 없으며, [Cabin] 열은 빈 값이 많아 설명 변수로 활용하기에 적합하지 않습니다. 이러한 데이터는 엑셀 시트에서 직접 삭제해도 됩니다.

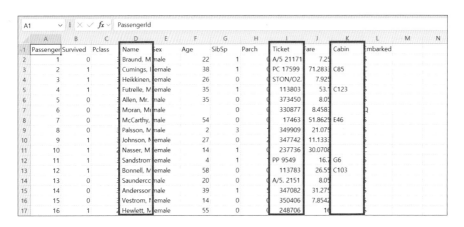

① Ctrl 을 누른 상태에서 [D], [I], [K] 열을 선택한 다음 Ctrl + - 를 눌러 [Name], [Ticket], [Cabin] 값이 입력된 열을 삭제합니다.

2 | 빈 값이 있는 행 삭제하기

빈 값이 있는 행은 알고리즘이 동작할 때 수치 계산의 오류를 일으킬 수 있습니다. 엑셀 시트에서 예측 모델에 사용할 데이터를 DataFrame에 저장한 후 dropna 함수를 이용하여 빈 값이 있는 행을 삭제하겠습니다.

① [K1] 셀의 파이썬 코드 입력 창에 다음 코드를 입력하고 실행합니다.

[K1]
=PY(

```
df = xl("B1:I892", headers=True)
# [A] 열(PassengerId)은 설명 변수로 사용하지 않을 것이므로 제외했습니다.
df = df.dropna()
# dropna 함수로 빈 값이 포함된 행을 삭제합니다. dropna 함수에 대한 자세한 내용은 93쪽
을 참고하세요.
```

② [K1] 셀에 빈 값이 있는 행이 삭제된 [B1:I892] 영역이 변수 'df'로 저장됩니다.

3 | 텍스트 데이터를 수치로 바꾸기

예측 모델은 확률 계산을 위해 숫자 형식의 값을 활용하므로 텍스트 형식의 값을 숫자 형식으로 변경해야 합니다. 엑셀만 사용한다면 텍스트 형식의 값을 일일이 숫자 형식으로 변경해야 하지만 엑셀 파이썬의 Pandas 라이브러리를 활용하면 쉽게 변경할 수 있습니다. 여기서는 `get_dummies` 함수를 이용하여 텍스트 형식의 값을 숫자 형식으로 변경하는 방법을 알아보겠습니다.

① [K3] 셀의 파이썬 코드 입력 창에 다음 코드를 입력하고 실행합니다.

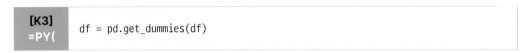

```
[K3]    df = pd.get_dummies(df)
=PY(
```

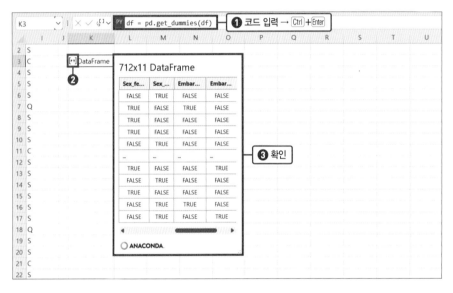

TIP DataFrame에서 TRUE, FALSE로 표시된 값은 실제로는 1, 0의 값을 가집니다.

분석 알고리즘은 대부분 수학적인 연산 과정을 포함하고 있으므로 이처럼 텍스트 형식의 데이터도 수치로 바꿔야 합니다. `get_dummies` 함수는 파라미터로 지정한 열의 텍스트 수만큼 새로운 열을 만든 다음 모든 값을 1 또는 0으로 변환합니다. `get_dummies` 함수를 실행한 결과는 다음과 같습니다.

278

원본 데이터

Sex	Embarked
male	S
female	C
female	S
female	S
male	S

텍스트가 수치로 변환된 데이터

Sex_female	Sex_male	Embarked_C	Embarked_Q	Embarked_S
0	1	0	0	1
1	0	1	0	0
1	0	0	0	1
1	0	0	0	1
0	1	0	0	1

변환된 데이터를 살펴보면 [Sex] 열이 2개, [Embarked] 열이 3개의 열로 나뉘고 각 열에 1 또는 0의 값이 표시되어 있습니다. `get_dummies` 함수는 문자로 구성된 열에 포함되어 있던 텍스트 값의 수만큼 새로운 열을 만든 다음 원래 값이 있던 열에 1을 입력하는 방식으로 문자를 수치로 변환합니다. 이렇게 `get_dummies` 함수는 pandas 라이브러리를 사용하여 범주형 데이터를 0과 1의 이진 특성으로 변환합니다. 즉, 각 범주에 해당하는 새로운 열을 생성하여 해당 범주에 속하는 값은 1로, 그렇지 않은 값은 0으로 표시합니다.

[sex] 열의 'female'과 'male'이라는 두 값은 [sex_female] 열과 [sex_male] 열로 변환되고, [sex_female] 열은 [sex] 열의 값이 'female'이면 1로 표시하고 'male'이면 0으로 표시합니다. 반대로 [sex_male] 열은 [sex] 열의 값이 'male'이면 1로 표시하고 'female'이면 0으로 표시합니다.

4 | 목표 변수와 설명 변수 구분하기

예측 모델을 만들기 위해서는 목표 변수와 설명 변수를 구분해야 합니다. 타이타닉 생존자 예측 데이터는 승선자의 생존 여부를 목표 변수로 하고 승선자의 정보를 설명 변수로 하는 데이터입니다. 여기서는 생존 여부가 저장된 [Survived] 열을 목표 변수로 저장하고, 나머지 열을 설명 변수로 구분하는 방법을 알아보겠습니다.

① [K5] 셀과 [K7] 셀의 파이썬 코드 입력 창에 다음 코드를 각각 입력하고 실행합니다.

[K5] =PY(

```
y = df['Survived']
# df의 [Survived] 열을 변수 y에 저장합니다.
```

[K7] =PY(

```
X = df.drop('Survived', axis=1)
```

② [K5] 셀에는 변수 df 중 [Survived] 열의 데이터가 변수 'y'로 저장되고, [K7] 셀에는 변수 df 중 [Survived] 열을 제외한 나머지 열의 데이터가 변수 'X'로 저장됩니다. 파이썬에서는 목표 변수를 소문자 'y'로 표현하고 설명 변수를 대문자 'X'로 표현합니다.

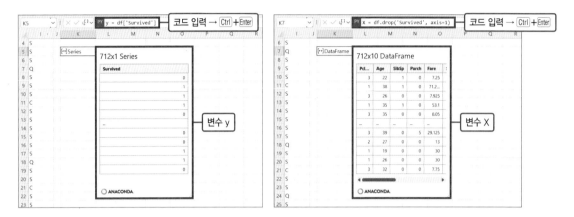

두 번째 코드의 drop 함수는 DataFrame에서 지정한 행 또는 열을 삭제하는 함수로, 첫 번째 인수에는 삭제할 열을 입력하고, 두 번째 인수에 삭제 방향을 입력합니다. 여기에서는 첫 번째 인수에 목표 변수인 'Survived'를 입력하고, 두 번째 인수 'axis'에는 열 방향을 나타내는 '1'을 입력하여 '[Survived] 열'을 삭제한 다음 변수 'X'로 저장했습니다. 즉, [Survived] 열을 제외한 나머지 열을 설명 변수로 지정한 것입니다.

TIP drop 함수에서 행을 삭제할 때는 첫 번째 인수에 '행 번호'를 입력하고 axis 인수에 0을 입력합니다. 예를 들어, 첫 번째 행을 삭제하는 함수는 df.drop([0], axis=0)입니다.

실습 의사결정나무 알고리즘으로 예측 모델 만들기   ⌗ CASE_02

예측 모델을 생성할 때는 데이터 분석과 모델 개발에 널리 쓰이는 사이킷런 라이브러리를 사용합니다. 이 라이브러리에서 tree 클래스만 가져오면 메모리를 절약할 수 있으며, 클래스명이 중복되는 문제도 방지할 수 있습니다.

1 | scikit-learn 라이브러리 불러오기

① [K9] 셀의 파이썬 코드 입력 창에 다음 코드를 입력하고 실행합니다.

```
[K9]
=PY(        from sklearn import tree
```

② 코드를 실행하면 [K9] 셀에 None이 표시됩니다. 이는 개체를 생성하지 않아 표시되는 것으로 엑셀 파이썬에서는 출력할 내용이 없거나 파이썬 개체를 생성하지 않으면 None으로 표시됩니다.

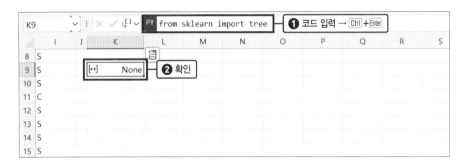

2 | 의사결정나무 알고리즘으로 예측 모델 만들기

① [K11] 셀의 파이썬 코드 입력 창에 다음 코드를 입력하고 실행합니다.

```
[K11]
=PY(        dtc = tree.DecisionTreeClassifier(max_depth=3)
            dtc.fit(X, y)
```

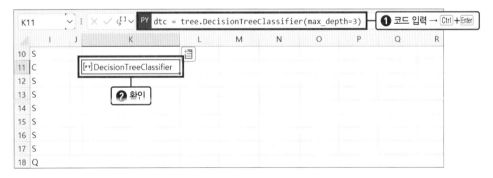

첫 번째 코드는 의사결정나무를 생성하는 `DecisionTreeClassifier` 클래스를 변수 dtc에 저장합니다. 이렇게 변수에 저장하면 각 변수에 들어 있는 클래스는 독립된 프로그램으로 동작합니다. 괄호 안에 있는 `max_depth=3`은 의사결정나무에서 생성되는 가지의 깊이를 3으로 제한하는 인수로 모델의 성능과 연관되어 있습니다. `max_depth`는 290쪽에서 자세히 살펴보겠습니다.

두 번째 코드는 변수 dtc에 저장한 DecisionTreeClassifier 클래스를 활용하여 예측 모델을 생성하는 fit 함수를 실행합니다. fit은 'fitting'의 약자로 데이터를 활용하여 모델을 맞춘다는 의미이며, 첫 번째 인수에는 설명 변수, 두 번째 인수에는 목표 변수를 입력합니다. fit 함수가 실행되면 DecisionTreeClassifier 클래스는 설명 변수(X)와 목표 변수(y)를 이용하여 예측 모델을 만들고, dtc 변수에 만들어진 모델을 저장합니다.

3 │ 예측 모델 시각화하기

의사결정나무는 예측 모델이 만들어지고 나면 예측 과정을 차트 형태로 시각화할 수 있습니다. 시각화에는 tree 클래스에 포함된 plot_tree 함수를 이용합니다. plot_tree 함수는 내부적으로 Matplotlib를 사용하기 때문에 Matplotlib의 기능을 이용하여 차트 설정을 변경할 수 있습니다.

① [K13] 셀의 파이썬 코드 입력 창에 다음 코드를 입력하고 실행합니다.

```
[K13]      plt.figure(figsize=(30,10), dpi=300)
=PY(       tree.plot_tree(dtc, feature_names=X.columns.tolist())
```

첫 번째 코드는 Matplotlib에서 차트의 크기와 해상도를 설정하는 코드입니다. plt는 초기화 설정에 들어 있는 Matplotlib의 별칭입니다. figure는 차트의 크기나 해상도를 설정하는 함수로, 첫 번째 인수로 입력된 figsize는 차트의 크기를 설정하는 함수이며, 입력 단위는 인치(inch)를 기준으로 합니다. 여기서는 가로 30인치, 세로 10인치를 입력했습니다. dpi는 'Dot Per Inch'의 약자로, 인치당 점의 개수를 나타내며 해상도를 설정할 때 사용합니다. Matplotlib의 기본 dpi는 100이므로 위의 코드를 실행하면 해상도가 300으로 높아집니다.

두 번째 코드의 plot_tree 함수에는 시각화하려는 예측 모델을 첫 번째 인수로 입력합니다. 여기서는 변수 dtc에 만들어 둔 예측 모델을 입력했습니다. 두 번째 인수인 feature_names에는 설명 변수 X의 항목명(.columns)을 목록으로 출력(.tolist())하도록 했는데, 항목명을 입력하지 않으면 번호만 출력되어 차트 가독성이 떨어지기 때문입니다.

② [K13] 셀을 마우스 오른쪽으로 클릭한 다음 [셀 위에 플롯 표시]를 선택합니다.

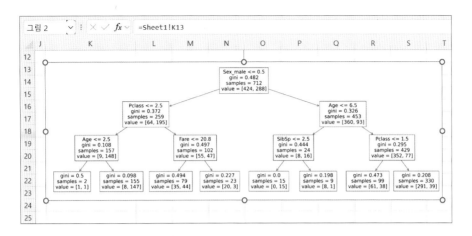

생성된 차트는 거꾸로 자라는 나무처럼 조건식이 들어 있는 상자가 아래로 뻗어 나가면서 연결되어 있습니다. 차트를 살펴보면서 예측 모델의 구조를 알아보겠습니다.

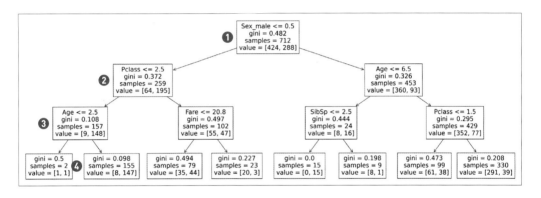

4 | 예측 모델 구조 살펴보기

먼저, 가장 위에 있는 상자를 살펴보겠습니다.

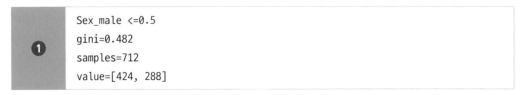

각 상자는 4개의 항목으로 구성되어 있습니다. 첫 번째 줄의 항목은 조건식으로, Sex_male <= 0.5는 성별을 의미하며 Sex_male 변수가 0.5보다 작으면 여성, 1이면 남성에 해당합니다. 이 상자를 통과하는 데이터의 Sex_male 값이 0.5 이하이면 참(여성)이므로 왼쪽 가지로 이동하고, 1이면 거짓(남성)이므로 오른쪽 가지로 이동합니다.

두 번째 줄의 항목은 세 번째, 네 번째 항목에 대한 지니 계수입니다. 지니 계수란 값이 섞여 있는 정도를 나타내는 지표로, 목표 변수의 값이 두 개인 경우 0~0.5의 범위를 가집니다. 특정 값의 비중이 커질수록 지니 계수는 작아지며, 한쪽 값만 있으면 0이 됩니다. 이 상자의 지니 계수는 0.482로 최댓값에 가까운 상태입니다.

세 번째 줄의 항목을 살펴보면 'samples=712'로 이 상자에 들어있는 데이터의 수를 나타냅니다. 네 번째 줄의 항목은 해당 데이터의 목표 변수인 생존 여부(Survived)입니다. 사망자는 '0', 생존자는 '1'로 표시하며 대괄호 안의 첫 번째 숫자 424는 사망자 수(Survived 값이 0인 개수), 두 번째 숫자 288은 생존자 수(Survived 값이 1인 개수)를 나타냅니다.

TIP 지니 계수는 각 데이터의 비중을 제곱한 후 모두 더하여 1에서 뺀 값입니다. 예를 들어 100개의 데이터가 [0, 100]으로 섞여 있다면, $1 - (0^2 + 1^2) = 0$으로 0이 됩니다. [50, 50]으로 섞여 있다면 $1 - (0.5^2 + 0.5^2)$로 0.5가 됩니다.

②
```
Pclass <= 2.5
Gini=0.372
Samples=259
Value=[64, 195]
```

첫 번째 상자에서 Sex_male <= 0.5가 참인 값, 즉 여성일 때 왼쪽 가지로 이동했습니다. 이 상자의 샘플 개수는 상위 가지의 조건식이 참인 개수가 259인 것을 뜻합니다. 또한 네 번째 줄을 보면 사망자가 64, 생존자가 195로 첫 번째 상자보다 생존자 비율이 높아졌습니다. 여기까지 의미를 해석하면 여성 탑승자의 생존율이 높음을 의미합니다. 그리고 해당 가지의 지니 계수는 0.372로 첫 번째 상자보다 낮아졌습니다. 그럼, 이번 상자의 조건식인 Pclass <= 2.5가 참인 값으로 한 번 더 이동해 보겠습니다.

③
```
Age <= 2.5
gini=0.108
samples=157
value=[9, 148]
```

이전 상자의 조건식인 'Pclass <= 2.5'를 만족하는 데이터는 157명입니다. Pclass는 좌석의 등급으로 2.5등급 이하, 즉 1, 2등석을 말합니다. 사망자는 9명, 생존자는 148명으로 생존자 비율은 앞선 상자보다 높아졌습니다. 지니 계수도 0.108로 더욱 낮아졌습니다. 이번 상자의 조건식은 'Age <= 2.5'로 나이가 2.5세 이하인지를 확인합니다. 이번에는 조건이 거짓인 값의 방향, 즉 오른쪽 가지로 내려가 보겠습니다.

```
   gini=0.098
❹  samples=155
   value=[8, 147]
```

이번 상자는 더 이상 나누어지는 지점이 없어 조건식이 포함되어 있지 않습니다. 샘플 수는 155명으로 앞선 상자의 조건식에 따르면 2.5세 이상인 경우 147명이 생존했음을 알 수 있습니다. 지금까지의 조건을 모두 결합하면, 여성 → 2등석 이상 → 2.5세 이상일 경우 94.8%가 생존하였습니다.

차트를 보면 다양한 상자들이 연결되어 있습니다. 모델에 새로운 데이터가 추가되면 최상위 상자에서 시작해 순차적으로 조건에 따라 최종 상자에 도달하게 됩니다. 최종 상자에 따라 예측 값과 확률이 결정되는 것입니다. 의사결정나무는 구조를 쉽게 파악할 수 있을 뿐만 아니라, 그 과정에서 예측하려는 사건의 원인까지 알 수 있습니다. 실제로 타이타닉 생존자 예측 모델에서는 여성의 생존율이 높게 나타났는데, 이는 당시 '여성과 아이를 구명정에 먼저 태운다'는 원칙을 잘 지켰기 때문입니다. 한편 1, 2등석 탑승객의 생존율도 높았는데, 그 이유는 구명정이 있는 갑판 근처에 위치해 있었기 때문입니다. 당시에는 구명정 수가 부족했던 터라 위치적 이점이 생존에 영향을 미쳤던 것입니다. 이러한 결과를 토대로 이후 모든 선박에 충분한 구명정을 갖추도록 하는 등 많은 제도적 변화가 있었습니다.

예측 모델의 성능 확인하기

예측 모델을 개발할 때는 입력한 데이터를 바탕으로 모델이 생성됩니다. 그러나 해당 모델을 실제로 적용할 때는 개발 당시와 다른 상황이 발생할 수 있으며 이에 따라 예측 정확도가 떨어질 수 있습니다. 이번 장에서는 검증용 데이터와 predict 함수를 사용하여 앞에서 만든 모델의 성능을 확인하는 방법을 알아보겠습니다.

실습 테스트 데이터로 예측 모델 성능 확인하기   🖉 CASE_03_01

예측 모델이 개발되면 실제 상황에서도 유효한지 검증하기 위해 수집한 데이터 중 일부를 남겨 성능을 검증하는 용도로 사용합니다. 지난 실습에서 예측 모델 개발에 사용했던 train.csv 파일이 개발용 데이터이고, 설명 변수가 들어 있는 test.csv와 목표 변수가 들어 있는 submission.csv 파일이 검증용 데이터입니다. 여기서는 검증용 데이터를 활용하여 앞에서 만든 예측 모델의 성능을 확인하는 방법을 알아보겠습니다.

> **TIP** 설명 변수와 목표 변수에 대한 자세한 내용은 272쪽을 참고하세요.

1 | 검증용 데이터를 새로운 시트에 추가하기

① 예측 모델을 생성한 엑셀 파일을 열고 새 시트([Sheet2])를 생성합니다.

② [Sheet2]에 test.csv의 전체 데이터를 복사하여 붙여 넣습니다.

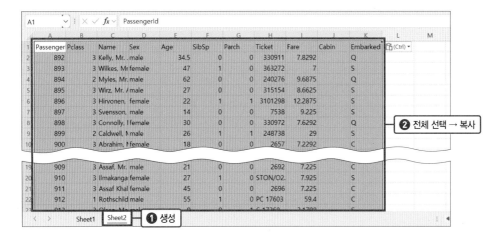

③ submission.csv 파일을 열어 [Survived] 열을 복사한 후 ②에서 붙여 넣은 데이터의 [B] 열을 마우스 오른쪽 버튼으로 클릭한 다음 **[복사한 셀 삽입]**을 선택하여 [Survived] 열을 [B] 열에 붙여 넣습니다.

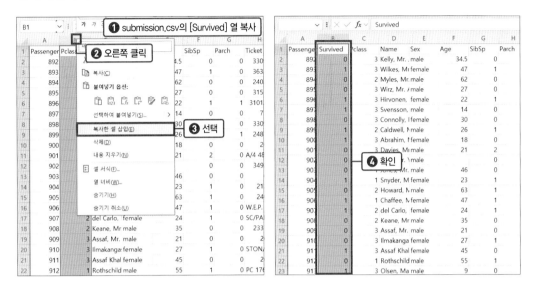

2 │ 데이터 정리하기

예측 모델의 성능을 확인하려면 검증에 사용할 검증용 데이터도 학습 데이터와 같은 형태로 정리해야 합니다. 검증 데이터를 학습 데이터와 같은 형태로 정리하겠습니다.

① [Ctrl]을 누른 상태에서 [D], [I], [K] 열을 선택한 다음 [Ctrl]+[-]를 눌러 [Name], [Ticket], [Cabin] 값이 입력된 열을 삭제합니다.

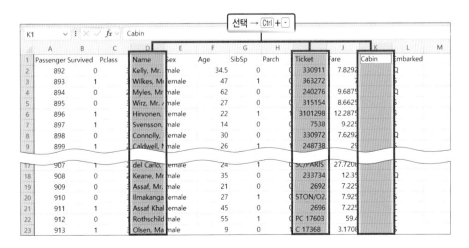

② **[K1]** 셀의 파이썬 코드 입력 창에 다음 코드를 입력하고 실행합니다.

[K1]
=PY(

```
df = xl("B1:I419", headers = True)
df = df.dropna()
df = pd.get_dummies(df)
y_test = df['Survived']
X_test = df.drop('Survived', axis=1)
```

TIP 완성된 파이썬 코드를 사용하려면 CASE_03 메모장 파일을 참고하세요.

이 코드는 학습 데이터에서 데이터를 정리할 때 사용한 코드와 같습니다. 여기서는 편의를 위해 **[K1]** 셀에 모든 코드를 한꺼번에 입력한 것으로 검증 데이터의 목표 변수와 설명 변수만 'y_test'와 'X_test'로 변경했습니다.

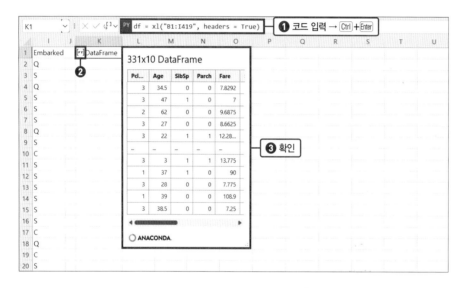

3 | 생존 여부 예측하고 정확도 알아보기

① **[K3]** 셀의 파이썬 코드 입력 창에 다음 코드를 입력하고 실행합니다.

[K3]
=PY(

```
y_pred = dtc.predict(X_test)
```

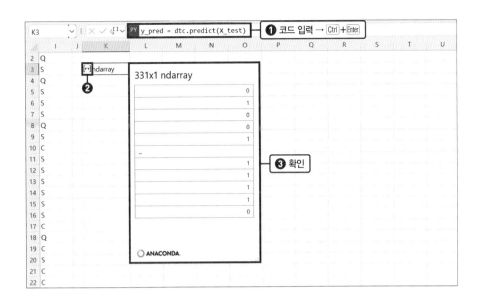

전문가의 조언 N차원 배열이란

배열(Array)이란 컴퓨터 프로그래밍에서 같은 형태의 값을 연속적으로 저장하는 자료구조를 말합니다. 예를 들어 [K3] 셀에 표시된 값은 생존자 예측 결과가 1, 0으로 연속해서 저장된 형태인데, 이를 코드로 표현하면 [0, 1, 0, 0, 0]과 같이 대괄호에 콤마(,)로 값을 구분해 입력할 수 있습니다. 배열은 여러 개의 값을 단순한 구조로 저장할 수 있어서 대용량 데이터를 연산해야 하는 알고리즘에서 자주 사용됩니다. 의사결정나무에서도 사용자는 DataFrame을 입력했지만, 모델 내부에서는 배열을 이용하여 연산한 후 예측 결과를 배열로 출력한 것입니다.

'N차원 배열'이란 배열을 여러 개 중복해 저장한 것으로 2차원 배열은 아래와 같이 배열 안에 여러 개의 배열을 콤마(,)로 구분하여 저장한 형태입니다.

```
[
[1, 2, 3],
[571, 8774, 136],
[0, 1, 0]
]
```

2차원 배열은 엑셀 시트처럼 행/열로 구분된 값을 저장하거나, 이미지를 표현하는 픽셀 값을 저장하는 데 자주 사용합니다. 배열은 이론상 무제한으로 추가할 수 있기 때문에 'N차원 배열'이라고 표현하며 3차원 이상의 배열은 과학 계산에서 많이 사용됩니다.

`predict` 함수는 예측 모델을 활용하여 목표 변수를 예측하는 함수입니다. 이 코드는 앞서 예측 모델을 저장한 변수 dtc에서 `predict`를 실행합니다. 인수에는 예측하려는 검증 데이터의 설명 변수를 입력하고, 실행 결과를 y_pred라는 변수로 저장했습니다. 코드를 실행하면 예측 값만 출력되고, 해당 셀에는 'N차원 배열'이라는 의미인 ndarray가 파이썬 개체명으로 표시됩니다.

② [K5] 셀의 파이썬 코드 입력 창에 다음 코드를 입력하고 실행합니다.

| [K5]
=PY(| ```from sklearn.metrics import accuracy_score
사이킷런에서 accuracy_score 클래스를 가져옵니다.
accuracy_score(y_test, y_pred)``` |

`accuracy_score` 함수의 첫 번째 인수에는 검증 데이터에서 목표 변수의 실제 값을 저장한 y_test 변수를 입력하고, 두 번째 인수에는 예측 모델로 예측한 y_pred 값을 입력합니다.

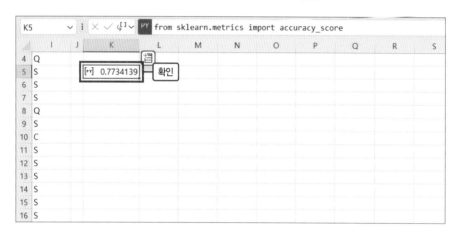

`accuracy_score`는 예측 값이 실제 값을 맞춘 비율로, 실행 결과 값인 0.7734은 예측 값의 77.34%가 실제 값과 일치한다는 것을 의미합니다.

> 실습 **예측 모델의 성능 조절하기** 🔗 CASE_03_02

앞서 예측 모델을 개발할 때 `max_depth`를 3으로 조절하여 가지의 깊이를 제한했습니다. 의사결정나무에서 가지 깊이는 성능에 큰 영향을 줍니다. 여기서는 가지의 깊이를 조정한 후 어떠한 일이 발생하는지 알아보겠습니다.

1 | 가지 깊이 조정하기

먼저 가지 깊이를 줄여 보겠습니다. `max_depth`를 2로 수정한 후 정확도를 확인합니다.

① 예측 모델을 개발했던 [Sheet1]으로 돌아가서 [K11] 셀의 파이썬 코드를 다음과 같이 수정한 후 실행합니다.

[K11]
=PY(
```
dtc = tree.DecisionTreeClassifier(max_depth=2)
dtc.fit(X, y)
```

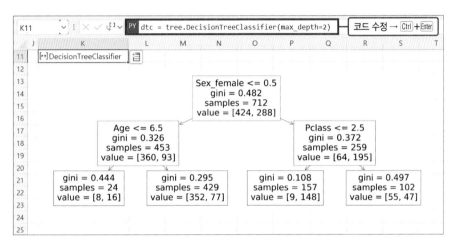

② `Max_depth`를 조절하자 의사결정나무 차트의 가지 깊이가 2단계로 낮아졌습니다. [Sheet2]로 이동하여 검증 데이터의 정확도를 다시 살펴보겠습니다.

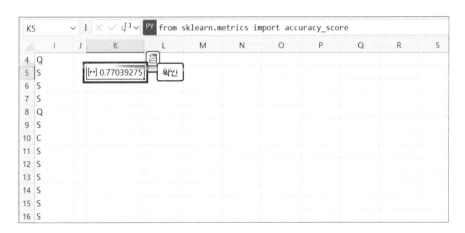

TIP 수식 메뉴의 계산 옵션을 수동으로 해 둔 상태라면, [Sheet2]의 [K3] 셀을 재실행하거나 엑셀 파이썬의 ↺ 재설정 메뉴를 클릭하세요.

변경된 모델의 정확도는 0.7704로, 가지 깊이가 낮아지자 예측에 사용되는 조건식이 줄어들면서 경우의 수를 다양하게 확보하지 못해 모델의 정확도가 줄어들었습니다.

2 | 가지 깊이를 무제한으로 설정하기

이번에는 가지의 깊이를 무제한으로 바꿔 보겠습니다. 의사결정나무에서 가지 깊이를 무제한으로 설정하려면 DecisionTreeClassifier 함수의 max_depth 인수를 삭제하면 됩니다.

① 예측 모델을 개발했던 [Sheet1]으로 돌아가서 [K11] 셀의 파이썬 코드를 다음과 같이 수정한 후 다시 실행합니다.

```
[K11]   dtc = tree.DecisionTreeClassifier()
=PY(    dtc.fit(X, y)
```

② [K13] 셀의 차트를 삭제한 나음 다시 표시합니다.

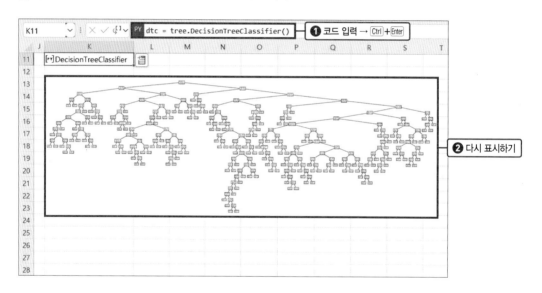

가지의 깊이를 무제한으로 설정하자 의사결정나무 차트의 가지가 많아지고 각 갈래마다 깊이가 조금씩 다른 것을 볼 수 있습니다. 이는 가지마다 경우의 수가 달라 발생하는 현상입니다.

③ [Sheet2]로 이동하여 검증 데이터의 정확도를 다시 살펴보겠습니다.

모델의 정확도는 0.7402로 가지 깊이를 무제한으로 조절했는데 오히려 정확도가 낮아졌습니다. 이러한 결과가 발생한 이유는 예측 모델을 개발할 때 알고리즘이 학습 데이터에 지나치게 초점을 맞춰 확률을 계산했기 때문입니다. 이러한 현상을 학습 데이터에만 과하게 적합하다는 의미로, '과적합'이라고 합니다. 과적합이 발생하면 예측 모델이 특정 상황에만 너무 잘 맞춰져 있어서 상황이 조금만 달라져도 예측을 제대로 하지 못하는 상황이 발생합니다. 그래서 오히려 가지의 깊이를 낮추면 성능이 높아지는 현상이 발생합니다.

TIP 예측 모델의 인수를 조정하여 성능을 높이는 작업을 '모델 최적화' 또는 '파라미터 튜닝'이라고 합니다. 의사결정나무 모델의 또 다른 최적화 방법을 알아보고 싶다면 ChatGPT에 'scikit-learn의 decision tree 인수를 이용한 최적화 방법을 알려 줘'라고 질문해 보세요.

2

EXCEL × PYTHON

장

군집화로
데이터 분석하기

군집화는 비슷한 특성을 가진 데이터를 하나의 그룹으로 묶는 것을 의미합니다. 이러한 그
룹들을 서로 비교하면 숨겨진 특성이나 패턴을 쉽게 발견할 수 있습니다.

군집화를 위한 데이터 정리

CASE 01

군집화는 비지도학습 방법으로, 데이터를 문제와 정답으로 구성하는 지도학습과는 다르게 데이터의 자체적인 특징만으로 패턴을 찾아내거나 그룹을 만듭니다.

✓ 군집화의 원리와 활용 방법

우리가 사용하는 데이터는 '열'에 입력 항목을 정하고, 기업, 고객 등의 독립적인 개체나 구매, 거래와 같은 사건을 '행'으로 추가하면서 기록됩니다.

	고객명	연령	구매 금액	주요 구매 품목
	가나라	30	380,000	의류
	라마바	50	2,500,000	가전제품
	사아차	32	350,000	의류

이와 같은 형태의 데이터를 알고리즘을 활용해 유사한 행끼리 묶으면 비슷한 속성이나 행동을 가진 고객이나 상품 등을 그룹화할 수 있습니다. 그룹화된 데이터는 그룹의 동일한 패턴이나 다른 그룹과 차별되는 속성을 통해 새로운 사실을 발견하는 데 도움을 줍니다. 예를 들어 특정 그룹이 선호하는 제품이나 서비스를 식별하여 맞춤형 상품을 개발하거나 참새 고객군을 찾아 마케팅에 활용할 수도 있습니다.

✓ 군집화를 위한 데이터 구성 방법

예측을 위해 설명 변수와 목표 변수를 구분하는 예측 모델과는 다르게, 군집화는 별도의 데이터 구성 방법이 없습니다. 군집화는 데이터를 알고리즘에 입력하면 입력한 그대로 수치상의 유사도에 따라 그룹을 만듭니다. 하지만 구성 방법이 자유로운 만큼 그룹을 만드는 목적에 따라 열을 선택해야만 결과를 해석하는 데 유리합니다. 예를 들어, 고객의 성별, 나이 등의 속성과 구매 금액, 구매 건수와 같은 행동 관련 데이터를 가지고 있을 때 속성과 행동을 모두 포함하여 군집화를 진행하면 서로 다른 성격과 특성을 가진 그룹으로 분류될 수 있고, 이러한 데이터의 다양성이 군집화된 데이터를 분석하고 해석하는 데 방해가 될 수도 있습니다. 따라서 목적에 따라 중요한 속성과 행동을 선택하여 데이터를 구성해야 합니다. 고객의 속성을 분석하려면 성별, 나이 등의 속성 데이터만 군집화하고, 행동을 중점적으로 분석하려면 구매 금액과 건수와 같은 행동 관련 데이터만 선택하여 군집화하는 것이 유용할 수 있습니다. 이렇게 분석하려는 목적에 따라 데이터를 군집화하면 특정 패턴이나 성향을 지닌 그룹을 뚜렷하게 도출할 수 있습니다.

✔ 군집화를 위한 예시 데이터 살펴보기   ⬭ CASE_02_01

여기서는 예제로 사용할 CASE_02_01의 데이터가 어떻게 구성되어 있는지 살펴보겠습니다. 이 데이터는 캐글에서 제공하는 캘리포니아의 인구조사와 주택 가격의 데이터로 다음과 같이 구성되어 있습니다. 다음 CASE에서는 이 데이터를 활용하여 군집화하는 방법에 대해 알아보겠습니다.

열 이름	설명	코드 설명
longitude	경도	구역의 동서 좌표(-114.31 ~ -124.35). 본초자오선(그리니치 천문대) 기준 서쪽은 음수로 표현
latitude	위도	구역의 남북 좌표(32.5 ~ 42). 적도 기준 북쪽은 양수로 표현
housing_median_age	주택 나이(중앙값)	구역 내 주택의 경과 연 수 중앙값(1 ~ 52)
total_rooms	구역당 전체 방 수	조사 구역에 있는 주택의 전체 방 수(1 ~ 39,320). 침실을 비롯한 거실, 부엌, 창고 등을 포함
total_bedrooms	구역당 전체 침실 수	조사 구역에 있는 주택의 전체 침실 수(1 ~ 6,445)
population	거주 인구 수	구역 내 거주하는 인구수(3 ~ 35,682)
households	거주 세대 수	구역 내 거주하는 세대수(1 ~ 6,082)
median_income	소득(중앙값)	구역 내 가구당 소득 중앙값(0.4999 ~ 15.0001)
median_house_value	주택 가격(중앙값)	구역 내 주택 가격 중앙값(14,999 ~ 500,001)
ocean_proximity	해안 근접성	NEAR BAY: 만(항구) 근처 NEAR OCEAN: 해안 근처 INLAND: 내륙 ISLAND: 섬 <1H OCEAN: 해안까지 1시간 이내

K-means 알고리즘으로 군집화하기

K-means는 간단하고 빠르면서 데이터 형태에 크게 구애 받지 않는 알고리즘입니다. 또한 군집의 개수를 선택할 수 있어서 활용 목적에 따라 다양한 개수의 그룹을 유연하게 구성할 수 있습니다. 여기서는 K-means 알고리즘에 맞추어 데이터를 가공하고 군집화를 실행해 보겠습니다.

✔ 간단히 알아보는 K-means 알고리즘

K-means는 비지도학습 기법 중 하나로, 데이터를 K개의 군집으로 분류하는 군집 분석 알고리즘입니다. 여기서 군집이란 서로 유사한 특성을 가진 데이터들의 집합체를 말합니다. K-means 알고리즘은 데이터의 유사도를 기반으로 데이터를 군집화합니다. 이때 데이터의 유사도는 데이터 간의 직선 거리로 측정되며, 거리가 짧을수록 유사도가 높은 것으로 간주합니다. 이번 실습에서는 캘리포니아 주의 인구조사 데이터와 주택 가격 정보를 활용하여 K-means 알고리즘으로 데이터를 군집화하고 결과를 분석하는 방법을 알아보겠습니다.

TIP 유사도에 대한 자세한 내용은 253쪽을 참고하세요

✔ 분석 목적에 맞는 열 선택하기

캘리포니아 인구조사 데이터는 위도, 경도, 해안까지의 거리 같은 지리적 속성을 지닌 데이터와 소득, 주택 가격 등 경제/사회적인 특성이 있는 데이터로 구성되어 있습니다. 지리적 속성과 경제/사회적인 특성은 서로 밀접하게 연관되어 있지만, 데이터를 수치로만 분류하는 군집화 알고리즘을 이용하면 특정 속성의 데이터만 분석하여 객관적인 사실 속에 숨어 있는 새로운 사실을 발견할 수도 있습니다. 이번 실습에서는 경제/사회적인 특성 데이터만 이용합니다.

군집화에 필요한 데이터 준비하기   🔗 CASE_02_01

1 | 불필요한 열 삭제하기

① 엑셀 시트에서 경제/사회적인 특성을 지닌 [housing_median_age](주택 나이), [median_income](소득), [median_house_value](주택 가격), [households](거주 세대 수) 열을 제외한 나머지 열을 삭제합니다.

> **TIP** 군집화 알고리즘에서도 빈 값을 삭제하고 문자 데이터를 숫자 데이터로 변환하는 작업이 필요합니다. 이번 실습에서 사용하는 데이터는 모두 수치 데이터이므로 변환 작업을 생략했습니다.

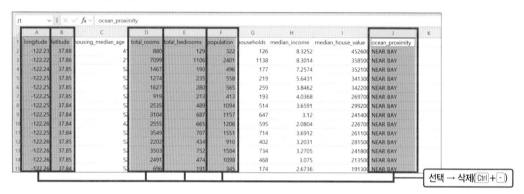

② [F1] 셀의 파이썬 코드 입력 창에 다음 코드를 입력하고 실행합니다.

```
[F1]
=PY(     df = xl("A1:C20641", headers=True)
```

③ [A1:C20641] 영역이 변수 'df'로 저장됩니다.

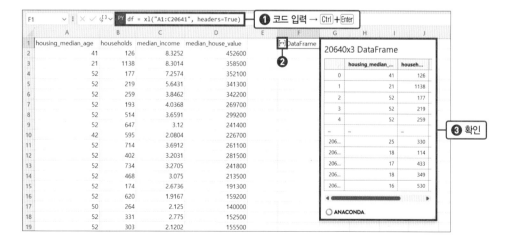

2 | 수치 크기 맞추기

K-means 알고리즘은 데이터의 크기에 영향을 받습니다. 그런데 housing_median_age는 2자리 수이고, median_income은 1자리 수, median_house_value는 6자리 수로, 데이터의 크기가 달라 알고리즘이 제대로 동작하지 않을 수 있습니다. 이럴 때는 데이터의 크기를 스케일링(Scaling)하는 함수를 이용하여 데이터를 일정한 범위 안에 속할 수 있게 조정할 수 있습니다. 즉, 스케일링이란 숫자 데이터를 일정한 범위 안에 속하도록 조정하는 것을 의미합니다.

① [F3] 셀에서 파이썬 코드 입력 창을 열고 다음 코드를 입력한 후 실행합니다.

```
[F3]      from sklearn.preprocessing import MinMaxScaler
=PY(      # scikit-learn 라이브러리에서 MinMaxScaler 클래스를 가져옵니다.
          X = MinMaxScaler().fit_transform(df)
          # df를 인수로 입력하여 fit_transform 함수를 실행한 후 변수 X에 저장합니다.
```

MinMaxScaler는 데이터의 값을 특정 범위로 스케일링하는 클래스입니다. `fit_transform` 함수는 입력 데이터를 기준으로 스케일링 변환을 수행하고 변환된 데이터를 반환합니다. 별도의 인수를 지정하지 않으면 데이터 값을 0부터 1 사이의 범위로 변환합니다. 하지만 변환 범위를 다른 값으로 지정하고 싶다면 `feature_range` 인수를 이용합니다. 예를 들어 `feature_range=(-1, 1)`과 같이 최솟값과 최댓값을 괄호에 넣어 전달하면, 데이터를 -1부터 1 사이의 범위로 스케일링합니다. 위 코드에서는 기본 범위인 0과 1을 사용하여 df의 모든 값을 0부터 1 사이의 범위로 조정하였습니다.

 **표준화와 스케일링**

앞서 260쪽의 시세 데이터 유사도 분석에서는 표준화(Standardization)를 적용했습니다. 표준화는 데이터의 평균을 0, 표준편차를 1로 맞추어 데이터의 상대적 위치는 유지한 채 크기만 조정합니다. 이를 통해 변동성을 유지하면서도 크기를 조절할 수 있어, 서로 다른 형태와 범위의 데이터에서 패턴을 비교하는 데 적합합니다.

반면 스케일링은 데이터의 최솟값과 최댓값을 같은 범위의 숫자로 변환합니다. 일반적으로 최솟값을 0, 최댓값을 1로 변환하며, 이렇게 하면 데이터의 절대적 크기 차이는 줄어들지만 분포 형태 자체는 유지됩니다. 따라서 같은 대상에 대한 다양한 변수들을 비교할 때 유용한 방법입니다.

두 가지 모두 데이터 전처리에서 활용되지만 상황에 따라 목적에 맞는 방법을 선택해야 합니다. 표준화는 패턴 비교에, 스케일링은 대상의 변수 비교에 각각 더 적합한 방식입니다.

② [F3] 셀의 [⤷] 아이콘을 클릭하여 변환된 값을 확인하면 변수 df의 모든 데이터가 0과 1 사이의 값으로 조정된 것을 확인할 수 있습니다.

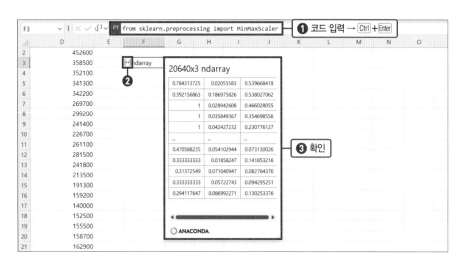

K-means 알고리즘으로 군집화하기   ⌗ CASE_02_02

군집화는 간단한 엑셀 함수를 사용하는 것처럼 사용법이 간단합니다. 여기서는 편의를 위해 각 단계를 구분했지만 실제로 사용할 때는 코드를 합쳐서 사용해 보세요.

1 │ 불필요한 열 삭제하기

① [F5] 셀의 파이썬 코드 입력 창에 다음 코드를 입력하고 실행합니다.

[F5] =PY(	from sklearn.cluster import KMeans # Scikit-learn 라이브러리에서 KMeans 함수를 가져옵니다.

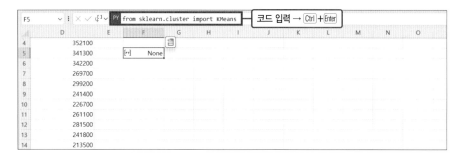

[F7] 셀의 파이썬 코드 입력 창에 다음 코드를 입력하고 실행합니다.

[F7] **=PY(**	`clt = KMeans(n_clusters=5)` # KMeans 함수의 n_cluster 인수를 이용하여 그룹 개수를 5개로 구분하고 변수 clt에 저장합니다.

TIP 그룹 개수는 사용자가 목적에 따라 임의로 조절할 수 있습니다. 보통 3~7 사이의 그룹으로 군집화를 실행한 다음 결과에 따라 그룹의 수를 더 작게 나누거나 다시 합치는 형식으로 작업합니다.

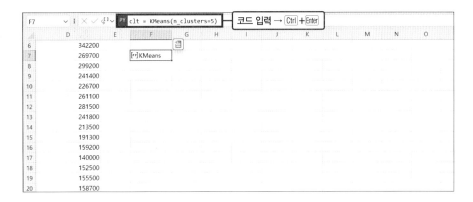

2 | K-means 알고리즘으로 군집화하기

 [F9] 셀의 파이썬 코드 입력 창에 다음 코드를 입력하고 실행합니다.

[F9] **=PY(**	`clt.fit_predict(X)` # fit_predict는 군집화를 실행하는 코드로 여기서는 스케일링한 변수 X를 인수로 입력했습니다.

② [F9] 셀의 ⁴²³ 를 클릭하면 엑셀 값이 표시됩니다. 여기서는 군집화된 데이터가 간단한 행별 그룹 번호로 표시됩니다. 다음 상에서는 군집화 결과를 해석하는 방법을 알아보겠습니다.

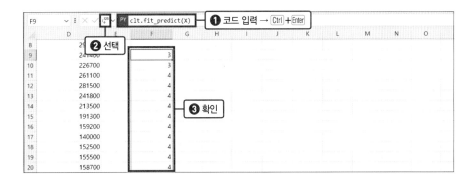

03 CASE 군집화 결과 분석하기

군집화 알고리즘은 그 자체로는 단순히 유사한 수치를 분류하는 알고리즘에 불과하다고 생각할 수 있지만 군집화된 데이터의 유사성을 활용하면 새로운 사실을 발견할 수 있습니다. 여기서는 피벗 테이블을 활용해 군집화 결과를 분석해 보겠습니다.

실습 군집화 결과 요약하기 🔗 CASE_03_01

군집 분석은 K-means 알고리즘이 군집화한 그룹의 속성을 비교하는 방식으로 진행됩니다. 속성을 비교할 때는 군집화에 사용된 데이터뿐만 아니라 그룹별로 가지고 있는 다른 속성을 비교해야 그룹 간 차이를 추가로 발견할 수 있습니다. 이에 따라 전체 속성을 포함하는 데이터에 군집화에 따른 그룹 번호를 붙여 데이터를 분석합니다. 또한, MinMaxScaler 등의 스케일링을 거쳐 군집화를 진행했다면 알고리즘에 사용된 데이터는 가독성이 떨어지므로 원본 데이터를 사용해야만 원활한 분석이 가능합니다.

1 | 원래 데이터에 군집화 결과 붙여 넣기

① CASE_03_01에 새 시트([Sheet2])를 생성하고 CASE_02_01 파일의 데이터를 모두 붙여 넣습니다.

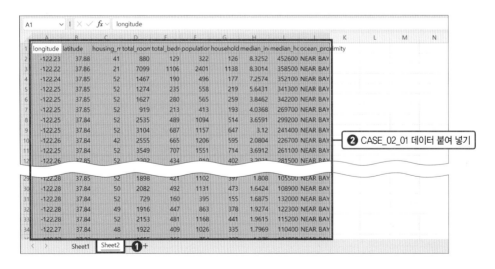

② [Sheet1]의 [F9] 셀에 있는 군집화 결과를 모두 복사한 다음 [Sheet2]의 [K2] 셀에 값만 붙여 넣습니다.

TIP 군집화 결과를 복사한 상태에서 [K2] 셀을 선택하고 Ctrl + Shift + V를 누르면 값만 붙여 넣기됩니다.

③ [K1] 셀에 적당한 열 이름을 입력합니다. 여기서는 'group'을 입력했습니다.

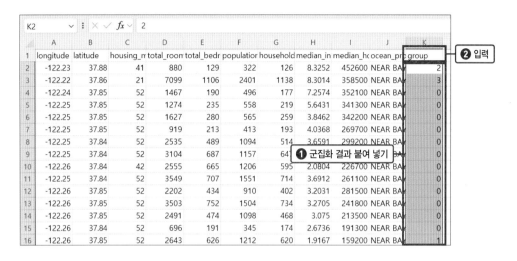

2 | 피벗 테이블로 그룹 간 분류 기준 살펴보기

전체 속성을 비교하기 전에, 우선 엑셀의 피벗 테이블 기능을 이용하여 군집화에 사용한 주택 나이, 소득, 주택 가격이 각 그룹을 적절하게 분류했는지 확인하겠습니다.

① [M1] 셀을 선택한 상태에서 [삽입]-[피벗 테이블]을 선택하여 [표 또는 범위의 피벗 테이블] 창을 표시합니다.

② 데이터 영역을 선택한 상태에서 Ctrl + A를 눌러 전체 데이터 영역([A1:K20641])을 범위로 지정합니다.

③ 피벗 테이블을 배치할 위치를 [기존 워크시트]로 선택하고 [확인]을 클릭합니다.

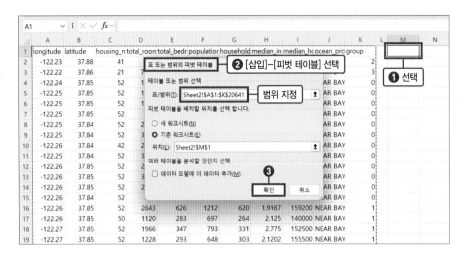

④ 피벗 테이블 필드가 표시되면 [group]를 [행], [housing_median_age], [median_income], [median_house_value]를 [값]으로 드래그합니다.

⑤ [값]으로 드래그한 [housing_median_age] 오른쪽 끝에 있는 화살표(⌄)를 클릭하여 [값 필드 설정]을 선택합니다.

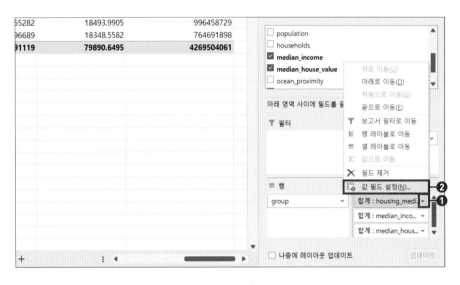

⑥ '값 필드 설정' 창의 [값 요약 기준] 탭에 있는 '선택한 필드의 데이터'에서 [평균]을 선택한 다음 [확인]을 클릭합니다. 같은 방법으로 [median_income]과 [median_house_value]의 값 필드 설정을 변경합니다. K-means 알고리즘은 각 군집의 평균을 기준으로 그룹을 분류하기 때문에 군집화에 사용된 변수의 평균을 확인하면 그룹이 제대로 분류되었는지 알 수 있습니다.

다음 표는 피벗 테이블의 데이터를 주택 가격을 기준으로 내림차순 정렬하고 표시 형식 등을 정리한 표입니다. 군집화에 사용된 변수들은 알고리즘으로 직접 입력되었기 때문에 각 그룹을 분류하는 기준으로 동작합니다. 그래서 그룹이 잘 분류되었다면 각 변수의 평균값이 그룹별로 뚜렷하게 구분됩니다. 아래 결과를 살펴보겠습니다.

그룹	주택 나이	소득	주택 가격
2	34.5	7.0	466,986
3	18.6	5.3	283,326
0	41.6	4.1	269,720
4	16.7	3.2	131,934
1	36.9	2.8	128,392
총합계	28.6	3.9	206,856

- 각 그룹은 주택 가격과 소득에서 확연한 차이가 납니다.

- 그룹 4와 그룹 1을 보면 주택 가격에는 큰 차이가 없지만 주택 나이는 두 배 이상 차이가 납니다.

위의 내용에 따라 각 그룹은 소득과 주택 가격에 따라 분류되고, 소득과 주택 가격이 비슷한 그룹은 주택 나이에 따라서 분류되었습니다. 이를 통해 군집화가 적절하게 실행되었음을 알 수 있습니다.

TIP DataFrame의 groupby 함수를 이용해도 그룹별 평균을 구할 수 있습니다. groupby 함수에 대한 자세한 내용은 105쪽을 참고하세요.

주택 나이, 소득, 주택 가격을 군집화를 했더니 소득과 주택 가격의 차이가 확연하게 드러났습니다. 그렇다면 다른 속성으로도 이러한 결과가 나오는지 확인해 보겠습니다.

열 이름	설명	코드 설명
longitude	경도	구역의 동서 좌표(-114.31 ~ -124.35). 본초자오선(그리니치 천문대) 기준 서쪽은 음수로 표현
latitude	위도	구역의 남북 좌표(32.5 ~ 42). 적도 기준 북쪽은 양수로 표현
housing_median_age	주택 나이(중앙값)	구역 내 주택의 경과 연 수 중앙값(1 ~ 52)
total_rooms	구역당 전체 방 수	조사 구역에 있는 주택의 전체 방 수(1 ~ 39,320). 침실을 비롯한 거실, 부엌, 창고 등을 포함
total_bedrooms	구역당 전체 침실 수	조사 구역에 있는 주택의 전체 침실 수(1 ~ 6,445)
population	거주 인구 수	구역 내 거주하는 인구수(3 ~ 35,682)
households	거주 세대 수	구역 내 거주하는 세대수(1 ~ 6,082)
median_income	소득(중앙값)	구역 내 가구당 소득 중앙값(0.4999 ~ 15.0001)
median_house_value	주택 가격(중앙값)	구역 내 주택 가격 중앙값(14,999 ~ 500,001)
ocean_proximity	해안 근접성	NEAR BAY: 만(항구) 근처 NEAR OCEAN: 해안 근처 INLAND: 내륙 ISLAND: 섬 <1H OCEAN: 해안까지 1시간 이내

1 | 주택 규모 비교하기

소득과 주택 가격의 차이는 주택 규모에도 영향을 미칠 것으로 예상할 수 있습니다. 그러나 예제에는 주택 규모와 관련된 데이터가 없습니다. 하지만 방의 개수가 많을수록 주택의 규모가 커지는 경향이 있으므로 구역당 전체 방의 개수(total_rooms)를 거주 세대수(households)로 나누어서 세대당 방의 개수를 산출하여 분석해 보겠습니다.

① [L1] 셀에 열 이름으로 '세대당 방 수'를 입력합니다.

② [L2] 셀에 다음 수식을 입력하고, [L2] 셀의 오른쪽 아랫부분의 모서리를 더블클릭하여 수식을 끝까지 채워 넣습니다.

[L2]	=D2/G2

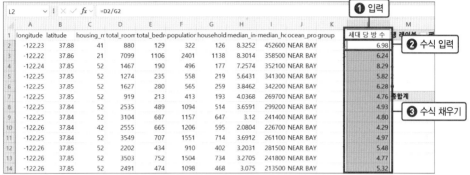

③ [M1] 셀을 선택한 다음 메뉴에서 [**피벗 테이블 분석**]-[**데이터 원본 변경**]을 차례대로 클릭합니다.

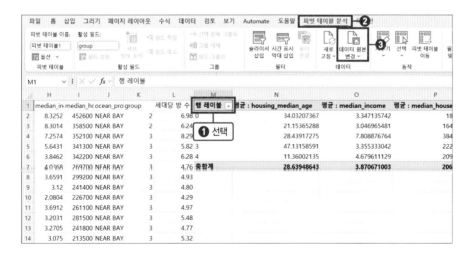

④ **[피벗 테이블 데이터 원본 변경]** 창이 표시되면 **[세대당 방 수]** 열을 추가하고 **[확인]**을 클릭합니다.

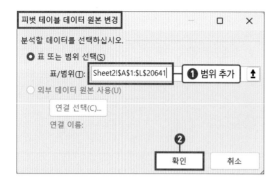

⑤ **[피벗 테이블 필드]**에 추가된 **[세대당 방 수]**를 **[값]**으로 드래그한 후 값 필드 설정을 **[평균]**으로 변경합니다.

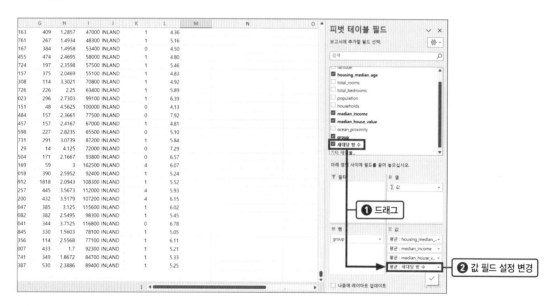

TIP 값 필드 설정을 변경하는 방법은 304쪽을 참고하세요.

세대당 방 수를 추가한 표는 다음과 같습니다.

그룹	주택 나이	소득	주택 가격	평균: 세대당 방 수
2	34.5	7.0	466,986	6.5
3	18.6	5.3	283,326	6.1
0	41.6	4.1	269,720	5.1
4	16.7	3.2	131,934	5.5
1	36.9	2.8	128,392	4.8
총합계	28.6	3.9	206,856	5.4

세대당 방 수를 추가한 결과, 소득과 주택 가격이 높을수록 세대당 방 수가 커지는 경향을 보입니다. 이를 통해서 각 그룹이 단순히 소득과 주택 가격만 높은 게 아니라 주택의 규모에서도 차이가 발생한다는 것을 알 수 있습니다. 단, 0번 그룹의 경우 소득과 가격이 적은 4번과 1번 그룹에 비해 세대당 방수는 오히려 적은 것을 볼 수 있는데, 이를 확인하기 위해 추가로 데이터를 살펴보겠습니다.

2 | 주택 위치 확인하기

주택 가격은 건축물뿐만 아니라 주변 환경에도 영향을 받습니다. 마침, 데이터에 위/경도가 포함되어 있으니 각 그룹이 어떤 위치에 자리 잡고 있는지 확인해 보겠습니다.

① [M9] 셀에 다음 코드를 입력하여 변수 'df'로 저장합니다.

```
[M9]
=PY(    df = xl("A1:L20641", headers=True)
```

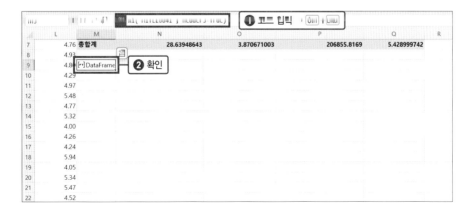

② [M11] 셀에 다음 코드를 입력하고 실행합니다.

| [M11]
=PY(| ```sns.scatterplot(data=df, x="longitude", y="latitude", hue="group",
palette='bright')``` |

`sns.scatterplot` 함수는 seaborn 라이브러리의 산점도 차트 생성 함수입니다. 인수에는 기본적으로 data, x축 열 이름, y축 열 이름을 지정하며, `hue` 인수를 이용해 각 점을 색상으로 구분할 수 있습니다. 마지막의 palette 인수는 차트의 색상 맵으로 `deep`, `bright`, `dark`, `muted`, `pastel`, `colorblind` 등을 선택할 수 있습니다.

③ [M11] 셀을 마우스 오른쪽으로 클릭한 다음 [셀 위에 플롯 표시]를 선택합니다.

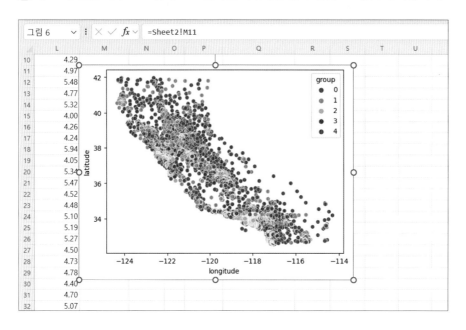

위도와 경도를 바탕으로 생성한 차트는 캘리포니아 지형과 닮은 모양입니다. 캘리포니아는 미국의 서부 해안선을 따라 자리 잡고 있습니다. 그리고 소득과 주택 가격이 높은 2번과 3번 그룹의 점은 해안선을 따라 밀집해 있습니다. 반면 소득과 주택 가격이 낮은 1번과 4번 그룹은 내륙에 밀집되어 있어 위치가 주택 가격에 영향을 미치는 것을 알 수 있습니다. 특이한 것은 0번 그룹이 소득과 주택 가격은 4번 그룹에 비해 높지만 세대당 방 수는 오히려 작았는데, 해안가에 위치하고 있어 주택 규모가 작아도 가격은 높은 것으로 짐작할 수 있습니다.

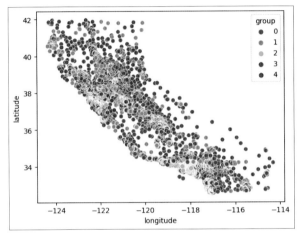 

군집 분석은 데이터를 수치로만 구분하여 다양한 정보를 파악하고 새로운 사실을 확인하기에 좋은 분석 방법입니다. 위와 같이 비슷한 속성의 열을 그룹으로 분류하여 비교해 보면, 다양한 상황에서 데이터를 분석하는 데 활용할 수 있습니다.

3

EXCEL ✕ PYTHON

장

이상 탐지 모델로
시스템 장애와
부정 거래 찾기

이상 탐지 알고리즘은 실시간으로 수집된 데이터에서 예상하지 못한 패턴을 감지하여 비정상적인 행위를 탐지합니다. 이를 통해 사고를 사전에 예측하거나 신속하게 대응할 수 있어 사이버 보안, 네트워크 모니터링, 제조 공정, 금융 사기 탐지 등 다양한 분야에서 활용됩니다.

이상 탐지의 개념과 활용 방법

이상 탐지 모델은 데이터만으로 이상치를 찾아내는 비지도학습 기법입니다. 다만, 사고 여부가 표시된 데이터가 있다면 이를 알고리즘이 찾아낸 이상치와 대조하여 모델의 성능을 개선할 수 있습니다. 이번 장에서는 이상 탐지의 기본 개념과 실습을 위한 데이터 정리 방법을 살펴보겠습니다.

✔ 이상치와 이상 탐지

'이상치(Outliers)'란 일반적인 상황에 크게 벗어나는 값을 말합니다. 예를 들어 초등학생의 키를 측정한 데이터에서 키가 2m인 데이터가 발견되거나, 사과 상자의 무게를 쟀더니 1톤이 나온다면 이상치라고 볼 수 있습니다. 이상치는 일반적인 분포나 패턴을 벗어나는 상황에서 발생하며, 시스템의 오류 또는 단순히 데이터를 잘못 입력하여 발생하기도 합니다. '이상 탐지(Anomaly Detection)'는 이상치를 식별하고 분석하는 것을 말하며, 정상적인 패턴과는 다른 패턴을 감지하는 것을 목표로 합니다. 이상 탐지가 활발하게 사용되는 분야는 다음과 같습니다.

분야	주요 목적	사용 예시
보안	사이버 공격 탐지	네트워크 트래픽 이상 탐지, 사용자 행위 이상 탐지, 악성 코드 탐지
금융	사기 방지	신용카드 사기 거래 탐지, 보험 사기 탐지, 자금 세탁 탐지
의료	질병 진단	의료 영상 분석(X-ray, CT, MRI 등), 환자 생체 정보 분석, 건강 기록 분석
산업	생산 공정 관리	설비 고장 예측, 제품 불량 감지, 생산 효율 분석
게임	부정 행위 감지	게임 내 핵 사용 감지, 계정 도용 감지, 봇 사용 감지
IT 인프라	시스템 이상 탐지	서버 장애 예측, 네트워크 문제 감지, 애플리케이션 오류 감지
마케팅	고객 행동 분석	고객 이탈 예측, 구매 패턴 분석, 맞춤형 광고 타깃팅
환경	환경 변화 감지	기후변화 분석, 자연재해 예측, 오염 감지

✔ 이상 탐지 모델 개발을 위한 예시 데이터 살펴보기

신용카드 회사는 카드 부정 사용을 막기 위해 오랫동안 데이터를 분석해 왔습니다. 여기서는 캐글의 2013년 9월 유럽의 신용카드 사기 탐지 데이터를 이용해 실습합니다.

신용카드 사기 탐지 데이터는 [Time](시간)과 [Amount](사용 금액) 열을 제외한 [V1]~[V28] 열은 신용카드 사용 정보로 개인 정보 보호와 보안을 위해 각 항목을 식별할 수 없도록 항목명을 일련번호로 바꾸고 데이터 또한 변환하였습니다. 단, 각 데이터의 특성은 그대로 남겨 알고리즘을 테스트할 수 있도록 했습니다.

	A	B	C	D	E	F	G	H	I	J	K	L	M	N	O
1	Time	V1	V2	V3	V4	V5	V6	V7	V8	V9	V10	V11	V12	V13	V14
2	141922	2.244868	-0.5075	-2.71013	-0.96454	0.508404	-1.51338	0.648007	-0.76578	-1.20361	0.88292	-1.11694	-0.23465	1.270261	0.161
3	156697	2.060392	-0.00942	-1.04946	0.41347	-0.09581	-1.20454	0.226668	-0.36981	0.450254	0.055303	-0.63114	0.759691	0.660751	0.157
4	23840	-0.94512	1.316074	2.707849	3.300757	-0.46832	1.145534	-0.49051	0.716609	0.283986	-0.34786	0.068838	-2.01905	2.443001	1.124
5	72385	1.171216	-0.22981	0.865936	0.62422	-0.45908	0.658595	-0.65991	0.225542	0.890525	-0.30725	-1.15612	0.575786	0.784899	-0.54
6	139840	2.179423	-1.62892	-0.82042	-1.52713	-1.38987	-0.37659	-1.27849	-0.08003	-0.9676	1.529967	-1.13236	-1.08676	-0.0418	-0.43
7	121654	-0.17682	-0.84612	0.652978	-0.38699	-0.72704	0.869	-0.50446	-0.14247	-0.55142	1.662529	0.615164	-0.98872	-0.05121	-0.4
8	29986	-0.71896	0.095642	1.212879	-1.9186	-0.14728	-0.58511	0.369968	0.21781	-1.44469	0.297043	1.131592	-1.30887	-2.51304	0.598
9	65423	1.250238	0.172928	0.131151	0.476435	0.022347	-0.24432	0.026871	-0.09284	0.019762	-0.09356	-0.45894	0.423063	0.775812	0.152
10	164332	-0.68535	0.409903	-0.2822	-2.21631	0.602313	-0.23766	0.221998	0.310951		-1.789	0.007405	0.138609	0.070526	0.650381	0.189
11	140000	1.48212	-2.10945	-1.1083	-0.88006	-0.59204	1.355817	-0.89824	0.454455	0.08049	0.586538	0.704769	-0.14957	-0.17601	0.024
12	131536	0.028057	1.116388	-0.44385	-0.56653	0.938966	-0.81817	0.981108	-0.16086	-0.01796	-0.73115	-0.65963	0.014731	0.27851	-1.10
13	52790	-0.98931	1.249124	1.533433	1.036101	0.394908	0.096425	1.54469	-0.52798	0.902511	1.591126	-0.39184	-0.4719	-0.94498	-0.72
14	36931	1.251494	0.344637	0.300503	0.694552	-0.37322	-1.06962	0.08913	-0.20329	0.034946	-0.28344	-0.07357	0.224893	0.211489	-0.28
15	60443	-0.73629	2.042184	-0.1097	0.532357	1.384075	-1.76244	1.594307	-0.26022	-1.04443	-2.31378	0.499883	-1.13989	-0.877	-3.40
16	13149	-1.54739	1.543304	2.101326	2.610901	0.395442	2.554017	-1.12183	-1.83908	0.435923	0.614279	0.92183	-2.06136	2.507636	1.176
17	70567	-1.01895	1.109862	2.163895	2.941317	-0.72691	0.359314	-0.11884	0.723784	-1.34817	0.303262	-0.49923	-1.12866	-1.52135	0.798
18	126659	-0.558	1.426743	-2.38967	0.107667	3.455359	3.276086	0.483216	1.226327	-1.0327	-0.81039	-0.07821	-2.24894	-0.48284	-0.4
19	131819	2.05398	-1.89171	0.133114	-1.43113	-2.18753	-0.20536	-1.83351	0.125463	-0.7898	1.619966	0.629329	-0.08633	0.246445	-0.66
20	83038	1.233181	0.52903	-0.61766	0.834548	0.199818	-1.01462	0.258717	-0.11745	-0.00525	-0.72461	0.22906	-0.63942	-1.20233	-1.05
21	118766	0.110256	0.919136	-0.55388	-0.74191	1.117013	-0.22307	0.840824	0.108965	-0.21719	-0.6654	0.656585	0.225843	-0.47618	-0.74
22	133732	-2.51562	1.247617	-0.98854	-0.61588	2.430239	0.652747	0.451358	-2.32526	-0.8761	-0.45927	-0.15685	0.792675	0.693318	0.819
23	87319	-0.3486	0.380247	-1.37294	-2.6198	1.143745	-0.91886	2.251345	-0.42328	0.118181	-1.25552	-1.51985	0.039812	0.058729	0.334
24	159807	-0.72351	1.650069	-0.46176	-0.92982	1.212639	-0.71239	1.561857	-0.72437	1.260593	1.317509	-0.18339	-0.0221	0.515832	-2.10

열 이름	설명	코드 설명
Time	신용카드 사용 시간	가장 처음 발생한 시간을 0으로 하고 이후 거래가 발생하면서 경과된 시간을 초 단위로 기록
V1 ~ V28	신용카드 사용 정보	각 항목을 식별할 수 없도록 항목명을 일련번호로 변경하고 데이터도 변환 처리
Amount	신용카드 결제 금액	0(최솟값), 25691.16(최댓값)
Class	사기 여부	Class = 정상 데이터(0) Class = 사기 데이터(1)

전체 데이터는 284,807행으로 이 중에서 사기 사건으로 밝혀진 데이터는 492행으로 0.172%의 비중을 차지합니다. 0.172%는 실제 상황에서는 정상적인 비중이지만, 데이터를 분석하는 입장에서는 사기 사건의 비율이 적어 알고리즘을 통해 정상 데이터와 사기 데이터의 패턴을 구분하기 어려울 수 있습니다. 이러한 데이터를 비대칭 데이터(Imbalanced Data)라고 부릅니다. 비대칭 데이터는 알고리즘의 성능을 높이기 위해 비율을 보정하여 사용합니다.

여기서는 엑셀을 이용하여 정상 데이터와 사기 데이터를 적절하게 섞어 비대칭 문제를 해결하여 이상 탐지 알고리즘을 실습하겠습니다.

예시처럼 사기 사건의 발생 비율이 너무 낮으면 사기 사건의 데이터는 전부 사용하되 정상 데이터는 일부만 추출하는 방식으로 일반 데이터와 이상치 데이터의 비중을 맞출 수 있습니다. 데이터 추출은 엑셀에서도 간편하게 처리할 수 있으니 다음과 같이 따라 해 보세요.

1 | 사기 데이터 가져오기

먼저, 필터 기능을 이용하여 사기 데이터(Class=1)를 추출합니다.

① [CASE_01] 시트의 열 이름([A1:AE1])을 복사하여 새 시트([Sheet1])에 붙여 넣습니다.

② [CASE_01] 시트에 필터를 삽입하고 [Class] 열의 데이터를 오름차순으로 정렬합니다.

TIP 필터링된 데이터는 분산되어 있어 잘라내기를 하면 메모리 제한으로 오류가 발생할 수 있습니다. 이때 정렬 기능 등을 이용해 잘라낼 영역을 통합하는 것이 좋습니다.

③ [Class] 열의 값이 '1'인 데이터만 필터링합니다.

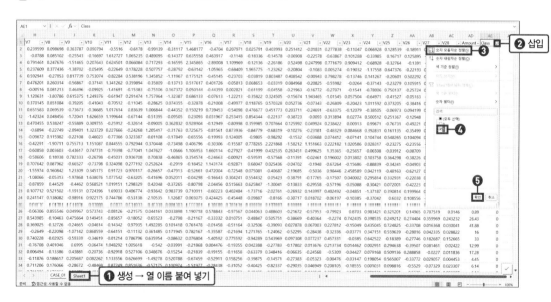

④ 필터링된 데이터를 모두 잘라낸 다음 [Sheet1]의 [A2] 셀에 붙여 넣습니다.

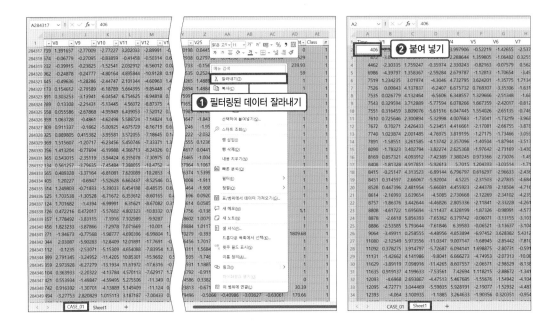

2 | 정상 데이터에 랜덤 값 추가하기

이제 정상 데이터(Class=0)를 1만 건만 추출하여 사기 데이터의 비율(4.69%)을 높이는 작업을 진행합니다. 정상 데이터를 추출할 때는 엑셀의 RAND 함수를 이용하여 무작위로 추출합니다. 우선 정상 데이터에 새로운 열을 만들어 랜덤 값을 추가하겠습니다.

① [CASE_01]의 필터를 해제하고 [AF1] 셀에 열 이름으로 'RAND'를 입력합니다.

② [AF2] 셀에 =RAND( )를 입력합니다.

TIP RAND 함수는 0~1 사이의 값을 생성하는 엑셀 함수로 실제 결과가 이미지와 다를 수 있습니다.

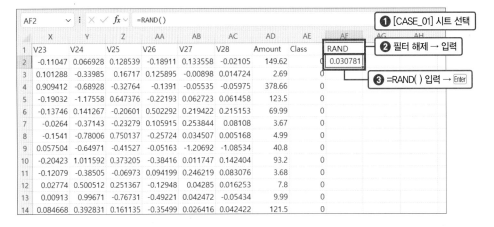

③ [AF2] 셀 값을 복사하여 [AF284316] 셀까지 붙여 넣습니다.

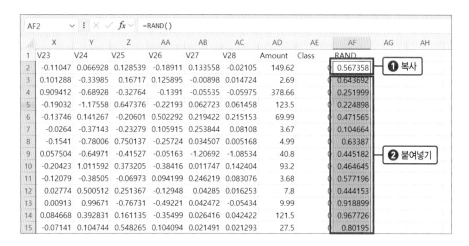

④ RAND 함수는 엑셀 시트를 수정할 때마다 랜덤 값이 변경되므로 값 붙여넣기를 해야만 각 행마다 고정된 값을 입력할 수 있습니다. [AF2:AF284316] 영역을 복사하고 영역이 선택된 상태에서 마우스 오른쪽 버튼을 클릭한 후 [선택하여 붙여넣기]-[값]을 선택합니다.

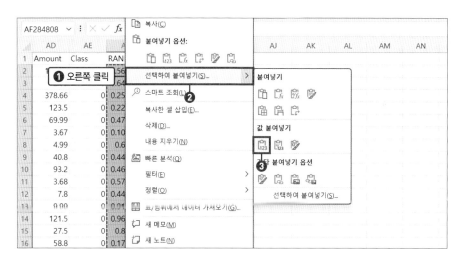

3 | 랜덤 값을 이용하여 샘플 데이터 추출하기

RAND 함수를 이용해 생성한 랜덤 값은 0~1 사이의 값이 무작위로 부여됩니다. 그래서 랜덤 값을 기준으로 데이터를 정렬하면 데이터를 무작위로 섞을 수 있습니다. 무작위로 섞인 데이터에서는 필요한 만큼 셀을 복사하여 샘플 데이터를 가져올 수 있습니다.

① [RAND] 열을 오름차순으로 정렬합니다.

② 오름차순으로 정렬된 데이터 중 [RAND] 열을 제외한 [A2:AE10001] 영역의 데이터를 복사합니다.

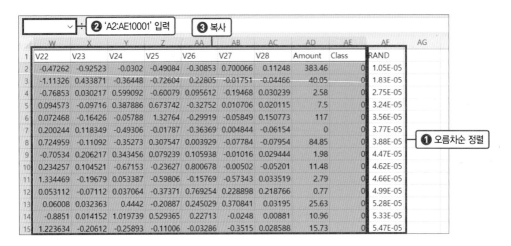

③ ②에서 복사한 데이터를 [Sheet1]의 [A494] 셀에 붙여 넣습니다.

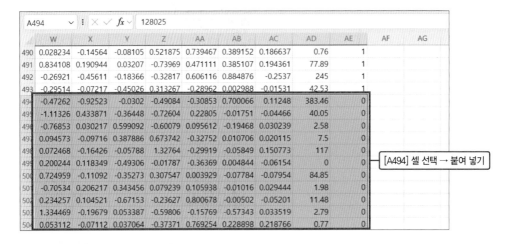

이제 [Sheet2]의 데이터는 사기 데이터 492건과 정상 데이터 1만 건으로 사기 비율이 4.69%로 조정되었습니다. 데이터의 비대칭 문제는 이와 같이 랜덤 값을 이용한 샘플 데이터 추출로 해결할 수 있습니다.

Isolation Forest로
이상 탐지 모델 만들기

Isolation Forest는 연산 속도가 빨라서 시스템 로그와 거래 데이터 등 대용량 데이터의 이상 탐지에 많이 사용됩니다. 데이터의 형태에 구애를 받지 않으므로 어느 분야에서든 빠르게 적용할 수 있습니다.

✔ Isolation Forest의 원리

Isolation Forest는 정상 데이터는 비슷한 데이터가 많고 밀집해 있지만, 이상치는 데이터가 적고 정상 데이터보다 멀리 떨어져 있다는 점에 착안하여 만들어진 알고리즘입니다. 앞서 예측 모델에 사용했던 의사결정나무 알고리즘처럼 데이터를 가지로 분리하면서 별도의 상자에 이상치를 가두는 방식이라 'Isolation Forest'라는 이름이 붙었습니다. 단, 의사결정나무와 달리 목표 변수가 없는 비지도학습 방법이며, 이상치는 얕은 가지로 분리되는 특징을 활용하여 만들어졌습니다.

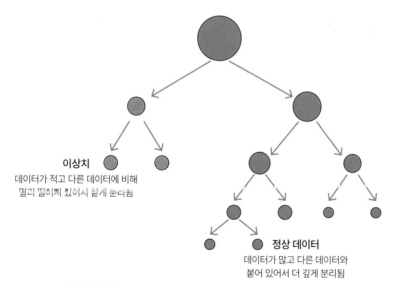

▲ Isolation Forest 알고리즘의 원리

Isolation Forest 알고리즘으로 이상 탐지 모델 만들기 ∥ CASE_02

앞서 준비한 데이터에서 실제 거래가 발생했을 때 기록된 [V1]~[V2], [Amount] 열을 이용하여 이상 탐지 모델을 만듭니다. [Class] 열은 거래가 발생하고 시간이 지난 후에 사기 여부를 확인하여 기록한 열입니다. 만약, 사기 데이터가 정상 데이터와 다른 이상치를 가지고 있다면 모델이 탐지한 이상치가 사기 여부와 일치할 것입니다. 앞에서 준비한 데이터인 [Sheet1]을 이용하여 실습을 진행하겠습니다.

1 | 이상 탐지 모델 만들기

① [AG1] 셀의 파이썬 코드 입력 창에 다음 코드를 입력하고 실행합니다.

[AG1] **=PY(**	`df = xl("A1:AE10493", headers=True)` `# [Time], [Class] 열을 제외한 데이터를 변수 'df'에 저장합니다.`

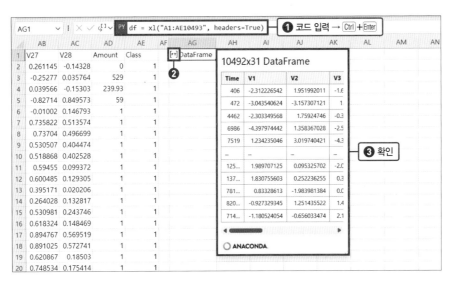

> **TIP** 파이썬에서는 코드 앞에 '#'가 있을 경우 주석으로 인식합니다. 주석이란, 코드의 설명이나 관리를 목적으로 덧붙이는 문장으로 '#'로 시작하는 문장은 코드 실행 시 제외됩니다.

② [AG3] 셀의 파이썬 코드 입력 창에 다음 코드를 입력하고 실행합니다.

[AG3] **=PY(**	`from sklearn.ensemble import IsolationForest` `# scikit-learn 라이브러리의 IsolationForest 클래스를 가져오는 코드입니다.`

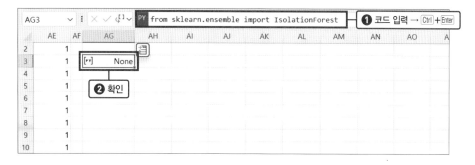

③ [AG5] 셀의 파이썬 코드 입력 창을 열고 다음 코드를 입력하고 실행합니다.

[AG5]
=PY(
	`adt = IsolationForest(random_state=0)`
	# IsolationForest 클래스를 변수 'adt'에 저장합니다. IsolationForest는 데이터를 무작위로 추출하여 학습하므로 모델을 학습할 때마다 결과가 달라질 수 있습니다. 'random_state= 임의의 정수'를 추가하면 추출 기준을 고정하여 매번 같은 결과를 얻을 수 있습니다.
	`adt.fit(df)`
	# adt에 저장한 IsolationForest 클래스의 fit 함수를 이용해 모델을 학습합니다. fit 함수에는 개발용 데이터가 들어 있는 변수 'df'를 인수로 입력합니다.

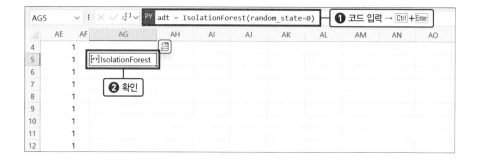

2 | 개발한 모델로 이상치 탐지하기

이제 모델을 이용하여 이상치를 탐지하고 실제 사기 여부 데이터와 비교하여 성능을 확인해 보겠습니다.

① [AG7] 셀의 파이썬 코드 입력 창에 다음 코드를 입력하고 실행합니다.

[AG7] =PY(	`adt.predict(df)` # predict는 모델을 이용해 이상치를 탐지하는 함수입니다. adt에 저장된 모델에 검증 데이터가 들어 있는 df를 인수로 입력하여 이상치를 탐지합니다.

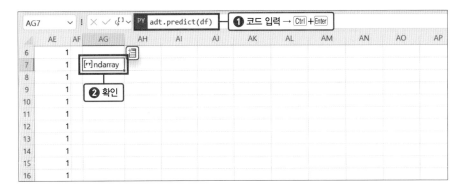

② [AG7] 셀의 [Python 개체]를 [Excel 값](^{123})으로 표시합니다.

predict 함수를 실행하면 검증 데이터에서 이상치로 분류되는 값을 -1로 표시하고 정상 데이터는 1로 표시하여 탐지 결과를 나타냅니다.

3 | 모델이 탐지한 값과 실제 사기 여부 확인하기

이제 이 결과를 이용하여 개발한 모델이 실제 사기 사건을 얼마나 잘 찾아냈는지 확인해 보겠습니다. 모델이 탐지한 값과 실제 사기 여부가 얼마나 일치하는지 확인하기 위해 [Class] 열과 탐지 값을 추출하여 새로운 시트에 붙여 넣습니다.

① [Sheet1]의 오른쪽에 새로운 시트([Sheet2])를 만듭니다.

TIP 엑셀 파이썬은 왼쪽 첫 번째 시트부터 오른쪽의 순서대로 코드가 실행됩니다. 코드 실행 순서에 대한 자세한 내용은 46쪽을 참고하세요.

② [Sheet1]에서 [Class] 열을 복사하여 [Sheet2]의 [A] 열에 붙여 넣습니다.

③ [B1] 셀에 열 이름을 입력합니다. 여기서는 'Detect'를 입력했습니다.

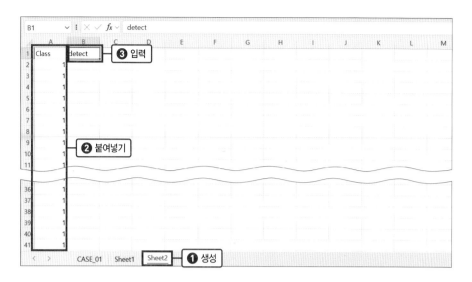

④ 이상 탐지 결과 값이 있는 [Sheet1]의 [AG7:AG10498] 영역을 복사합니다. [Sheet2]의 [B2] 셀을 마우스 오른쪽 버튼으로 클릭한 후 [선택하여 붙여넣기]-[연결하여 붙여넣기]를 선택합니다. 셀을 연결하여 붙여 넣으면 나중에 이상 탐지 모델을 수정하여 탐지 값이 변경되더라도 변경된 값이 연결된 셀에도 그대로 적용됩니다.

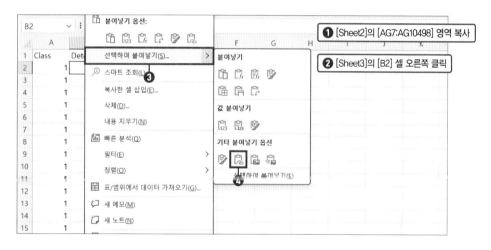

4 | 피벗 테이블로 예측 값과 실제 값 정리하기

① [Sheet2]의 [D1] 셀을 선택하고 [삽입]-[피벗 테이블]을 클릭합니다.

② [표 또는 범위의 피벗 테이블] 창이 표시되면 [표/범위]를 클릭하여 [A1:B10493] 영역을 선택합니다.

③ 피벗 테이블을 배치할 위치는 [**기존 워크시트**]를 선택하고 [**확인**]을 클릭하여 피벗 테이블을 생성합니다.

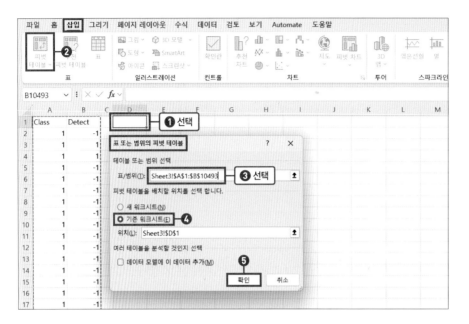

④ [**피벗 테이블 필드**]에서 [Class] 열을 [**행**], [Detect] 열을 [**열**]로 드래그합니다.

⑤ [**피벗 테이블 필드**]에서 [Class] 또는 [Detect] 열을 [**값**]으로 드래그합니다. 여기서는 [Class] 열을 드래그했습니다.

⑥ [Class]의 값 필드 설정을 [**개수**]로 변경합니다.

⑦ 생성된 피벗 테이블의 [**행 레이블**]을 내림차순으로 정렬합니다.

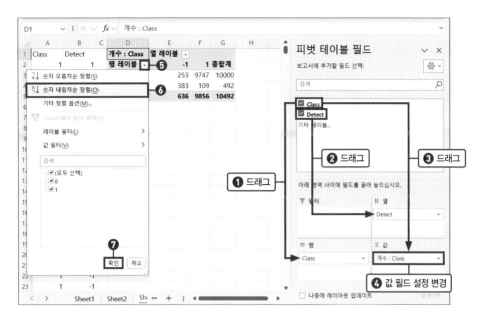

다음은 피벗 테이블을 정리한 표입니다. 이 표와 같이 실제 값과 탐지 값을 배치한 표를 혼동 행렬표(Confusion Matrix)라고 부르며, 모델의 성능을 측정하는 데 사용합니다.

개수: Class	예측 값		
실제 값	-1	1	총합계
1	❶ 383	109	❷ 492
0	253	❸ 9747	10000
총합계	❹ 636	9856	❺ 10492

(TIP) 엑셀의 RAND 함수를 활용한 예제이므로 실습 결과가 이미지와 다를 수 있습니다.

혼동 행렬표에서 각 수치의 의미는 다음과 같습니다.

구분		알고리즘 결과	
		사기	정상
실제 결과	사기	진짜 사기 내역 TP(True Positive) -사기로 예측했고 실제로 사기인 경우	가짜 사기 내역 FN(False Negative) -사기로 예측했지만 정상인 경우
	정상	가짜 정상 내역 FP(False Negative) -사기로 예측했지만 정상인 경우	진짜 정상 내역 TN(True Negative) -정상으로 예측했고 실제로 정상인 경우

혼동 행렬표를 이용하면 다음 3가지 관점에서 이상 탐지 모델의 성능을 살펴볼 수 있습니다.

성능 지표	수식	내용	관리 포인트
정확도 (Accuracy)	(❶+❸)/❺	모델이 실제 사기와 정상 거래를 모두 예측한 비율	모델이 정상 거래와 사기 사건을 제대로 분류한 비율을 나타냅니다.
재현도 (Recall)	❶/❷	모델이 실제 사기 사건을 예측한 비율	재현도가 높으면 실제 사기 사건을 잘 찾아냅니다.
정밀도 (Precision)	❶/❹	모델이 사기라고 예측한 값 중 실제 사기 사건의 비율	정밀도가 낮으면 정상 거래를 사기로 잘못 분류한 건이 많아집니다.

5 | 모델 성능 지표 계산하기

혼동 행렬표에서 정확도는 사선으로 연결된 수치, 재현도는 가로로 연결된 수치, 정밀도는 세로로 연결된 수치를 활용하여 계산할 수 있습니다. 여기서는 [Sheet2]의 피벗 테이블에 각 성능 지표를 추가해 보겠습니다.

① [I7] 셀에 '정확도'를 입력하고 [I8] 셀에 다음 수식을 입력합니다.

[I8]	=(E3+F4)/G5

② [I2] 셀에 '재현도'를 입력하고 [I3] 셀에 다음 수식을 입력합니다.

[I3]	=E3/G3

③ [E7] 셀에 '정밀도'를 입력하고 [E8] 셀에 다음 수식을 입력합니다.

[E8]	=E3/E5

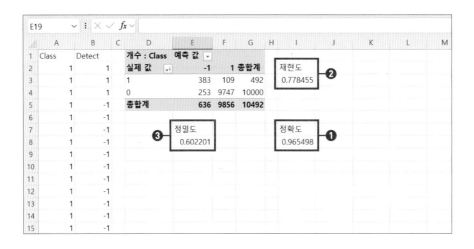

성능 지표를 계산한 결과, 정확도 0.97/재현도 0.78/정밀도 0.60입니다. 여기서 정확도는 정상 거래와 사기 사건을 모두 제대로 분류했다는 의미로 모델의 성능을 나타내는 대표적인 지표입니다. 0.97은 꽤 높은 수치로 모델이 이상치를 잘 탐지했음을 알 수 있습니다.

> **TIP** 모델의 성능 지표는 0~100 사이의 퍼센트(%)로 나타냅니다. 하지만 대부분의 알고리즘 관련 문서에서는 성능 지표를 0~1 사이의 실수로 표현하고, 관련 함수도 실수를 출력하므로 여기서도 이 방식을 유지하였습니다.

일반적으로 모델의 성능은 정확도를 주로 사용하지만, 이어지는 CASE 3에서는 이상 탐지 모델을 수정하면서 성능 지표가 바뀌는 것을 확인하고, 각 지표가 가진 의미를 좀 더 자세히 알아보겠습니다.

전문가의 조언 | 함수를 이용한 모델 성능 지표 추출 방법

각 지표는 다음 코드를 이용해서 파이썬으로 추출할 수 있습니다. 예제의 [Sheet2]에서 정상(1)은 0, 이상치(-1)는 1로 변경한 후 다음의 코드를 사용해 보세요.

```python
y_pred = xl("B1:B10493", headers=True)
y_true = xl("A1:A10493", headers=True)
# 측정하기 전 탐지 값은 y_pred, 실제 값은 y_true 변수에 저장합니다.
from sklearn.metrics import accuracy_score, precision_score, recall_score
# scikit-learn 라이브러리에서 관련 함수를 가져옵니다.
accuracy = accuracy_score(y_true, y_pred)
precision = precision_score(y_true, y_pred)
recall = recall_score(y_true, y_pred)
# 정확도(accuracy), 정밀도(precision), 재현도(recall)
```

	A	B	C	D	E	F	G	H	I	J
1	Class	Detect		[M]DataFrame						
2	1	0								
3	1	0		[•] None						
4	1	0								
5	1	1		정확도						
6	1	1		[•] 0.96549752						
7	1	1								
8	1	1		정밀도						
9	1	1		[•] 0.60220126						
10	1	1								
11	1	1		재현도						
12	1	1		[•] 0.77845528						
13	1	1								
14	1	1								
15	1	1								

03 CASE Isolation Forest를 이용한 모니터링 방법

시스템 장애나 사기 같은 이상치는 같은 사건이 반복되면 굳이 모델을 사용하지 않아도 원인을 파악하고 대응할 수 있습니다. 하지만 사기 수법은 날이 갈수록 진화하고 있으므로 시스템을 지속해서 업그레이드해야 합니다. Isolation Forest는 다양한 형태의 데이터뿐만 아니라 수시로 바뀌는 데이터에도 빠르게 대응할 수 있습니다.

✔ 예측 모델과 Isolation Forest의 차이점

Isolation Forest는 이상치를 찾아내 발생할 수도 있는 미래의 사기 사건을 예측하지만, 앞에서 설명한 예측 모델과는 개발 방법과 동작 방식이 다릅니다. 예측 모델은 알고리즘에 목표 변수와 설명 변수를 입력하여 사건이 발생할 확률을 계산하지만, Isolation Forest는 목표 변수는 입력하지 않고 설명 변수만으로 이상치를 찾아냅니다. 이러한 특징 때문에 실제 사기 사건이 아니더라도 비정상적인 패턴이 발생하면 무조건 이상치로 탐지한다는 단점이 있지만, 거꾸로 새로운 사기 사건에 대응할 수 있다는 장점이 있습니다. 이상 탐지 분야에서는 이러한 두 모델의 차이점을 보완하기 위해 예측 모델과 Isolation Forest를 함께 사용하기도 합니다.

TIP 목표 변수와 설명 변수에 대한 자세한 내용은 272쪽을 참고하세요.

✔ Isolation Forest를 이상 탐지에 활용하는 방법

국내에서 신용카드를 주로 사용하는 고객이 해외 가맹점에서 신용카드를 사용할 경우 승인이 거절되거나 본인 인증을 거쳐야 하는데, 이는 카드사에서 과거에 적발된 사기 사건 중 개인 정보 유출로 인한 해외 결제 사례가 있기 때문입니다. 이와 같은 상황에서 Isolation Forest를 활용해 이상치를 탐지하려면 관련 데이터를 추가해야 합니다. 예를 들어 신용카드 거래 데이터에 국내/외 결제 금액과 비중 등을 추가하면 알고리즘이 정상 패턴과 이상 패턴을 감지하여 이상 탐지를 수행할 수 있죠. 실제로 해외 여행 중인 고객이 결제한 정상 거래를 이상치로 간주할 경우를 대비해 예외 조건을 추가하는 등 사기 방지 프로그램을 보완하기도 합니다. 이렇게 Isolation Forest는 실제 이상 패턴에서 비정상적인 패턴을 탐지할 가능성에 대비하기 위해 용도에 따라 데이터 또는 모델의 인수를 바꿔서 활용합니다.

사기 방지 프로그램 안에서 동작하는 이상 탐지 모델은 프로그램의 동작 방식에 맞춰 성능을 조절할 수 있습니다. 예를 들어 이상 탐지가 많이 되도록 설정하고 본인 인증을 자주 적용하거나, 이상 탐지는 적게 되도록 설정하고 본인 인증은 최소한으로 적용할 수 있습니다. 앞서 생성했던 모델의 인수를 조절하면서 그에 따른 결과를 비교해 보겠습니다.

실습 Isolation Forest 인수 설정하기   ⊘ CASE_03

이상치 감지 비율이란 이상 탐지 모델이 이상치로 간주할 비율을 말합니다. Isolation Forest 는 클래스를 변수에 저장할 때 별도의 인수를 입력하지 않으면 이상치 감지 비율을 'auto'로 설정하고, 데이터의 상태에 따라 이상치 감지 비율을 자동으로 조절합니다. 만약, 사용자가 이상치 감지 비율을 수동으로 조절하려면 contamination 인수를 사용할 수 있으며, 0 초과 0.5 이하인 값을 입력하여 조절할 수 있습니다.

① [Sheet1]을 선택합니다.

② [AG5] 셀의 파이썬 코드 입력 창에 입력된 코드를 다음과 같이 수정하고 실행합니다.

[AG5]
=PY(
```
adt = IsolationForest(random_state=0, contamination=0.1)
```

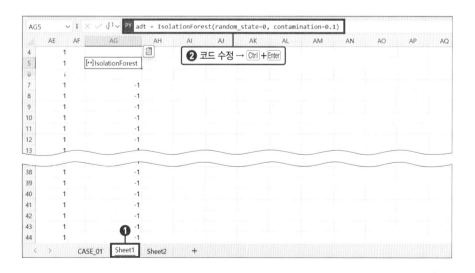

③ [Sheet2]의 피벗 테이블을 선택하고 **[피벗 테이블 분석]** 메뉴에서 **[새로고침]**을 클릭합니다.

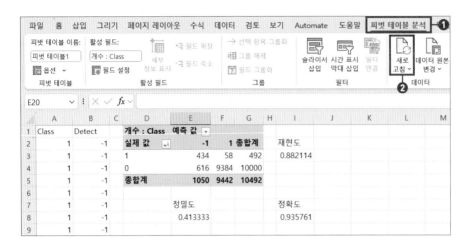

이상치 감지 비율을 수정하기 전후의 값은 다음과 같습니다.

구분	수정 전 (contamination = 'auto')	수정 후 (contamination = 0.1)	수정 결과
정확도	0.965	0.936	하락
재현도	0.778	0.882	상승
정밀도	0.602	0.413	하락

이상치 감지 비율을 0.1로 입력하자 정확도와 정밀도는 떨어졌으나 재현도가 상승하였습니다. 이모델을 사용할 경우 재현도가 높아져서 실제 사기 사건은 잘 찾아낼 수 있으나, 정밀도는 낮아져실제로는 사기가 아니어도 사기로 분류되는 사건이 늘어날 것입니다. 만약 이 모델을 사용하는 사기 방지 프로그램에 정상 거래를 잘못 분류한 것에 대한 보완 대책이 있다면 이상치 감지 비율을 높이는 것이 실제 사기 사건을 많이 찾아내는 데 유리합니다.

2 | 이상치 감지 비율 낮추기

이번에는 이상치 감지 비율을 낮추어 결과를 비교해 보겠습니다.

① [Sheet1]을 선택합니다.

③ [AG5] 셀의 파이썬 코드 입력 창에 입력된 코드를 다음과 같이 수정하고 실행합니다.

[AG5]
=PY(
```
adt = IsolationForest(random_state=0, contamination=0.01)
```

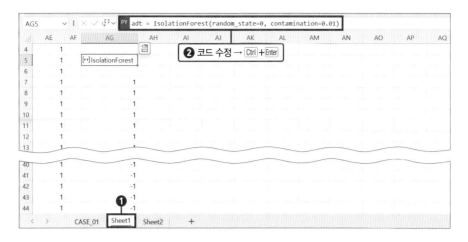

③ [Sheet2]의 피벗 테이블을 선택한 후 [피벗 테이블 분석] 메뉴에서 [새로고침]을 클릭합니다.

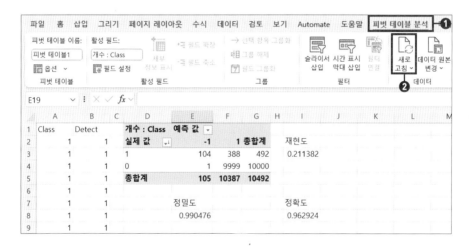

이상치 감지 비율을 수정하기 전후의 값은 다음과 같습니다.

구분	수정 전 (contamination = 'auto')	수정 후 (contamination = 0.01)	수정 결과
정확도	0.965	0.963	하락
재현도	0.778	0.211	하락
정밀도	0.602	0.990	상승

이상치 감지 비율을 0.01로 변경하면 이전(contamination=0.1)과는 다르게 정확도와 재현율은 하락하고 정밀도는 상승합니다. 이와 같이 정밀도가 높은 경우 사기 사건은 잘 예측하지 못하지만, 정상적인 거래를 사기로 분류하는 비율은 감소합니다.

3 | 모델의 성능(n_estimators) 조절하기

일반적으로 이상 탐지 모델의 성능이 높을수록 좋지만, 실시간 탐지를 목적으로 개발되었거나 탐지 범위를 넓혀야 한다면 성능을 낮추더라도 탐지 속도를 높일 필요가 있습니다. 이런 경우 모델의 성능을 조절하기 위해 n_estimators 인수를 사용합니다. n_estimators 인수는 모델 내부의 평가식(estimator) 개수로, n_estimators가 많을수록 계산이 정교해지는 대신 속도는 느려집니다. 기본값은 100으로 보통 10, 30, 50, 100, 200, 500 등의 값을 입력합니다.

① [Sheet1]을 선택합니다.

② [AG5] 셀의 파이썬 코드 입력 창에 입력된 코드를 다음과 같이 수정하고 실행합니다.

```
[AG5]
=PY(    adt = IsolationForest(random_state=0, n_estimators=30)
```

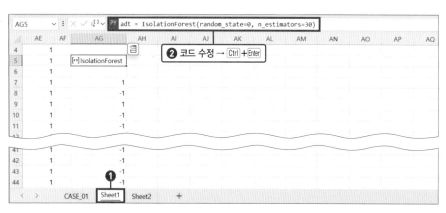

③ [Sheet2]의 피벗 테이블을 선택하고 피벗 테이블 분석 메뉴에서 [새로고침]을 클릭합니다.

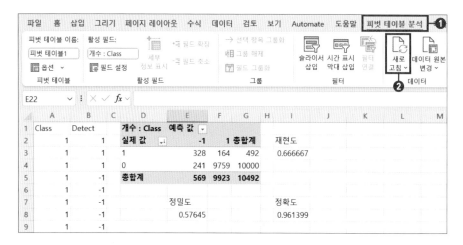

다음은 n_estimators 값을 수정하기 전후 지표를 비교한 표입니다.

구분	수정 전 (n_estimators=100)	수정 후 (n_estimators=30)	수정 결과
정확도	0.965	0.961	하락
재현도	0.778	0.667	하락
정밀도	0.602	0.576	하락

정확도, 재현율, 정밀도가 모두 하락하였지만, n_estimators를 100에서 30으로 70% 줄인 것에 비해 큰 차이가 나지 않습니다. 사기 방지 프로그램은 이상치 탐지 속도도 중요한 부분이므로 성능이 떨어지지 않는 수준에서 n_estimators를 조절해 볼 필요가 있습니다. n_estimators는 앞서 테스트한 contamination과 동시에 사용할 수 있습니다.

 **전문가의 조언** **엑셀 파이썬에서 개발한 모델을 사용하는 방법**

엑셀 파이썬으로 개발한 모델은 학습 데이터와 코드가 저장되어 있는 엑셀 파일을 그대로 공유하면 모델을 사용할 수 있습니다. 다만, 서버와 같은 대규모 처리 시스템에서 사용하려면 실행 환경이 바뀌므로 모델 개발에 사용한 데이터와 코드를 서버로 옮긴 후 코드를 다시 실행해야 합니다.

4
EXCEL ✕ PYTHON
장

ChatGPT로 오픈소스 사용하기

ChatGPT에 파이썬 코드를 붙여 넣으면 코드를 자동으로 해석하고 원하는 방향으로 수정할 수 있습니다. 또한, 엑셀 파이썬을 통해 코드마다 실행 결과를 확인할 수 있어 복잡한 프로그램도 쉽게 이해할 수 있습니다. 이번 장에서는 파이썬에 능숙하지 않더라도 ChatGPT와 엑셀 파이썬을 사용하여 필요한 소스 코드를 찾고 수정하여 다양한 알고리즘을 활용하는 방법을 알아보겠습니다.

파이썬 오픈소스를 찾는 방법

CASE 01

파이썬은 전 세계적으로 수많은 개인 개발자, 비영리 재단, 기업에 의해 발전한 오픈소스 프로그래밍 언어입니다. 비영리 재단과 기업 홈페이지, 코드 공유 플랫폼에 수천 개의 라이브러리와 프로젝트가 공유되어 있으며, 누구나 쉽게 무료로 이용할 수 있습니다.

✔ 파이썬 비영리 재단의 오픈소스

파이썬 오픈소스를 찾는 가장 편리한 방법은 바로 검색엔진을 이용하는 방법입니다. 특히 구글에서는 깃허브(GitHub)와 스택 오버플로(Stack Overflow) 같은 개발자 커뮤니티에 등록된 코드를 빠르게 검색할 수 있으므로 원하는 오픈소스를 쉽게 찾을 수 있습니다. 다만, 이러한 방식으로 코드를 찾으면 난도가 높은 코드가 검색될 수 있고, 라이브러리 버전을 맞추는 등 수정 작업이 많아질 수 있습니다. 이러한 문제를 해결할 수 있는 가장 좋은 방법은 파이썬 라이브러리를 제공하는 비영리 재단의 표준 코드를 사용하는 것입니다.

사이킷런(scikit-learn)은 파이썬에서 가장 인기 있는 머신러닝 라이브러리로, 예측, 분류와 같은 지도학습 알고리즘과 군집화, 이상 탐지 같은 비지도학습 알고리즘을 비롯하여 모델 개발을 도와주는 클래스가 포함되어 있습니다. 사이킷런 재단의 홈페이지는 사용자가 다양한 알고리즘을 쉽게 찾을 수 있도록 분류되어 있으며, 각 알고리즘을 사용할 수 있는 샘플 코드도 제공합니다. 여기서는 사이킷런 홈페이지에서 오픈소스 코드를 찾는 방법을 알아보겠습니다.

TIP 비영리 재단에서 제공하는 파이썬 라이브러리 목록과 홈페이지는 43쪽을 참고하세요

✔ 사이킷런에서 알고리즘별 샘플 코드 찾아보기

사이킷런 홈페이지(http://scikit-learn.org)에 접속한 후 홈페이지 위쪽의 **[User Guide]**를 클릭하면 왼쪽에 목록이 표시됩니다.

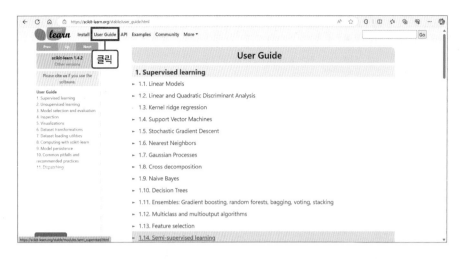

가장 위에 보이는 1. Supervised learning(지도학습)은 앞서 실습한 의사결정나무 알고리즘(1.10. Decision Trees)을 포함한 17개의 메뉴로 구성되어 있습니다. 지도학습 알고리즘은 주로 예측을 목적으로 한 알고리즘으로, 의사결정나무처럼 직관성과 사용성을 강조하거나 속도나 성능을 강조하는 등 알고리즘마다 특징이 있습니다. 목록 중에서 1.10. Decision Trees를 클릭해 보면, 의사결정나무 실습에 사용했던 DecisionTreeClassifier 클래스를 비롯하여 가격, 온도 등의 연속 값 예측에 사용되는 DecisionTreeRegressor 클래스를 포함한 설명, 지침, 알고리즘 등을 확인할 수 있으며 각각의 샘플 코드가 제공됩니다.

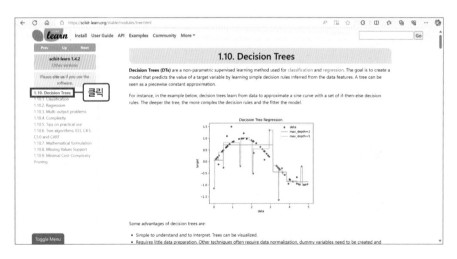

2. Unsupervised learning(비지도학습)은 앞서 실습한 군집화(2.3. Clustering)와 이상 탐지 (2.7.3.2. Isolation Forest)를 포함한 비지도학습 알고리즘에 대한 9개의 메뉴로 구성되어 있습니다.

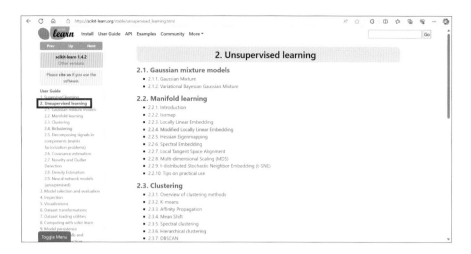

2.3. Clustering를 클릭해 보면 K-means를 비롯하여 11개의 군집화 알고리즘이 있으며, 각 알고리즘은 추가적으로 여러 개의 클래스를 가지고 있습니다. 예를 들어 K-means의 경우 성능은 낮지만 좀 더 빠르게 동작하는 Mini Batch K-Means로 나누어져 있습니다.

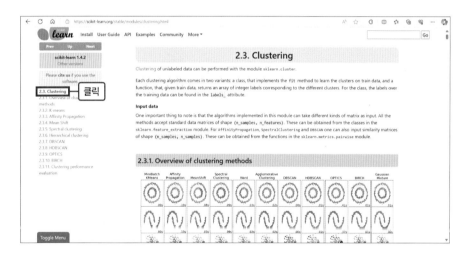

✔ 사이킷런 홈페이지에서 샘플 코드 찾기

사이킷런 홈페이지에는 워낙 많은 알고리즘이 있어서 특정 알고리즘을 찾으려면 검색 기능을 사용하는 것이 편리합니다. 여기서는 선형 회귀 분석 알고리즘을 검색하여 샘플 코드를 가져오는 방법을 알아보겠습니다.

1 | 알고리즘 검색하기

① 사이킷런 홈페이지 오른쪽 위의 검색 창에서 'Linear Regression Example'을 입력하고 Enter를 누릅니다.

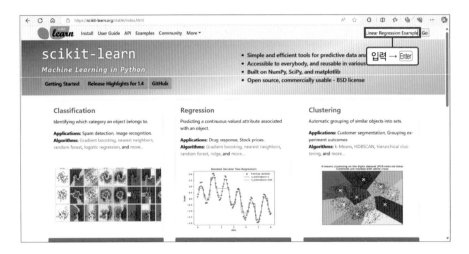

② 검색 결과 중 첫 번째 줄의 [Linear Regression Example]을 클릭합니다.

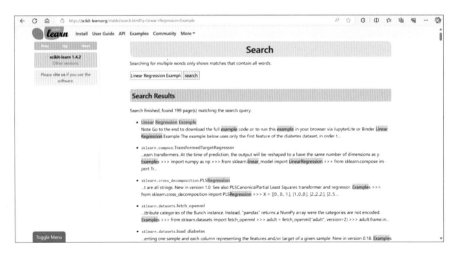

TIP 검색 결과가 제대로 표시되지 않는다면 주소 입력 창에 'https://scikit-learn.org/stable/auto_examples/linear_model/plot_ols.html'을 직접 입력해 보세요.

2 | 샘플 코드 가져오기

① Linear Regression Example 페이지 가운데 있는 회색 상자의 소스 코드를 복사합니다. 코드 부분을 마우스로 드래그한 후 Ctrl+C를 눌러 메모리에 저장하거나 코드가 있는 회색 상자의 아이콘(⬚)을 클릭해도 코드를 복사할 수 있습니다.

페이지 아래로 이동하면 [Download Python source code: plot_ols.py] 버튼을 찾을 수 있습니다. 해당 버튼을 클릭하면 확장자가 .py로 된 파이썬 소스 코드를 내려받을 수 있습니다. 내려받은 파일을 메모장에서 연 후 코드를 복사해도 됩니다. [Download Python source code: plot_ols. ipynb] 버튼은 주피터 노트북 또는 구글 코랩에서 불러올 수 있는 파이썬 소스 코드입니다.

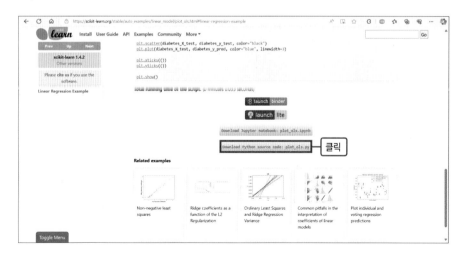

다음 CASE에서는 여기서 복사한 코드를 ChatGPT에서 활용하는 방법을 알아보겠습니다.

ChatGPT로 오픈소스 활용하기

파이썬을 시작하는 순간부터 엄청난 양의 오픈소스를 활용할 수 있게 됩니다. 하지만 코드마다 사용 목적과 데이터가 달라 상황에 맞게 수정하여 사용하려면 많은 시간과 노력이 필요합니다. 이번 장에서는 파이썬을 잘 몰라도 ChatGPT로 샘플 코드를 사용하는 방법을 알아보겠습니다.

✔ ChatGPT에 샘플 코드 입력하기   🔗 CASE_02.txt

ChatGPT는 파이썬 코드만 붙여 넣어도 코드의 내용을 파악합니다. 사용자는 코드를 붙여 넣은 후 ChatGPT가 내용을 파악하면 대화를 시작하고 작업을 요청할 수 있습니다.

1 │ ChatGPT에 샘플 코드 붙여넣기

① 앞서 복사한 코드를 ChatGPT 대화창에 그대로 붙여 넣은 다음 Enter 를 누릅니다.

② 샘플 코드를 붙여 넣으면 ChatGPT가 입력한 코드에 대한 기본적인 내용을 요약하여 답변합니다.

ChatGPT

이 코드는 'sklearn' 라이브러리에서 당뇨병 데이터셋에 대한 선형 회귀를 수행하는 파이썬 스크립트입니다. 이 코드의 기능을 살펴보겠습니다:

1. 필요한 라이브러리 및 모듈을 가져옵니다.

2. 'sklearn.datasets'에서 당뇨병 데이터셋을 로드합니다.

3. 데이터셋에서 하나의 특성만 선택합니다.

4. 데이터를 훈련 및 테스트 세트로 분할합니다.

5. 선형 회귀 모델 객체를 생성합니다.

6. 훈련 데이터를 사용하여 모델을 훈련합니다.

7. 테스트 데이터에 대한 예측을 수행합니다.

8. 모델의 계수, 평균 제곱 오차 및 결정 계수 (R-제곱)를 출력합니다.

9. 실제 값과 예측 값의 산점도를 그립니다.

결정 계수 (R-제곱)는 모델이 관찰된 결과를 얼마나 잘 재현하는지를 측정합니다. R-제곱이 1에 가까울수록 모델의 적합도가 높다는 것을 의미하며, 0에 가까울수록 모델이 결과 데이터의 변동성을 설명하지 못한다는 것을 나타냅니다.

코드는 주석이 잘 달려 있고 구조화되어 있는 것으로 보입니다. 작동 방식이나 특정 부분의 역할에 대한 구체적인 질문이 있으면 언제든지 물어주세요!

TIP 영어로 답변할 경우 코드를 붙여 넣기 전에 '한국어로 대화해 줘'라고 요청합니다.

위의 코드는 당뇨 데이터셋을 활용하여 BMI에 따른 혈당 농도를 예측하는 예시입니다. 코드에 사용된 알고리즘은 선형 회귀 분석으로, 목표 변수와 설명 변수의 관계를 직선으로 표현하는 기법입니다. 예를 들어 BMI(설명변수)가 증가 또는 감소하면 이에 따라 혈당 농도(목표 변수)도 변하는데, 기존 데이터를 활용하여 두 변수를 설명하는 직선을 그린 후 새로운 BMI가 입력되면, 이 직선을 활용해 혈당 농도를 예측합니다. 선형 회귀 모델은 이 직선에 대한 방정식을 말하며, 이를 '회귀식'이라 부릅니다. 사이킷런 샘플 코드로 출력한 차트를 통해 모델의 개발 방식과 예측 방법을 살펴보세요.

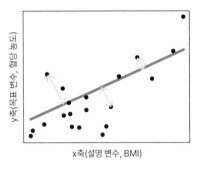

선형 회귀 모델 생성 방식

x축(설명 변수)과 y축(목표 변수)으로 구성된
점의 거리가 최소가 되는 직선 생성

y축(목표 변수, 혈당 농도)

x축(설명 변수, BMI)

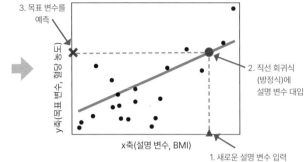

선형 회귀 모델 활용 방법

직선을 그리는 회귀식(방정식)을 이용해
새로운 설명 변수로 목표 변수 예측

3. 목표 변수를
예측

y축(목표 변수, 혈당 농도)

2. 직선 회귀식
(방정식)에
설명 변수 대입

x축(설명 변수, BMI)

1. 새로운 설명 변수 입력

▲ 선형 회귀 모델의 개발과 예측 방법

실습 엑셀 파이썬에서 사용할 수 있는 데이터 요청하기   🔗 CASE_02_01

사이킷런 홈페이지의 샘플 코드에서는 데이터를 분석할 때 별도의 클래스를 이용하여 인터넷으로 데이터를 가져옵니다. 그러나 엑셀 파이썬은 보안상의 이유로 인터넷에 직접 연결하는 클래스를 차단하고 있습니다. 여기서는 ChatGPT에게 해당 코드에서 사용할 수 있는 데이터를 요청하여 엑셀에서 사용해 보겠습니다.

1 | 엑셀에서 사용할 수 있는 샘플 데이터 요청

① ChatGPT에 다음과 같은 질문을 입력합니다.

 You

이 코드에 사용된 데이터를 20행만 엑셀에 붙여 넣을 수 있게 표로 만들어 줘.

TIP ChatGPT에 전체 데이터를 요청하면 데이터를 가져오는 파이썬 코드를 답변합니다. 일부 데이터만 요청해야 바로 붙여 넣을 수 있는 데이터를 받을 수 있습니다. 코드를 테스트하는 것이 목적이니 이처럼 일부만 요청하여 활용해 보세요.

 ChatGPT

당뇨병 데이터셋의 일부를 엑셀에 붙여 넣을 수 있는 형식으로 표로 만들어 보겠습니다. 데이터의 특성과 예측 값을 엑셀에 붙여 넣을 것입니다.

Feature	Prediction
0.0778634	225.973
-0.0396181	115.747
0.01103904	163.276
-0.0406959	114.736
-0.0342291	120.803
0.00564998	158.924
-0.0454725	141.883
0.0713965	254.162
-0.0342291	120.803
-0.0320734	125.856
-0.00620595	151.941
0.00888341	162.283
0.0800191	223.901
0.0713965	254.162
-0.02452876	155.858
-0.0363847	118.777
0.0164281	223.901
-0.0363847	118.777
-0.02452876	155.858
0.110726	188.726

위의 데이터를 복사하여 엑셀에 붙여 넣으면 됩니다. 각 열은 특성과 예측 값을 각각 나타내며, 각 행은 해당하는 데이터 포인트를 나타냅니다.

2 | 엑셀 시트에 데이터 입력하기

① ChatGPT의 답변에서 표를 복사합니다.

② [A1] 셀에 복사한 표를 붙여 넣습니다.

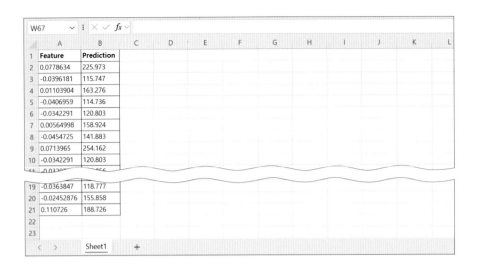

3 | 데이터를 DataFrame으로 저장하기

① [D1] 셀의 파이썬 코드 입력 창에 다음 코드를 입력한 후 실행합니다.

[D1] **=PY(**	df = xl("A1:B21", headers=True)

② [A1:B21] 영역이 변수 'df'로 저장됩니다.

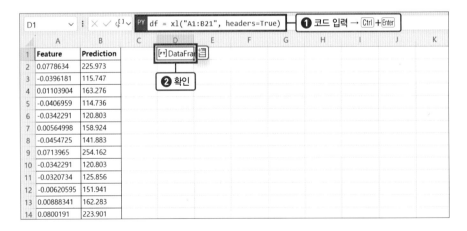

엑셀 파이썬에 맞게 코드 수정 요청하기

엑셀에 직접 데이터를 붙여 넣었기 때문에 ChatGPT에 붙여 넣은 샘플 코드 중 인터넷에서 데이터를 가져오는 코드를 삭제해야 합니다. 그리고 엑셀에서 저장한 DataFrame을 사용할 수 있도록 코드를 변경해야 합니다.

1 | 엑셀 데이터를 사용할 수 있도록 수정 요청하기

① ChatGPT에 다음 질문을 입력합니다.

 You

내가 만든 DataFrame을 사용할 수 있게 코드를 바꿔 줘.

 ChatGPT

물론입니다! 아래는 주어진 DataFrame을 사용하여 데이터를 분석하고 시각화하는 코드입니다. 코드는 주어진 DataFrame을 사용하여 선형 회귀 모델을 훈련하고, 예측을 수행하며, 결과를 시각화합니다.

```python
import matplotlib.pyplot as plt
import pandas as pd
from sklearn.linear_model import LinearRegression
from sklearn.metrics import mean_squared_error, r2_score

# 사용자가 만든 DataFrame을 사용하도록 수정
# 사용자의 DataFrame에서 특징 변수를 선택하고, 타겟 변수를 설정해야 합니다.
# 아래는 사용자가 만든 DataFrame 이름이 df일 때의 예시입니다.
# 실제 데이터프레임의 컬럼명과 형식에 맞게 수정해야 합니다.

# 특성과 예측 값 추출
X = df[['Feature']]
y = df['Prediction']

# 선형 회귀 모델 생성 및 훈련
regr = LinearRegression()
regr.fit(X, y)
```

```
# 예측 값 계산
predictions = regr.predict(X)

# 모델 평가
mse = mean_squared_error(y, predictions)
r2 = r2_score(y, predictions)

# 결과 출력
print("Coefficients:", regr.coef_)
print("Mean squared error: %.2f" % mse)
print("Coefficient of determination (R-squared): %.2f" % r2)

# 시각화
plt.scatter(X, y, color='black')
plt.plot(X, predictions, color='blue', linewidth=3)
plt.xticks(())
plt.yticks(())
plt.show()
```

ChatGPT가 수정한 코드는 앞의 질문으로 요청한 DataFrame에 맞게 목표 변수와 설명 변수가 적용되었습니다. 또한 이 과정에서 코드별로 단락을 구성하고 주석을 한글로 변경하여 좀 더 사용하기 쉬워졌습니다.

TIP 오류가 발생할 경우 [진단] 창의 오류를 복사하여 ChatGPT에 붙여 넣으면 수정된 코드를 제안받을 수 있습니다.

실습 **수정된 코드를 단락별로 실행하기** 🔗 CASE_02_02

엑셀 파이썬에서 코드를 셀 단위로 작성하고 실행할 수 있다는 점은 오픈소스를 활용할 때 매우 유용합니다. 전체 코드를 한 번에 실행하는 것이 아니라 부분별로 실행해 코드의 흐름을 이해하기 쉽기 때문입니다. 특히 처음 보는 코드를 다루다 보면 전체적인 흐름을 파악하기 어려울 때가 있는데, 이때 ChatGPT가 주석으로 구분해 둔 코드 단락을 활용하면 오픈소스를 보다 쉽게 활용할 수 있습니다. 이번에는 ChatGPT가 수정한 코드를 단락별로 실행하며 그 결과를 살펴보겠습니다.

1 | 단락별 코드를 엑셀 파이썬에 붙여 넣기

① ChatGPT의 답변에서 첫 번째 단락의 코드를 복사합니다. [D3] 셀의 파이썬 코드 입력 창에 코드를 붙여 넣은 후 실행합니다.

TIP ChatGPT가 제시한 파이썬 코드는 CASE_02_02 메모장 파일을 참고하세요.

<table>
<tr>
<td>[D3]
=PY(</td>
<td>

```
import matplotlib.pyplot as plt
import pandas as pd
# 초기화 설정에도 포함된 차트와 DataFrame 생성 라이브러리를 가져오는 코드입니다.
from sklearn.linear_model import LinearRegression
from sklearn.metrics import mean_squared_error, r2_score
# 선형회귀 알고리즘인 LinearRegression 클래스와 선형 회귀 모델의 성능을 검증하는
mean_squared_error, r2_score 클래스를 가져옵니다.
```

</td>
</tr>
</table>

두 번째 단락 [#사용자가 만든 DataFrame을 사용하도록 수정] 부분은 앞서 변수 df에 DataFrame을 저장했기 때문에 건너뛰고 세 번째 단락을 붙여 넣습니다.

② [# 특성과 예측 값 추출]의 코드를 복사합니다. [D5] 셀의 파이썬 코드 입력 창에 코드를 붙여 넣은 후 실행합니다.

<table>
<tr>
<td>[D5]
=PY(</td>
<td>

```
X = df[['Feature']]
y = df['Prediction']
# 변수 df에서 [Feature] 열을 가져와 변수 X에 저장하고, [Prediction] 열을 가져와 변수
y에 저장합니다. 참고로 [Feature] 열은 BMI이며 [Prediction] 열은 혈당 농도입니다.
```

</td>
</tr>
</table>

③ [D5] 셀의 [▶]를 클릭하면 마지막 줄의 실행 결과로 변수 y에 저장된 [Prediction] 열이 표시됩니다.

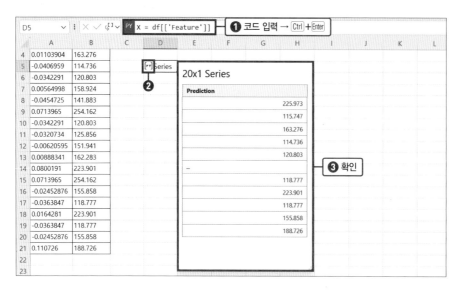

④ [# 선형 회귀 모델 생성 및 훈련]의 코드를 복사합니다. [D7] 셀의 파이썬 코드 입력 창에 코드를 붙여 넣은 후 실행합니다.

[D7] =PY(	regr = LinearRegression() regr.fit(X, y) # LinearRegression 클래스를 변수 regr에 저장합니다. 그리고 변수 regr에 저장된 LinearRegression 클래스의 fit 함수를 실행하여 모델을 생성하고 결과를 저장합니다. fit 함수에는 설명 변수 X와 목표 변수 y를 인수로 입력합니다.

⑤ [# 예측 값 계산]의 코드를 복사합니다. [D9] 셀의 파이썬 코드 입력 창에 코드를 붙여 넣은 후 실행합니다.

[D9] =PY(	predictions = regr.predict(X) # 변수 regr에 저장된 선형 회귀 모델에서 predict 함수를 실행하여 예측 결과를 predictions 에 저장합니다.

⑥ [D9] 셀의 [PY]를 클릭하면 predictions에 저장된 예측 값을 확인할 수 있습니다.

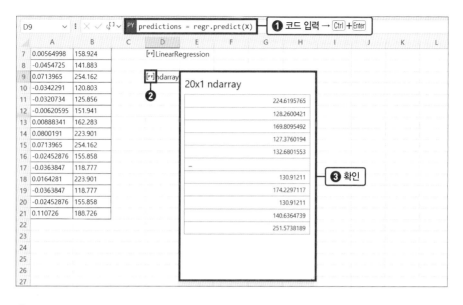

	A	B	C	D	E	F	G	H	I	J	K	L
7	0.00564998	158.924										
8	-0.0454725	141.883										
9	0.0713965	254.162										
10	-0.0342291	120.803										
11	-0.0320734	125.856										
12	-0.00620595	151.941										
13	0.00888341	162.283										
14	0.0800191	223.901										
15	0.0713965	254.162										
16	-0.02452876	155.858										
17	-0.0363847	118.777										
18	0.0164281	223.901										
19	-0.0363847	118.777										
20	-0.02452876	155.858										
21	0.110726	188.726										

⑦ **[# 모델 평가]**의 코드를 복사합니다. [D11] 셀의 파이썬 코드 입력 창에 코드를 붙여 넣은 후 실행합니다.

[D11]
=PY(

```
mse = mean_squared_error(y, predictions)
r2 = r2_score(y, predictions)
```
mean_squared_error 함수에 실제 값 y와 예측 값 predictions를 입력하여 변수 mse에 저장합니다. 같은 방식으로 r2_score 함수를 실행하여 변수 r2에 저장합니다.

---

mean_squared_error 함수는 '평균 제곱 오차'를 계산하는 함수로, 예측 값과 실제 값 사이의 차이를 제곱한 후 평균을 계산한 값입니다. 이는 모델의 예측 값이 실제 값과 얼마나 가까운지를 나타내며, 평균 제곱 오차가 낮을수록 예측 값이 실제 값에 가깝다는 것을 의미합니다. r2_score 함수는 선형 회귀 모델의 성능을 나타내는 '결정 계수'를 계산하는 함수입니다. 0에서 1 사이의 값을 가지며, 1에 가까울수록 모델이 데이터를 잘 설명한다는 것을 의미합니다

⑧ **[# 결과 출력]**의 코드를 복사합니다. [D13] 셀의 파이썬 코드 입력 창에 코드를 붙여 넣은 후 실행합니다.

<table>
<tr><td rowspan="2">[D13]
=PY(</td><td>print("Coefficients:", regr.coef_)</td></tr>
<tr><td># print 함수는 메시지를 출력하는 함수로 괄호 안에 입력한 인수를 순서대로 출력합니다. 엑셀 파이썬에서 메시지는 오른쪽 메시지 창이 자동으로 열리며 표시됩니다. regr.coef_는 선형 회귀 모델의 회귀 계수로 자세한 내용은 354쪽을 참고하세요.

print("Mean squared error: %.2f" % mse)
print("Coefficient of determination (R-squared): %.2f" % r2)
# 앞서 추출한 평균 제곱 오차(mse)와 결정 계수(r2)를 출력하는 코드입니다. 괄호 안의 %.2f 부분은 "% 포맷팅"으로 문자열의 서식을 지정하는 문법입니다. <"%.2f" % 출력할 숫자>의 형식을 사용하며 %는 % 포맷팅을 사용할 것을 알리는 부분이고, .2f는 소수점 두 자리 수까지 출력한다는 의미의 서식 지정자입니다.</td></tr>
</table>

TIP 엑셀 파이썬은 실행 결과를 셀에 표시하므로 % 포맷팅을 사용할 일이 많지 않습니다. 사용 방법이 궁금하다면 ChatGPT에 "파이썬의 % 포맷팅 사용 방법을 자세하게 알려 줘"라고 요청하면 사용법과 예시를 받을 수 있습니다.

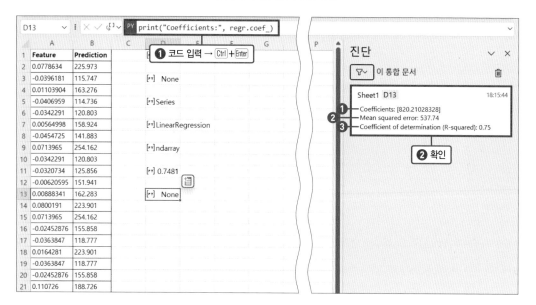

오른쪽에 출력된 메시지는 다음과 같습니다.

```
❶  Coefficients: [820.21028328]
❷  Mean squared error: 537.74
❸  Coefficient of determination (R-squared): 0.75
```

❶ Coefficients에 대한 자세한 내용은 354쪽을 참고하세요.

❷ Mean squared error(MSE)는 평균 제곱 오차로 537.74입니다. 예측 값과 실제 값의 차이를 제곱하여 평균을 낸 값으로, 평균 제곱 오차 값이 작을수록 모델의 예측이 실제 값에 가깝다는 것

을 의미합니다. 그러나 평균 제곱 오차만으로는 모델의 성능을 완전히 평가하기 어렵습니다. 평균 제곱 오차는 주로 여러 개의 선형 회귀 모델을 만든 후 각 모델의 성능을 비교하는 지표로 사용됩니다.

❸ Coefficient of determination (R-squared)는 결정 계수로 0.75입니다. 0.75는 일반적으로 양호한 수치에 해당합니다. 다만, 실제 모델을 이용할 때는 유사한 모델과 성능을 비교해 본 후 적용하는 것이 좋습니다.

⑨ [# 시각화]의 코드를 복사합니다. [D15] 셀의 파이썬 코드 입력 창에 코드를 붙여 넣은 후 실행합니다.

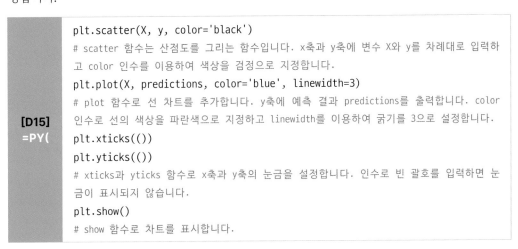

| [D15]<br>=PY( | ```
plt.scatter(X, y, color='black')
# scatter 함수는 산점도를 그리는 함수입니다. x축과 y축에 변수 X와 y를 차례대로 입력하
고 color 인수를 이용하여 색상을 검정으로 지정합니다.
plt.plot(X, predictions, color='blue', linewidth=3)
# plot 함수로 선 차트를 추가합니다. y축에 예측 결과 predictions를 출력합니다. color
인수로 선의 색상을 파란색으로 지정하고 linewidth를 이용하여 굵기를 3으로 설정합니다.
plt.xticks(())
plt.yticks(())
# xticks과 yticks 함수로 x축과 y축의 눈금을 설정합니다. 인수로 빈 괄호를 입력하면 눈
금이 표시되지 않습니다.
plt.show()
# show 함수로 차트를 표시합니다.
``` |
|---|---|

⑩ [D15] 셀을 마우스 오른쪽으로 클릭한 다음 [셀 위에 플롯 표시]를 선택합니다.

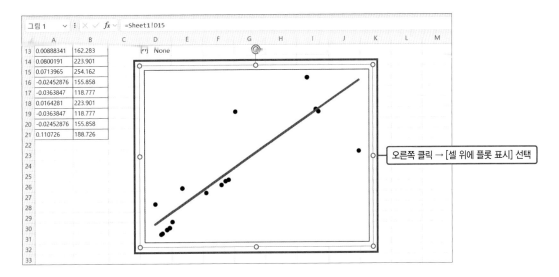

오른쪽 클릭 → [셀 위에 플롯 표시] 선택
```

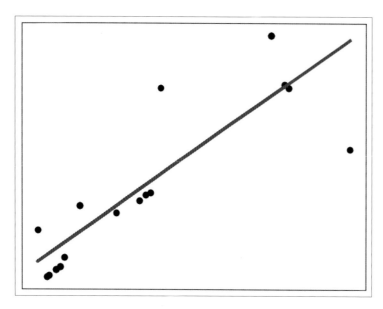

TIP 검정색점의 위치가 오픈소스의 원래 차트와 다르게 나타났습니다. 이는 ChatGPT에 샘플 데이터를 요청하며 코드가 수정되어 발생한 것으로 코드 활용에는 문제없습니다.

차트를 보면 실제 데이터인 검정색 점과 선형 회귀 분석에 따라 생성된 파란색 선이 그려졌습니다. 파란색 선의 x값이 증가할수록 y값도 증가하는 것을 볼 수 있는데 이 선의 방정식을 '회귀식'이라 부릅니다. 이번에는 ChatGPT에 회귀식을 만드는 코드를 요청하고 사용 방법을 알아보겠습니다

1 | 단락별 코드를 엑셀 파이썬에 붙여 넣기

① ChatGPT에 다음 질문을 입력합니다.

 You

이 모델의 회귀식을 출력하는 코드를 만들어 줘

 ChatGPT

이 모델의 회귀식을 출력하는 코드를 아래와 같이 작성할 수 있습니다.

```
# 회귀식 출력
print("Regression Equation: y = %.2f * x + %.2f" % (regr.coef_, regr.
intercept_))
```

위 코드를 전체 코드에 추가하면 회귀식이 출력됩니다.

---

2 | 회귀식 생성 코드를 엑셀 파이썬에 붙여 넣기

① ChatGPT의 답변에서 첫 번째 단락의 코드를 복사합니다. [D33] 셀의 파이썬 코드 입력 창에 코드를 붙여 넣은 후 실행합니다.

[D33] **=PY(**	`print("Regression Equation: y = %.2f * x + %.2f" % (regr.coef_, regr.intercept_))` # print 함수 중간의 %.2f 부분은 첫 번째는 regr.coef_로, 두 번째는 regr.intercept_로 바뀌어 출력됩니다. # coef_는 [D11] 셀에서도 출력한 값으로 선형 회귀 모델의 속성입니다. intercept_도 선형 회귀 모델의 속성으로 각각의 용도는 실행 결과를 보며 알아보겠습니다.

② 코드를 실행하면 오른쪽 메시지 창에 결과가 출력됩니다.

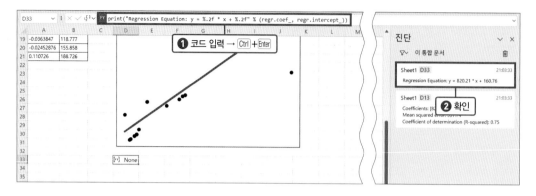

출력된 회귀식은 다음과 같습니다.

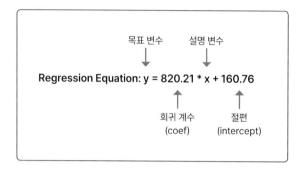

회귀식은 설명 변수 X로 목표 변수 y값을 구하는 방정식입니다. 여기서 X에 곱하는 820.21은 '회귀 계수'라고 부르며, 선형 회귀 모델의 속성 coef_를 이용하여 출력한 값입니다. X값 뒤에 더해진 160.76은 '절편'이라고 부르며 선형 회귀 모델의 속성 intercept_로 출력할 수 있습니다. 그렇다면 이 회귀식으로 y값을 예측해 보겠습니다.

3 │ 회귀식 사용하기

회귀식은 간단한 방정식이기 때문에 모델을 만들고 나면 어디서든 편리하게 사용할 수 있습니다. 여기서는 엑셀 수식으로 회귀식을 사용해 보겠습니다.

① [Sheet1]의 오른쪽에 새 시트([Sheet2])를 생성합니다.

② [Sheet1]에서 [A1:B21] 셀을 복사하여 [Sheet2]의 [A1] 셀에 붙여 넣습니다.

③ [C1] 셀에 '예측 값'이라는 열 이름을 입력합니다.

④ [C2] 셀에 다음의 수식을 입력합니다.

[C2]	
=PY(	=820.21 * A2 + 160.76

⑤ [C2] 셀에 입력된 수식을 [C:3:C21] 셀까지 채워 넣습니다.

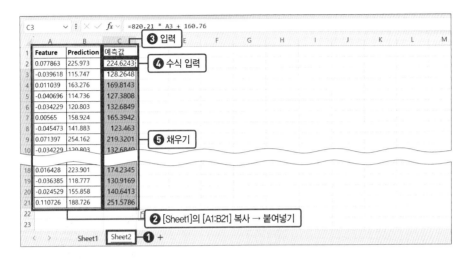

⑥ [B1:C21] 영역을 드래그하여 선택한 후 메뉴에서 **[삽입]-[2차원 꺾은선형]-[꺾은선형]** 차트를 삽입합니다.

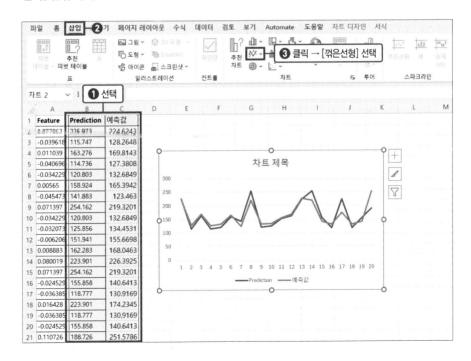

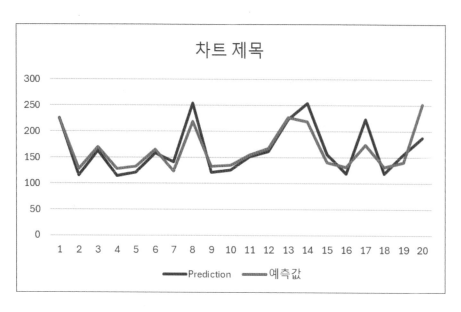

생성된 차트를 보면 주황색의 예측 값이 파란색 실제 값(Prediction)과 유사한 것을 볼 수 있습니다. 회귀식은 이처럼 간단한 공식으로 표현되며, BMI와 혈당 농도처럼 선형 관계에 있는 변수를 예측하는 데 유용한 모델입니다. 사이킷런을 비롯한 비영리 재단에서 제공하는 샘플 코드는 대부분 위와 같은 단계로 프롬프트를 이용하여 사용할 수 있습니다. 처음 보는 함수나 이해되지 않는 구문이 있다면 코드를 붙여 넣은 후 ChatGPT에게 물어볼 수 있으며, 추가로 필요한 코드도 요청할 수 있습니다. 책에서 실습한 알고리즘뿐 아니라 비영리 재단의 다양한 샘플 코드를 수정해 엑셀 파이썬에서 활용해 보세요.

TIP 비영리 재단에서 제공하는 파이썬 라이브러리 목록과 홈페이지는 43쪽을 참고하세요.